宁波市镇海区地方志办公室
宁 波 市 镇 海 区 档 案 馆　编

镇海纪事

2003—2012

方志出版社
Publishing House of Local Records

图书在版编目（CIP）数据

镇海纪事：2003—2012 / 宁波市镇海区地方志办公室，宁波市镇海区档案馆编. —北京：方志出版社，2023.11

ISBN 978-7-5144-5869-5

Ⅰ.①镇…　Ⅱ.①宁…　②宁…　Ⅲ.①镇海区-地方史-大事记-2003-2012　Ⅳ.①K295.54

中国国家版本馆CIP数据核字（2023）第215625号

责任编辑：罗滔
责任校对：张玉霞
责任印制：梅中英
出 版 者：方志出版社
地　　址：北京市朝阳区潘家园东里9号（国家方志馆4层）
邮　　编：100021
网　　址：http://www.zgfzcb.cn
发　　行：方志出版社图书营销中心（010-67110500）
印　　刷：成都勤德印务有限公司
开　　本：787毫米×1092毫米　1/16
印　　张：18.75
字　　数：318千字
版　　次：2023年11月第1版
印　　次：2023年11月第1次印刷
定　　价：128.00元

《镇海纪事（2003—2012）》编委会

主　编　冯国定

编　辑　周仁毅　沈家国　吴万哈

编写说明

一、为记录宁波市镇海区深入践行习近平“八八战略”的发展理念，全力推进区域实现美丽蝶变的过程，我们组织编写了《镇海纪事》。本书编写以马克思列宁主义、毛泽东思想、邓小平理论、“三个代表”重要思想、科学发展观、习近平新时代中国特色社会主义思想为指导，坚持辩证唯物主义和历史唯物主义的立场、观点和方法。

二、本书上限始于2003年1月，下限止于2012年12月。本书采用编年体为主的编写体例，为使读者全面、系统了解时间跨度不大的重大活动和事件的全貌，适当采用记事本末体，加以适当集中的叙述，力求反映各个事件之间的内在联系。

三、本书主要以档案文献为依据，适当选用经过考证的当事人的回忆资料。经广泛征求意见，反复修改后定稿付印。

四、本书照片主要来自区档案馆资料。

五、本书计量单位以国家法定计量单位为准。考虑到社会使用习惯，全书“亩”“斤”不统一换算。

六、参加本书编写工作的有冯国定、周仁义、沈家国、吴万哈，由冯国定负责全书统稿。在编写过程中得到区有关单位以及熟悉区情的老同志、地情专家的支持和帮助，在此一并致谢。

七、由于本书内容涉及面广、编辑工作量大，以及编者水平所限，难免有差错、遗漏之处，敬请读者批评指正。

编　者

2023年8月

目　录

2011 年

2012 年

2003年

1月

1日　宁镇、镇骆公路收费改由香港招商局国际有限公司收费。

2日　镇海区自来水“一户一表”和屋顶水箱改造竣工并通过验收。到年底共改造屋顶水箱500只，新装屋顶水箱38只，受益用户7178户。

13日　湖南常德市武陵区党政代表团考察镇海区。

中共宁波市镇海区第十一次代表大会主席台

17日至20日　中共宁波市镇海区第十一次代表大会在招宝山街道召开。出席大会的正式代表220名、列席代表52名，他们代表全区11796名党员。大会听取、审议并通过闻建耀代表十届区委作的题为《全面建设现代化园林城区，为提前基本实现现代化而努力奋斗》的报告。听取、审议并通过王悦代表区十届纪委作的题为《全面贯彻党的十六大精神，深入推进党风廉政建设和反腐败斗争》的报告。大会选举产生中共镇海区第十一届委员会委员23人、候补委员5人，选举产生纪律检查委员会委员11人。

24日夜至25日夜　路林市场路口、隧道口、329国道畈田塘接连发生3起重大车祸，致3人死亡。

26日　公交702路无人售票线开通。

系招宝山大桥建成后首条开行的公交线路，全长15千米，自镇海区贵驷站首发，过招宝山大桥至北仑区小港。

28日　公交391路无人售票线开通。

这条线路从庄市勤勇过常洪隧道至鄞州梅墟。该线路的开通，结束了镇海区仅有的民间乡镇渡口——甬江渡（庄市小渡）的历史使命。

2月

10日　全区经济工作会议召开，会议要求大力推进镇海经济跨越式发展。

同日　镇海中学荣获“全国精神文明建设工作先进单位”称号，这是宁波市教育系统获此殊荣的第一家。

13日　宁波化工区实行市区联合开发属地管理体制，镇海区成立宁波化学工业区管理委员会。

17日至21日　政协第七届镇海区委员会第一次会议召开。会议认为七届区政协继往开来，要在六届政协工作基础上与时俱进、开拓创新，为推进现代化生态园林城区而努力奋斗。会议选出新一届领导人，郑信才当选区七届政协主席。

政协第七届镇海区委员会第一次会议

18日至22日　镇海区第十二届人民代表大会第一次会议召开。出席会议代表172人。会议提出：必须坚持发展是执政兴国的第一要务的思想，把握发展主题，努力开创各项工作新局面。会议选举产生区人民政府正、副区长，区人民法院院长和区人民检察院检察长。会议选出新一届领导人，张根锡当选区人大常委会主任。

镇海区第十二届人民代表大会第一次会议

26日至3月1日　镇海区党政代表团在闻建耀、郭华巍带领下考察长兴、萧山、下沙、义乌。闻建耀在考察总结会上提出开展“四个年”活动，即征地拆迁攻坚年、城区框架拉大年、招商引资突破年、齐心协力奋进年。

2月下旬　镇海液体化工产品交易市场被省工商局认定为浙江省四星级文明规范市场。

2月　对辖区流动人口的暂住证、婚育证、就业证实行三证合一管理。

3月

1日　区政府机关开始实行无纸化批阅等办公方式。

7日　全区第一套水污染自动在线监测系统投入运行。

该系统安装在庄市五星电镀厂，对水污染排放情况实行全天候远程自动监测。

11日　机关1400名干部到憩桥绿地参加义务植树。

20日至22日　在陕西省西安市举行人才招聘会，167名应聘人与区有关单位达成意向。

21日　区首家私营旅行社“天下行旅游有限公司”开张营业。

该旅行社由50岁失业女工黄金娥创办，也是区政府支持自主创业专项贷款的第一个受惠者。

25日至27日　区管干部学习贯彻中共十六大精神轮训班举行，330多名区管干部参加轮训。

26日　参加全国沿海地区基层党校建设研讨会代表50多人，在中宣部党建杂志主编单庆带领下到庄市党校和镇海口海防历史纪念馆考察。

同日　仁爱中学教师金燕在全省中学思想政治课优质课评比活动中获一等奖。

27日　北欧工业园区行政服务大楼启用。

北欧工业园区行政服务大楼

29日至30日　全省初中自然科学竞赛在镇海中学举行。镇海区5名同学获一等奖，其中蛟川书院还获得团体优胜奖。

4月

4日　区四套班子领导前往镇海革命烈士陵园举行祭扫活动。

4日至6日　清明扫墓期间，镇海渡口客流量达5.8万人。

9日　区委、区政府召开民营经济发展大会。

同日　镇海区开展第二次全国内河航道普查。

4月上旬　2002年度“宁波市名产品”评选揭晓。

在全市59个市名牌中，镇海区产品有5个：镇海福盛食品工业有限公司的福盛阁牌芙蓉海鲜汤、宁波摩士集团股份有限公司的MOS牌微型深沟球轴承、宁波英特姆液压马达有限公司的低速大扭矩液压马达、宁波贝时特金属制品有限公司的驰洋牌热镀锌圆胶钢丝绳、宁波华通电器集团股份有限公司的宁通牌高低压开关设备。

11日　镇海新闻中心在南大街口开工建设。

13 日　在 2003 年全国小学数学奥林匹克决赛中，区中心小学 14 名同学获满分奖。

15 日　区招投标中心投入试运营。

18 日　国内规模最大的 45 万吨/年对二甲苯装置和 100 万吨/年连续重整装置，在镇海炼化公司建成交付生产。

21 日　象山县党政代表团考察镇海区。

22 日　预防和控制“非典”工作领导小组建立，并着手编制系统化“防非”网络。

23 日　镇海区 20 名残疾人坐上了由世界轮椅基金会捐赠的轮椅车。

28 日　镇海至大衢航线开通，“威远 2 号”高速客轮运营。

4 月　后海塘景区二期工程动工。

该工程东起寿昌公园，北至隧道北路与古海塘交叉点。

5 月

1 日至 5 日　区四套班子领导分别到骆驼、庄市、招宝山、澥浦、九龙湖检查预防“非典”工作。

5 月下旬　宁波市大学科技园建设正式启动。

该科技园规划面积 2650 亩，总投资约 2 亿元以上。

5 月　骆驼新区开发建设管理委员会成立。

6 月

5 日　召开创建国家级生态示范区动员大会，区委书记闻建耀讲话，区委副书记、区长郭华巍作动员报告。

月初　威海路生态防护林工程通过验收。

威海路生态防护林带全长 940 米，工程投资 2500 万元。

2003 年以来，镇海区共投资 3.6 亿元，建成了总面积 1.21 万亩的海天、镇骆、雄镇、清风等 4 条生态林带。海天生态林带由城区向西北延伸，全长 12.8 千米，宽 200 米，造林面积 2899 亩；镇骆林带是东接城区，向西北延伸至骆驼街道，宽 400 米，长 11 千米，造林面积约为 2630 亩；雄镇林带从蛟川街道甬江至骆驼街道，宽 350 米，长 12.4 千米，总占地面积约为 5112 亩；清风林带南起庄市街道勤勇村，北至澥浦镇湾塘村，全长 8 千米，宽约 200 米，造林面积为 2003 亩。这 4 条生态林带形成了“三横一纵（清风林带）”格局。截至 2006 年，区绿地率达 42.8%，人均公园绿地实现 12.6 平方米。

生态林航拍

13 日　区残联召开第四次代表大会。

17 日　区召开创建文明城市，开展农村“双整治”“告别陋习、远离非典活动”大会。

22 日　龙赛医院内科副主任医师胡佩莉参加中国赴马里医疗队，开展为期 2 年的医疗援外活动。

25 日　2003 年浙江省普通高考成绩及普通高校各批次录取分数揭晓。

2003 年，镇海区参加普通高校招生考试的考生 1090 人，上最低档线的为 1034

人，上线率为94.86%。上本科线的有588人，其中上第一批重点线的为292人。其中，镇海中学600分以上考生达75人；在浙江省文科、理科前10名中该校共占3名；在浙江省理科前100名中，该校占了17名；镇海中学还囊括宁波大市理科前10名及文科前2名；有28人被北大、清华录取。该校考生上线率继续保持100%，其中上重点线的达79.5%，上本科线的达98.2%。

29日　沿江景观带改造一、二期工程完成。

建成后的沿江景观带是一条集旅游观光、文化休闲、防洪交通于一体的城市景观带，成为镇海区最大的亲水滨江生活休闲空间。2001年5月，沿江景观带一期工程宽20米、长960米，二、三期工程承接一期风格并略有变化，东起航标处，西接聪园路，长度延伸到1800米，平均宽度达到45米，其中最宽处有80余米。沿江景观带的建成，展示了镇海作为海上丝绸之路起碇港的商贸雄风。2008年9月下旬，镇海区沿江大道三大目标化景观工程获得2008年浙江省“优秀园林工程”金奖。

1992年的沿江西路

2006年改造后的沿江路景观带

30日　区委召开庆祝中国共产党成立80周年暨先进表彰大会。

会上表彰2001年度至2002年度70个先进基层党组织、118名区级优秀共产党员和10名区级优秀党务工作者。

7月

1日　镇海区在浙江省率先推行新型农村合作医疗制度。

新型农村合作医疗制度是由政府组织、引导、支持，农民自愿参加，个人、集体和政府多方筹资，以住院统筹为主、大病救助为补充的农民医疗互助共济制度。该制度于 2003 年 7 月在镇海区实施，2006 年 7 月 1 日又进一步提高统筹额度。新型农村合作医疗制度实施 5 年来，全区共有 32021 人次得到住院补偿，累计补偿 5891 万元；70718 人次得到门诊补偿，累计补偿金额 126 万元；867 人次享受大病救助，累计救助金额 438.05 万元。通过实施两轮农民健康体检，有 144190 人次享受免费健康体检。

同日　中央电视台三套《梦想剧场》栏目播出了镇海选送的《快乐的手工匠》专题片。

2002 年 12 月 22 日，由区文化馆创作和表演的《快乐的手工匠》在浙江省第四届音乐新作演唱演奏大赛中荣获创作和表演 2 项银奖。此次专题片《快乐的手工匠》是由区文化馆和镇海电视台有关负责人带领演职人员 12 人于 6 月 27 日在北京香山植物园的杏花坞拍摄的，演职人员平均年龄达 60 岁。

16 日至 31 日　区委书记闻建耀参加市委组织的俄罗斯、挪威、奥地利、匈牙利考察活动。

17 日　出现 2003 年入夏以来最热的天气，最高气温达到 39℃，创 30 多年以来的最高纪录。

19 日至 22 日　在湖州举办的省小学生数学竞赛夏令营中，贵驷小学选派的两个代表队获得计算、应用题、接力比赛 3 个第一名，两个代表队分别获得团体总分第一、第二名。

7 月　公交 376 路开通庄市街道汉塘村、永旺村，标志着镇海区全面实现了村村通公交。

1979 年 4 月 1 日，镇海通往宁波市区的第一条公交线路 341 路公交车开通，结束了镇海无公交的历史。此后 20 年间，又陆续开通了至宁波的 342 路、343 路、338 路、541 路 4 条公交线路，但仍没有一条属于镇海区内的公交线。1999 年 12 月 28 日，区交通局与市公交总公司签署协议，镇海公路运输总公司成建制划归市公交总公司，镇海成立市公交五公司，拉开了镇海区城乡公交一体化的序幕。至 2003 年 7 月，镇海区已有公交线路 29 条、运营车辆近 300 辆，形成全区范围内一次换乘抵达的便捷公交网络，并达到建制村等级公路通达率、建制村通公交车率、短途客运公交车公营率、中高档车占有率“4 个 100%”。

8月

1日至3日　在省青少年蹦床技巧比赛中，区蹦床技巧学校选手夺得14枚金牌，为区市争得荣誉。

5日　国家开发银行与区政府举行信用合作协议签约仪式。

8日　召开滩坑水库移民安置会议，镇海区将承担400名移民的安置任务。

22日　镇海投资有限公司成立。

28日　区委书记闻建耀在出席“康力”压延玻璃生产线点火仪式上指出，民营企业要实现跨越式发展。

29日　《宁波化工区总体规划暨澥浦片控制详细规划》方案评审。

受市政府委托，市规划局、市经委、宁波化工区管委会组织的宁波化学工业区总体规划暨澥浦片控制详细规划考察评审会在镇海区召开。以中国石油和化工规划院副院长、总工程师白颐教授及宁波市规划设计研究院总工程师张恭教授为组长的9名国家、省、市专家组成的专家组作了《关于〈宁波化工区总体规划暨澥浦片控制性详细规划〉的评估意见》的报告。

8月下旬　镇海炼化公司的“扩建800万吨/年炼油工程（第一步）”获得“国家环境保护百佳工程”奖。

9月

9月上旬　区计生局荣获“全国人口和计划生育法制建设先进集体”荣誉称号。

15日　定海区党政代表团考察镇海区，两区签署“山海协作工程”协议。

16日　市委副书记陈群在区考察时要求，把镇海建成全市最美的城区。

18日　位于九龙湖源头达蓬山下的香山寺一期主体工程观音殿封顶。

香山寺开发建设分两期进行。作为香山旅游区的主要部分，香山寺建成后将成为镇海区一个重要旅游资源。

20 日　区首家科普教育基地在吴杰故居挂牌成立。

同日　宁镇路个体客运中巴悉数由区政府收购，镇海区城乡公共交通实现公交公司一体化经营。

22 日　宁波公交总公司对宁镇公路 48 辆社会中巴车进行公交化改造。

23 日　区委书记闻建耀会见西班牙、葡萄牙华人企业会考察团和台北中小企业协会代表团。

24 日　区第五次“慈善一日捐”动员大会暨表彰大会举行。

自 1998 年至 2003 年 5 年来，区慈善分会已累计募集慈善资金 1921.91 万元，其中慈善帮困基金 1350 万元，开展了以助医、助学为重点的各类慈善救助活动，累计支出金额达 311.77 万元，受助对象 5578 户（人）次。

26 日　第五届浙江投资贸易洽谈会结束。

浙洽会期间，镇海区签约 17 个项目，总投资 2.45 亿美元，协议利用外资 8442.5 万美元。

同日　第二届中国国际日用消费品博览会闭幕。

本届博览会在宁波国际会展中心举行，为期 5 天，镇海区有 22 家企业参加，与前来参加消博会的客商达成成交或成交意向 1467 万美元。其中以港澳台、东南亚为主，占 62%，美国、欧盟占 30%，来自中南美洲的客商也有 10 多万美元的成交意向。

30 日　镇海区委作出关于在全区广泛开展向后大街社区学习活动的决定。

同日　区举行抗击“非典”先进表彰大会。

10 月

9 日　举行贝时璋院士百岁寿辰学术报告会。

宁波市和镇海区各界联合举行庆贺贝时璋院士百岁寿辰学术报告会在金港大酒店金色大厅举行，贝时璋的女儿贝濂女士、中科院院士杨福愉以及中科院生物物理研究所有关领导应邀到会。

15 日至 30 日　第九十四届中国出口商品交易会在广州举行。

本届广交会上，镇海区参加的有机械、五金、纺织服装、轻工、工艺品等五大类24家企业，成交额达500多万美元。

16日至18日　龙赛医院主办的浙江省第二十三次市、县医院院长联谊会在招宝山饭店举行。

20日　举行第五医院落户高教园区项目签约仪式。该项目由宁波市荣誉市民、法籍华人杨壁如及其家人创办。

同日　第二十届全国中学生物理竞赛决赛，镇海中学黄赟获一等奖（金奖）。

22日　中共中央军委主席江泽民视察镇海口海防遗迹。

24日　龙赛中学为纪念建校10周年举行庆典活动。包玉书携家属及亲友出席庆典。盛昌黎、张蔚文、王卓辉、程刚等市领导参加龙赛中学校庆。

27日至29日　2003镇海区金秋菊展暨投资科技洽谈会举行。10月27日晚，市首届社区文化艺术节暨区秋洽会隆重开幕。

科技部、全国工商联、中科院和一些大中院校的嘉宾，市区四套班子领导及驻镇海部队、大工程单位的代表出席，近5000名观众在宁波港客运站广场汇聚。著名节目主持人李咏与观众面对面亲密接触；巴西国家综艺歌舞团、著名歌手金海心、“黑鸭子”组合等向观众演唱最新力作。

11月

3日　甬江口船只因大雾发生碰撞事故。

5时30分至6时，甬江口一带雾气积聚，能见度降低，导致8艘船舶在不足1小时的时间内，连续发生碰撞，造成了4起事故和险情。

6日　镇海党政代表团考察定海；四套班子领导参加军事日活动。

7日　全市水利建设现场会在镇海区召开。市委副书记郭正伟和各县市区领导出席会议。副区长张江华就河道整治工作作典型发言。

7日至10日　举行2003年福利彩票大奖组销售活动。

此次活动在骆驼街道举行，共发行销售彩票230万元；2000年10月14日至16

日，镇海区在骆驼镇汶骆路举行中国福利彩票600万元大奖组销售活动（实售500万元）；2002年11月29日至12月2日，福利彩票大奖组销售活动在镇海招宝山街道望海楼北面（环城北路和宏远路之间）举行，共发行销售彩票481.55万元。

15日　全国20城区工商局长研讨会第十八次会议在九龙山庄召开，研讨会成员局104名代表参加了为期3天的会议。

24日　全区生态建设动员大会。

25日　镇海区台胞台属第四次代表大会召开。

28日　区政府重奖镇海区的8个浙江省著名商标和3个宁波市知名商标。

8个省著名商标分别是宁波摩士集团股份有限公司的"MOS"、宁波中鑫毛纺集团的"ZHONGXIN"、宁波华通集团股份有限公司的"宁通"、中石化镇海炼油化工股份有限公司的"东海"、宁波中鑫呢绒厂的"双豹"、宁波市天衡制药厂的"枢丹"、宁波市海达塑料机械有限公司的"海达"、宁波雨云蔬菜厂的"云"。3个市知名商标是宁波市天韵通信设备有限公司的"神韵"、宁波宁力高强度紧固件有限公司的"图形"、宁波市镇海区种兔场的"巨高"。每个省、市名牌的奖金额度分别为10万元和5万元。这是镇海区首次对近年来获得省、市名牌商标的企业进行重奖。

12月

1日　第五次"慈善一日捐"活动，全区共募集慈善帮困基金1100万元；"一日捐"322万元。

同日　镇海客运中心至宁波江东麦德龙开通公交390路。

3日　区政府和宁波出入境检验检疫局举行建设镇海检验检疫机构签字仪式。

7日　"亚洲第一爆"镇海发电厂主烟囱爆破成功。

从当年9月中旬起，发电厂开始"油改气"改造，烟囱所服务的2台12.5万千瓦燃油发电机组被拆除，代之以2台35万千瓦的燃气发电机，服役37年的烟囱完成历史使命。12月7日4时整，一声令下，两声巨大声响后，高150米的巨大烟囱顿时折为两截，电厂烟囱爆破成功，被誉为"亚洲第一爆"。

镇海发电厂主烟囱爆破瞬间

12 日　镇海北宋“神舟”工程综合评审会在镇海区召开。

北京大学东方学系教授陈炎等 10 余名全国知名的海外交通史、造船史专家，对镇海区正在筹建的北宋“神舟”工程进行评审。

18 日　驻镇海部、省属单位集体、三产企业联谊会成立 10 周年庆祝大会暨联谊会四届三次会议召开。

18 日至 19 日　镇海区总工会第十一次代表大会召开。

23 日　“山海协作”第一项目舟山市大陆引水工程镇海段在澥浦镇岚山开工。

该工程全长 66.6 千米，其中海底管线 36.3 千米，镇海区境内 10.9 千米。工程引江北区李溪渡水库水至舟山。

27 日　泥螺山围垦大坝合龙，镇海区陆域面积由 218 平方千米扩展到 248 平方千米。

2003 年　年末全区总人口 216691 人；全年人口出生率 5.85‰，死亡率 5.71‰，自然增长率 0.15‰。

2003 年　区属实现地区生产总值 58.52 亿元，比上年增长 16.8%。其中，区属第一产业实现增加值 3.28 亿元，比上年增长 4.3%；区属第二产业实现增加值 33.24 亿元，比上年增长 22.9%；区属第三产业实现增加值 22 亿元，比上年增长 10.7%。实现预算内地方财政收入 5.45 亿元，比上年增长 40.2%。

2004年

1月

4日至5日　闻建耀等区领导赴深圳参加镇海籍港澳人士新春茶话会。

6日至11日　在澳门举行的第19届全国数学冬令营暨2004年数学奥林匹克决赛中，镇海中学高三理科创新实验班的支持同学，以浙江省第一名的成绩获得全国二等奖（银奖）。该同学已被北大数学院录取。

9日　巴音朝鲁等市领导考察镇海经济开发区、高教园区北区、宁波机电工业园区和骆驼街道社区服务中心，听取了镇海区的工作汇报。

9日至13日　镇海区第二届迎新春名优菜篮子商品展销会在招宝山街道举办。

14日　区委召开十二届三次全体（扩大）会议，闻建耀作工作报告，区党政领导报告廉洁自律情况。

21日　中共中央政治局常委、国务院副总理黄菊考察镇海炼化股份有限公司，以及镇海国家石油储备基地建设现场。

同日　23时余，因居民燃放烟花爆竹，引起招宝山街道顺隆路136号群乐沙发店发生火灾，造成住店女子张某吸入燃烧排放的有毒气体身亡。

2月

2日　全区经济工作会议召开，总结表彰2003年先进工作者，部署2004年经济工作任务。

6日　区政府召开常务会议，专题研究禽流感预防工作，并通过《镇海区高致病性禽流感防治工作预案》。

16日至19日　政协区七届二次会议在香溢新兴宾馆举行。

17日至20日　区十届人大二次会议在区人民大会堂举行。会议补选高龄夏为区人大常委会副主任。

24日　召开区旅游资源普查成果评审会。

全区共获取129个资源单体信息，有效旅游单体81个，其中镇海海防遗址属五级复合单体，后海塘、威远城、安远炮台和海防历史纪念馆等5个单体属四级单体。另有三级单体10个，二级单体22个，一级单体49个。

25日　全市菜市场长效管理现场会在镇海区召开。副市长成岳冲参加会议，翁雪莲代表区政府通报了镇海区菜市场长效管理工作情况，与会人员考察了镇海南街菜市场。

2月下旬　首次区重点环保企业环境行为等级评估结果揭晓。

自2003年推出的镇海区重点环保企业环境行为评色制度为2004年国家环保局试点项目。按照标准，绿色企业是指治污工作好，排污达标且获得ISO 4000环境管理体系认证，实行清洁生产的企业；蓝色企业是指治污工作较好，排污达标，但没有获得ISO 4000环境管理体系和清洁生产的企业；黄色企业是指治污工作一般，排污基本达标的企业；红色企业是指排污超标或造成环境事故的企业；黑色企业是指排污严重超标或造成重大环境事故的企业。此次2003年度评估，区环保局在44家重点环保企业中评出绿色2家，黄色14家，红色、黑色各3家，并对红色和黑色企业按照规定进行整改或关停。

2月下旬　宁波港务局镇海港埠公司机修港机厂修理工胡耀华获2003年度“全国交通技术能手”称号。

3 月

9 日　中共镇海区委召开 11 届 4 次会议，选举产生闻建耀等 21 名出席市第十次党代会的代表。

10 日　区机关效能监察投诉中心挂牌成立，投诉机关效能问题可拨打“96178”热线。

12 日　浙东片 2004 年数学高考复习研讨会在镇海中学召开。参加会议的有宁波、绍兴、舟山、台州等地的专家及有关数学任课教师共 400 余人。

16 日　宁波市国家卫生城市考核鉴定组领队郁德水、组长徐惠民等一行，在副市长成岳冲的陪同下，到镇海区检查考察创卫工作。17 日，鉴定组分 4 路对镇海区市容市貌、食品卫生、环境保护、除“四害”等方面工作进行了考核检查。

26 日　区政府、东南大学、哈尔滨工业大学“一府两校”科技合作领导小组第三次工作会议在南京东南大学召开。会议期间，镇海区与两校新确定合作项目 7 项，项目总经费 145 万元。

28 日　镇海区第一家民营企业党委——宁波华通电气集团股份有限公司党委成立。

4 月

5 日　环保总局副局长王心芳专程考察建设中的宁波金属再生资源加工园区。

同日　九龙湖镇斗鸡岙发生森林火灾。

经 500 余人奋力扑救，大火在 16 时左右熄灭。此次森林火灾是一村民扫墓用火引发的。

7 日　镇海新城骆驼片区概念规划评价及核心区城市设计方案专家评审会召开。

9日　宁波大学科技学院广场入口景观工程开工，总投资63万元，于7月20日竣工。

22日　8时10分左右，甬江南岸的浙江善高化工有限公司双氧水车间发生爆炸。经区环保部门分析检测表明，爆炸对镇海城区没有影响。

24日　区领导陈召华等带领相关部门有关人员，对辖区重点化工企业安全生产工作进行大检查。

同日　骆驼至宁波雅戈尔野生动物园388路公交车开通，全程34.2千米。

27日至28日　共青团镇海区第十四次代表大会召开。大会选举产生了共青团镇海区第十四届委员会，徐天红当选为团区委书记。

28日　参加在甬召开的全国爱国卫生工作会议的80多名代表，专程到镇海区参观农村和菜市场环境建设示范点庄市街道光明村和南街菜市场。

29日　区委、区政府举行2001—2003年度劳动模范、模范集体表彰大会。

4月29日至5月3日　2004年中国宁波国际茶文化节暨宁波农业博览会举行。

会上，镇海区共有11家农业龙头企业参展，达成内外协议购销额5600万元，“圣殿”“香山春”2个茶叶品牌获“中绿杯”中国名优绿茶银奖。

4月　宁波市撤销高教园区北区，镇海高教园区开发建设管理委员会改称镇海新区南区开发建设管理委员会。

5月

12日　镇海海关缉私分局成立。

同日　中软华东软件基地签约仪式在宁波举行，项目总投资5亿多元，郭华巍代表区政府与宁波亚创公司、中软公司签约。

16日　市委书记巴音朝鲁等市领导参观了《辉煌的五年——宁波发展成就展览》镇海展馆。

18日　举行张亚琴从艺60周年座谈会。

蛟川走书是宁波走书的一种，也是甬城地方曲艺艺苑中一个乡土气息浓郁、风格独具的曲种。它产生于定海马吞，又称六横走书。传入镇海后，清光绪年间(1875—1908)，谢阿树（又名谢见鸿）因表演走书唱做俱佳，被认为是“蛟川走书”的鼻祖，其所住的小南门拱形城墙上刻着“蛟川”两字，因此这一表演艺术更名为蛟川走书。经过一百多年来的创新和改革，蛟川走书成为镇海民间喜闻乐见的曲艺表演形式。2006 年 6 月，蛟川走书被列入市级非物质文化遗产名录。2007 年 5 月，蛟川走书申报省级非物质文化遗产成功。

“没有蛟川走书就没有今天的张亚琴，没有张亚琴就没有今天的蛟川走书。”蛟川走书的爱好者这样评价张亚琴。张亚琴，1928 年生，家境贫寒，12 岁学唱小曲，17 岁时学唱镇海蛟川走书，19 岁在高塘庙会唱书，拜前辈艺人陆尧林为师，正式走上了演唱蛟川走书的艺术道路，成为有史以来演唱蛟川走书的第一位女性艺人。张亚琴嗓音洪亮，演唱的蛟川走书多是公案、武侠、演义等长篇大书，这也是她艺术特长之处。

张亚琴走书表演

27日　刚刚荣获省爱乡楷模、荣誉市民称号的旅日侨胞傅在源到镇海中学访问，出席了“富的奖教奖学基金”颁奖仪式，为镇海中学优秀教师代表和十佳学生颁奖。

6月

3日　全市殡葬工作会议在骆驼香溢新兴宾馆召开。会议对镇海区殡葬改革所取得的成绩给予肯定，与会人员参观了大同公墓五墓区园林化改造情况。

4日　全国老龄工办副主任白桦一行到镇海区调研农村老龄工作。

5日　开展万名镇海青年认种“生态责任田”活动。

8日至12日　第六届浙洽会、第三届消博会在宁波国际会议展览中心举行。镇海区在本届浙洽会期间签约项目34个，总投资3.17亿美元，协议外资1.81亿美元。其中投资1000万美元以上项目16个，参加市签约项目7个。有家纺、服装、家电、轻工、工艺品等5个行业24家企业参加的消博会，成交额和意向成交额1266万美元。

10日　金丰（宁波）精密机械科技有限公司在镇海经济开发区举行投产开工典礼。葛慧君、邵孝杰、项性平、闻建耀、郭华巍等市区领导，台湾金丰集团总裁纪金标，金丰（宁波）金丰精密机械科技有限公司总经理王南历出席。

11日　召开建设平安镇海动员大会。闻建耀强调举全区之力推进平安镇海建设。

14日　为期2天的中考结束，2004年全区报名参加中考的考生共3100名，其中参加升学文化课考试学生2935人。

15日　镇海区入梅，至7月9日出梅，24天的平均梅雨量为210毫米左右，接近往年。

同日　毛光烈、邵占纬、何建敏等市领导，先后到宁波高教园区北区、骆驼机电工业园区、宁波化工园区和海天生态林带等地进行调研考察，闻建耀汇报了有关工作情况。

16 日　19 艘外洋作业大马力钢质渔轮已全部提前到港。2004 年的伏季休渔期为 6 月 16 日 12 时至 9 月 16 日 12 时。

17 日至 18 日　区科学技术协会第八次代表大会在区人民大会堂举行。会议聘请翁史烈、倪维斗、倪光南为区科协名誉主席，大会选举产生了区科协第八届委员会常务委员会。

18 日　巴音朝鲁、郁义康一行先后到澥浦镇政府，宁波化工区、庄市街道光明村、区人武部、招宝山街道后大街社和总浦桥社区，对镇海区的党建工作进行调研，闻建耀汇报了党建工作情况。

25 日　2004 年浙江省普通高考成绩及普通高校各批次录取分数揭晓。

镇海区上线考生 1182 人，上线率达到 95.3%。其中镇海中学上线率依旧保持在 100%，并且重点率达到 82.1%，600 分以上达 65%，高考成绩再创历史新高。龙赛中学高考上线率为 100%，本科上线率 77.6%，创该校历史新高。

同日　三圣殿水库引水工程竣工验收。

该工程起自三圣殿水库，终至原长石徐王自然村，管线全长 7.5 千米，设计日供水量 3 万吨。

28 日　丽水市青田县首批滩坑水电站坝址移民共 32 户 121 人到达镇海区，在区内 5 个镇、街道的 11 个村正式落户。

30 日　宁波市第一家党员服务咨询站在招宝山街道后大社区成立。

7 月

1 日　《宁波市最低生活保障办法》开始实施。

办法规定低保标准城镇居民为 280 元/月，农村居民为 160 元/月。镇海区共有 1205 户共 2017 名居民享受低保，其中城镇居民 545 户 936 人、农村居民 660 户 1081 人。

4 日　晚上，镇海电台为庆贺建台十周年，在宁波中山广场举行“飞跃十年”庆典晚会，吸引上万名市民观看。

7 日　区卫生监督所 3 个分所成立。

区卫生监督所3个分所成立标志着镇海区在全市率先实行了卫生监督系统垂直管理。其中，区卫生监督所一分所管辖招宝山、蛟川街道；二分所管辖骆驼、澥浦、九龙湖镇；三分所管辖庄市街道。

7月上旬　镇海幼儿园成为宁波市首家“全国学前家庭教育研究基地”。

7月上旬　宁波雨云蔬菜厂设计的“可站立与折叠式的蔬菜类包装袋”和“使用外观设计的包装袋”分别获得国家实用新型专利。作为榨菜加工行业，获此殊荣在全国尚属首家。

14日　全市社会治安综合治理基层基础建设现场会在镇海区召开。省政法委副书记、省综治办主任王毅，市委副书记、市政法委书记徐福宁，以及区领导闻建耀、郭华巍、林瑶、陈召华等出席会议。

15日　2004年浙江省青少年蹦床、技巧比赛在镇海区闭幕，比赛决出22枚金牌，镇海业余蹦床技巧运动学校组队代表宁波参赛，共获18枚金牌，其中囊括了7枚团体金牌中的6枚。

16日　海警33043艇被命名为“镇海号”。

24日　武警镇海区中队被武警浙江省总队党委评为十大“基层建设标兵中队”，并荣记集体二等功。

26日　中国石化镇海炼油化工股份有限公司获2004年中国化工500强称号，并位居榜首。

28日　郭华巍、张江华与到镇海区的舟山市定海区委副书记代区长戎雪海、副区长张辉进行“山海协作工程”工作交流，参观了镇海中学、镇海经济开发区和庄市街道光明新村。

29日　区委、区政府召开全区社区居委会换届选举工作动员会。投票选举日确定为9月12日。

同日　镇海经济开发区协畅（宁波）电子有限公司举行开工典礼，省政协副主席张蔚文、区领导闻建耀、象山县副县长白国璋、宁波市台商协会会长涂介秋、协畅公司董事长柯受球、总经理柯受雄等参加开工典礼。

7月下旬　镇海区第一个家畜禽污水处理中心在庄市街道万事徐建成并投入试运行。这是全市第一家高标准的处理技术比较先进的规范化畜禽污水处理中心。

8月

1日　镇海区在九龙山庄举行纪念邓小平同志100周年诞辰暨纪念邓小平关于“宁波帮”指示发表20周年活动招待酒会。

同日　下午，澥浦中学赵学飞教学综合楼奠基，香港甬港联谊会会长孙起立、出资建设教学楼的严信才夫妇、区领导出席奠基仪式。

6日　召开“十一五”规划编制工作动员会，镇海区“十一五”规划工作全面启动。

同日　地方志编纂委员会第一次全体会议召开，镇海区新一轮修志工作启动。

9日至10日　2004年镇海骆驼科技合作洽谈会举行。

此次洽谈会累计签订科技合作项目4项，技术交流额1782.7万元，达成共建科技创新载体项目合作意向4项。

9日至12日　“2004全国我爱数学少年夏令营”在深圳举行。

来自全国各地及菲律宾等国家和地区173个代表队同场竞技。贵驷小学选派的陈薇娜、王涵怡、王陈、孙英杰等4位“神算子”同学获计算、应用题第一名。

12日　第14号台风“云娜”影响镇海。

庄市、九龙湖、澥浦街道（镇）1500亩蔬菜、经济作物及滩涂养殖等损失严重，“云娜”台风给镇海区造成139万元的经济损失。

18日　骆驼香溢宾馆和九龙山庄晋升为三星级酒店，镇海区三星级旅游酒店增至3家。

20日　区人民法院少年刑事案件合议庭获得全国优秀“青少年维权岗”。

共青团中央、中央综治办，最高人民法院等11家中央国家机关单位联合发文，决定授予镇海法院少年刑事案件合议庭等2002年度、2003年度全国优秀“青少年维权岗”。这是浙江省仅有的两家获此殊荣的法院之一。

9月

1日　镇海古塘中学开学。

由龙赛中学初中部和临江中学、俞范中学撤并而成的镇海古塘中学在隧道北路（原区职教中心学校）开学。设初中教学班31个，学生1500多人。

同日　全市社区文化工作经验交流会在后大街社区召开，市、区领导陈群、卓祥骕、闻建耀、张才国等出席。

同日　澥浦中心学校发生眼病爆发事件。区疾控中心调查证实，为教学楼中4个班级学生在开启日光灯时，连紫外线灯一起打开，造成紫外线误照射而引起的急性角膜炎，使162名学生、9名教师眼部感觉不适和烧灼感。至9月8日，患病师生眼部症状全部消失，视力未受影响。

同日起　区公路运输管理所对危险品运输车辆实行全天候监管。

区公路运管所全面启动了GPS卫星定位系统，对区内已批准的10家危险品运输企业231辆运输车的运输实行全天候监管。

7日　镇海区优势农产品基地通过区级验收。该项目位于庄市街道万市徐村，总投资360万元，基地面积3500亩。

9日　宁波·深圳“社区文化与公民权利”双城论坛座谈会在招宝山街道后大街社区举行，有关专家还参观考察了总浦桥社区、西门社区和后大街社区的文化建设情况。

10日　庆祝第20个教师节暨优秀教师表彰大会举行。

会议表彰了何性善、胡明德、许克用、祝达飞等4名为镇海区教育、体育事业做出杰出贡献的教师，表彰了全国优秀教师龙赛中学校长崔国久和2004年度省、市级先进教师。宁波市庆祝第20个教师节所戴的教师节节徽，图案为镇海区古塘中学教师刘忠仁设计。

16日　中国大陆第一套进口的大气特殊污染因子自动监测设备落户镇海区。

11月12日正式投入运行，镇海区大气特殊因子将24小时实时监测。

大气特殊污染因子自动监测设备

26 日　文化部副部长周和平考察指导招宝山街道和后大街社区文化工作情况，并听取汇报。

26 日至 30 日　第六届中国民间艺术节在山西中市榆次区举行，镇海后大街社区“镇海更鼓”代表队参加比赛，喜夺金奖。

28 日　宁波雨云蔬菜厂厂长张国明获评 2004 年省级劳动模范。

29 日　镇海区庆祝中华人民共和国成立 55 周年文艺晚会在区人民大会堂举行。

10 月

12 日　镇海新闻网正式开通。

13 日　以河北省唐海县委书记于冬青为团长的党政代表团一行到镇海区金属加工园区和化工区考察。

14 日　省政协副主席张蔚文带领的省政协调研组一行对镇海区统筹城乡经济社会发展情况进行调研。

15 日至 23 日　在四川乐山举行的全国技巧冠军赛、全国青少年技巧锦标赛中，区业余蹦床技巧运动学校参赛 8 名运动员取得 8 枚金牌、1 枚银牌、3 枚铜牌的好成绩。

镇海区蹦床技巧运动学校运动员代表浙江省在全国技巧冠军赛和全国青少年技巧锦标赛中成绩斐然。2002 年 8 月，区蹦床学校在青少年蹦床技巧 2002 年锦标赛中获得 3 枚金牌、3 枚银牌、2 枚铜牌，金鑫和陈刚夺得双人全能和单项两项桂冠，成为本次全国比赛年龄最小的冠军；2005 年 11 月，在全国技巧冠军赛暨 2005 年全国青少年技巧比赛中夺得 5 枚金牌、3 枚铜牌；2006 年 11 月，在全国技巧冠军赛暨 2006 年全国青少年技巧比赛中夺得 8 枚金牌；2007 年 4 月，在 2007 年全国技巧锦标赛中夺得 3 枚金牌、1 枚铜牌。

19 日　省爱乡楷模授予仪式暨镇海职教中心落成典礼举行。

市领导向包景表颁发了“浙江省爱乡楷模”证书。包景表关心家乡的教育医疗事业，1994 年至 2004 年间先后捐助建镇海中医院住院楼、急诊楼，区精英小学、区职教中心等 7 个项目，总计 1443 万元。新建的区职教中心学校占地 277 亩，面积 45000 平方米，能容纳 60 个班级就学、近 1000 名学生住宿。

同日　香港叶中贤捐资助建的澥浦中心学校“育贤楼”“育能楼”正式落成。

10 月中旬　多家镇海企业产品获得 2004 年度浙江省、宁波市名牌产品称号。

镇海炼化公司东海牌农用尿素、镇海炼化工贸总公司招宝山牌聚丙烯粉料、华美线业公司的敦煌牌涤纶缝纫线 3 个产品获浙江省名牌产品称号，宁力牌紧固件、海达牌塑料注射成型机、宁通牌 XGN13（HK）-12 真空环网柜、双豹牌平绒面料、中鑫牌纱线5个产品获宁波市名牌产品称号。

22日　镇海区举行第17个老人节暨老龄工作先进庆祝表彰大会。区计经局等10家单位荣获镇海区老龄工作先进集体，张德林等20人获得镇海区老龄工作先进个人。

23日至29日　镇海区第十届运动会举行。

本次运动会共设田径、游泳、球类、武术、举重、棋类、健身操、钓鱼等23个项目的比赛，共有50个代表团（队）、8100多名运动员参加。本届运动会共打破区纪录25项，平区纪录2项。

27日　环保总局与宁波市政府联合举办的“2004环境应急演习”在镇海区后海塘宁波乐金甬兴化工有限公司举行。副市长成岳冲任现场总指挥。

28日　第十七届镇海金秋菊展在沿江景观带主景区“丰收门”前拉开帷幕。2004年菊展设沿江景观带、招宝山公园、炼化生活区、庄市街道、骆驼街道等5个景区，共展出菊花50万盆。

29日　镇海区人武部获“南京军区全面建设先进单位”荣誉称号。

30日　第96届广交会闭幕。镇海区有38家企业参展，成交或达成成交意向7000多万美元。

10月起　对农村合作医疗参保人员进行两年一次的免费基本体检。

本次体检工作将于2005年6月底前结束，涉及97095人。

11月

1日　市领导毛光烈、邵占纬带领市调研组一行到镇海区调研。

7日　中国宁波镇海“华通杯”首届国际名人乒乓球俱乐部邀请赛开幕式在镇海区举行。中国乒协主席徐寅生、副主席袁大任，省政协副主席李青，市体育局副局长陈志昂和区领导等出席开幕式。

8日　上海华冶钢铁集团有限公司在宁波（骆驼）机电工业园区举行宁波华冶钢材加工有限公司、宁波浙华重型钢管制造有限公司开工典礼暨宁波保税区华冶钢铁贸易有限公司办公大楼落成典礼。

13 日　区晚稻收购工作开始。2004 年晚粳谷市场收购价为 50 千克/85 元，对订单内晚粳谷给予 50 千克/10 元的价格补贴，全区订单晚稻为 800 万千克。

15 日　全国老龄工办领导李本公、白桦和参加全国农村老龄工作座谈会的各省、自治区老龄工作负责人到骆驼街道民联村参观考察。

18 日　区工商联合会第七次会员代表大会在招宝山饭店举行，大会选举产生了新一届工商业联合会领导班子。

19 日　后大街社区被中央文明办、文化部命名为“全国文化先进社区”。同月 26 日，全国文化先进社区命名表彰经验交流会在深圳福田区举行，后大街社区党委书记葛菊英作题为《建设家门口文化，营造文化型社区》的交流发言。

29 日　中石化镇海炼化扩建 800 万吨炼油工程通过竣工验收。

该项目投资 107.56 亿元，历时 7 年建设，使镇海炼化年原油综合加工能力达到 1600 万吨/年，成为国内最大原油加工基地和成品油出口基地。

同日　后大街社区被中共中央文明办、文化部命名为“全国群众文化先进社区”。

30 日　第六次“慈善一日捐”活动结束，新增出资慈善基金 600 万元。全区共计捐款 446 万元，其中 772 个企事业单位捐款 288 万元，36982 名个人捐款 158 万元。

12 月

3 日至 4 日　闻建耀等区四套班子领导率领城建、旅游、规划、国土等部门和九龙湖、骆驼、庄市等镇街道负责人赴临安、杭州滨江区学习借鉴外地城市建设和旅游发展成功经验。

9 日　镇海区 2004 年冬季入伍新兵欢送仪式在武宁广场举行。

9 日至 10 日　华东地区生态保护工作座谈会在镇海区召开。环保总局、华东六省一市的环保局生态部门负责人研究讨论 2005 年全国生态保护工作重点，与会代表考察和调研了镇海区的生态建设。

13 日　早上大雾锁甬江，轮渡停航，8 时 55 分大雾散去恢复通航。

18 日　香港会德丰亚太有限公司董事包静国夫妇和旅居加拿大的兄弟包伟国夫妇等一行，到庄市包氏故居、龙赛医院、龙赛中学等地参观访问。

同日　九龙福利院举行落成典礼。

20 日　后海塘城建环保重点项目镇海污水处理工程正式开工。

22 日　2004 年，镇海港埠公司实现货物吞吐量 2000 万吨，在 1999 年货物吞吐量首次突破 1000 万吨的基础上又跨上了一个新台阶。

同日　创建省级文明城区工作检查组一行对镇海区创建省级文明城区工作进行了明察暗访。

28 日　区生活垃圾焚烧发电项目在北京签约，郭华巍等区领导出席项目的签约仪式。区建设局局长程振明、北京中科实业集团公司总裁张国宏分别代表双方签字。

同日　镇海区特邀科技部，中科院，中国科协的科技界人士和部分镇海籍两院院士在北京举行新春团拜会。

29 日　区慈善分会助医助困卡发放仪式在骆驼街道民联村举行。

此次镇海区共有 997 名困难人员得到慈善捐助卡，善款总额 97.64 万元。

同日　镇海广电新闻中心启用，有线数字电视开通。

镇海广电新闻中心自 2003 年 4 月 11 日开工兴建，位于沿江路南大街口，占地 6744 平方米，总建筑面积 1.9 万平方米。

新落成的镇海广电新闻中心

2004年 城乡自来水“一户一表”改造。

“一户一表”改造完成城乡居民用上清洁便利自来水，这次水改范围45820户，通过改造，过去居民反映集中的水压、水质问题明显减少，清除了轮流抄表、空度分摊及收费难等原因引发的邻里纠纷，促进了社会的和谐稳定。

2004年 爱心人物“我想”两次匿名向区慈善机构捐献慈善款共158万元，

多年来，以“我想”为代表的爱心人物不断涌现。近10年来，镇海区累计募集慈善款6259.7万元，有力地推进了“爱心城区”建设，引起了社会广泛关注。好军嫂李兰英、捐款158万元不留名的“我想”等爱心人物的事迹家喻户晓，其中有些还成了省、市乃至全国的先进典型。全区志愿者服务、爱心服务等工作得到居民的大力支持，全区已有志愿者服务中心、志愿者协会等20多支志愿者直属服务总队，6个街道、镇志愿者分会，志愿者数量规模达3万多人。全区各镇（街道）、社区普遍建立了爱心慈善超市，帮扶低收入群体、困难户及新镇海人等。

2004年 全区有全日制中小学35所，在校中小学生36000多人；流动人口子女学校8所，接纳7000名流动人口子女就读；各级各类幼儿园72所，有幼儿近9000名。

2004年 年末全区总人口220186人；全年人口出生率6.62‰，死亡率5.04‰，自然增长率1.57‰。

2004年 全年区属实现生产总值76.11亿元，比上年增长18.5%。其中，第一产业增加值3.58亿元，增长1.1%；第二产业增加值46.68亿元，增长22.4%；第三产业增加值25.85亿元，增长15.0%。实现预算内地方财政收入7.06亿元，比上年增长29.5%。

2005年

1月

1日　宁波市镇海区地方税务局成立并正式对外办公。

镇海区财政局、地方税务局机构分设，挂牌成立宁波市镇海地方税务局，简称镇海地税局，实行双重管理领导体制。

4日　首批第二代“中华人民共和国居民身份证”开始发放。

招宝山派出所作为试点单位，为镇海区12名居民发放了第一批第二代“中华人民共和国居民身份证”。

5日　镇海区被省委、省政府命名为浙江省省级文明城区。

同日　区委区政府召开“解难创优、爱心帮扶”动员大会，决定自即日起在全区实施“加强公共服务，解四难创四优”活动和爱心帮扶行动。

6日　市委副书记葛慧君、市人大常委会副主任陈旭一行走访骆驼街道团桥村和中街社区5户困难群众，向每户送上1000元慰问金和价值200元的慰问品，并致以新年祝福。

12日　镇海区在区人民大会堂召开公捕公判大会，对金某等15名犯罪嫌疑人实行依法逮捕，莫某某等8名犯罪分子分别被判处3—13年有期徒刑。林瑶作讲话，公、检、法、司、招宝山街道有关负责人和各界群众1000多人参加大会。

17 日　一拖（宁波）中策拖拉机汽车有限公司新厂区在骆驼街道落成。厂区占地面积近 2 万平方米，年生产能力 3 万台，投资 15 亿元，为中国南方最大的中型拖拉机制造企业。

2005 年中策奔野牌拖拉机

同日　宁波市非公有制经济人士优秀中国特色社会主义事业建设者表彰大会举行。

镇海区郑绍琪、李罡、黄道飞、陆伟明 4 名民营企业家被授予宁波市非公有制经济人士优秀中国特色社会主义事业建设者称号。

17 日至 20 日　政协区七届三次会议召开。

18 日至 21 日　区十二届人大三次会议召开

23 日　在上海举行镇海籍文化名人新春团拜会，贺友直、金立德等 30 名知名人士为镇海发展建言献策，张才国等出席团拜会。

27 日　镇海通往北仑的 78 路车实行公交化，并改为 378 路，所有车辆均可使用 IC 卡和老年免费卡。

31 日　区委召开保持共产党员先进性教育工作会议，全面部署先进性教育活动。闻建耀作讲话。

1 月　后大街、总浦桥、南一、白龙、城东、蛟川、顺隆、西门、贵驷、中街、汇源、庄市等 12 个社区荣获浙江省首批老龄工作规范化社区称号。

1 月　经全国老龄工作委员会同意，镇海区被确定为“农村老年人协会的能力建设”项目试验研究基地。

联合国人口基金项目“农村老年人协会的能力建设”由浙江省老龄科学研究中心负责实施，确定镇海区为该项目的唯一试验点和长期跟踪研究的基地。

2 月

2 日　区四套班子领导分组走访招宝山、蛟川、庄市、澥浦、九龙湖的 15 户困难群众，向每户送上 800 元慰问金，表示节日的慰问。

同日　闻建耀、冯林、张江华率领有关部门负责人一行 9 人前往定海区考察对接项目。两区领导主持参加舟山定海马岙镇人民政府与镇海康力玻璃有限公司开发玻璃生产基地项目签约仪式。

18 日至 24 日　在招宝山街道开展元宵灯会系列活动。活动由中华风味小吃美食周、灯景、灯艺展示，群众文化大巡游，燃放烟花、灯谜竞猜等五大系列组成。

22 日　镇海看守所因工作突出，连续 10 年安全无事故，连续 4 年被公安部评定为一级看守所，省公安厅给该所记集体二等功。

同日　区委、区政府召开全区工业经济工作会议。大会对 2004 年度全区工业经济工作先进单位进行表彰。宁波金龙铜业有限公司销售收入突破 3 亿元，缴纳税金超 1500 万元，区政府奖励该企业主要经营者价值 30 万元的轿车一辆。

23 日　区政府在石浦大酒店举行元宵招待酒会，在镇海台商、外商、港商 50 余人参加，郭华巍通报 2004 年经济社会发展情况，张才国、杨世和、周晓芳等区领导参加酒会。

2 月 26 日至 27 日　两台韩国产大型发电设备从区大件码头起运，运往余姚燃气联合循环电厂。设备单机自重达 120 吨，高 6 米，宽 7 米，车货总重达

206.5 吨，途经公路 62.2 千米，创下宁波市大件运输历史上体积之最和运距之最。

2 月下旬　中央文明办、民政部、国家新闻出版总署和国家广电总局联合授予招宝山街道后大街社区“全国万家社区图书室援建、万家社区读书活动全国十佳学习型社区”称号。

28 日　为期百日的“春雨行动”结束。

在这次行动中，区劳动保障局联合区建设与交通局、区总工会，共检查用人单位 103 家，为 4937 名职工追回并发还拖欠工资 161.56 万元；立案处理用人单位 19 家，其中处罚 1 家，平息群体性工资纠纷 3 起。

3 月

1 日　民政部部长李学举、副部长陈杰昌以及参加在宁波市召开的万家社区图书室援建、万家社区读书活动表彰大会暨学习型社区建设经验交流会的与会代表 200 多人，在市、区领导陪同下分 3 批参观后大街社区。

同日　中央文明办副主任翟卫华一行考察后大街等社区有关社区加强和改进未成年人思想道德建设情况，市、区领导陪同考察。

2 日　区各部门 1000 多名机关干部到骆驼街道义务植树基地——憩桥绿地延伸段植树造林。

3 日　挪威斯塔万格市代表团考察北欧工业园区。

9 日　区举行优秀共产党员先进事迹报告会。葛菊英、杨建军、王青玲、罗桂芬等 4 名优秀共产党员以实际行动阐释共产党员先进性的含义。参加区第一批先进性教育活动的 1800 余名党员和离退休干部老党员认真聆听报告。

11 日　由省委保持共产党员先进性教育活动督导组组长阮水金带领的督导组，检查和指导镇海区保持共产党员先进性教育活动。

15 日　全区村级组织换届选举工作会议召开。会议要求各镇街道尽快建立换届选举工作领导小组，及时动员和部署，认真做好换届选举各项工作。

同日　市优秀党员事迹巡回报告团到镇海区作“新员新风采”专场报告。

区级领导干部和全体区管干部在镇海中学第一报告厅聆听了张祖安、裴逸平、杨凌娜、徐亚芬先进事迹报告。

16 日　区成立艾滋病性病防治工作领导小组；4 月 21 日，被省卫生厅确定为 10 家省级艾滋病综合防治示范区之一。7 月 28 日，镇海区疾病预防控制中心（疾控中心）建立全市首家艾滋病自愿咨询检测中心。

同日　奥尔特（宁波）机械制造有限公司举行开业典礼。

该企业的开业，标志着北欧工业园区引进的最大外商投资企业丹麦力奇公司正式落户并投产。

同日　镇海广播电台完成了新闻综合频率发射塔改造工程。

通过此次改造，镇海广播电台信号实现在镇海全区的清晰覆盖。同时完成了 104.7 频道改革，定位为宁波音乐广播，呼号 YESRADIO，实行 24 小时滚动播出。

29 日　骆驼街道民联村选举出新一届党总支委员会。

贝国军当选为民联村党总支书记，成为首位直选村书记。村党组织换届选举试点工作在骆驼圆满结束。

31 日至 4 月 1 日　宁波市召开爱国主义教育基地建设工作会议暨市十一个爱国主义教育周开幕式，镇海中学、镇海口海防历史纪念馆、招宝山风景区、驻镇海部队军史馆被列入市红色旅游景点。

4 月

1 日起　镇海口海防历史纪念馆免费向公众开放。

3 日　城区雄镇路发生乙醇罐车侧翻事故。

5 时，一辆装有 50.44 吨乙醇易燃液体的罐车在城区雄镇路与隧道北路岔口侧翻，因抢救及时，事故未造成人员伤亡，也没有导致大量化学物质泄漏。

4 日　区在镇海革命烈士陵园举行隆重的悼念革命烈士活动。闻建耀、郭华巍、张才国、林瑶、王悦等出席。

同日　镇海炼化新建 100 万吨/年延迟焦化装置投产，标志着该企业综合加工能力达到 1850 万吨/年。

4月中旬　镇海艺术幼儿园大五班陈肖羽，在北京举行的“中华青少年精英演艺人才选拔大赛”少儿组舞蹈比赛中获金奖。

15日　甬江口发生“浙三机310”船与“建兴18号”轮碰撞事故。

凌晨，运载黄沙的“浙三机310”船进甬江口时与“建兴18号”轮发生碰撞后沉没，2人获救，4人遇难，1人失踪。至18日上午，在宁波海事局的组织指挥下，“浙三机310”黄沙船被打捞出水。

同日　摇号产生全区首批140户经济适用房购房家庭。

19日　区海洋环境监测站共建签字暨揭牌仪式在招宝山饭店举行。

20日　镇海籍著名画家、导演陈逸飞追悼会在上海龙华殡仪馆举行。

25日　召开创建全国首批文明城市动员大会，郭华巍作动员讲话。

26日　中国残联副理事长程凯一行到后大街社区参观考察基层残疾人康复工作。

27日　庆祝“五一”国际劳动节暨五个“十佳”表彰大会举行。

30日　基本完成丽水滩坑水库青田移民第一水平年122人、32户移民安置任务，移民全部搬入新居，户籍迁至镇海，生产用地分配到户。

5月

9日　区下达2005年第一批科技项目36项，补助经费162万元。

同日　镇海电厂燃油改建燃气发电工程正式开工建设。该项目将在镇海电厂原2台12.5万千瓦燃油机组场地上建设2套35千瓦级燃气蒸汽联合循环发电机组，总投资约24亿元。

10日　省委常委、市委书记巴音朝鲁到区调研社会文化事业。

同日　镇海分区规划方案通过会审。

分区规划总面积为236.8平方千米，分为旧城、滨海产业、镇海新城南区、镇海新城北区、机电工业园、澥浦等6个次分区和九龙湖风景区。

15日　镇海区固定电话用户突破11万户，与全省所有地区级和县级城市相比，固定电话主线普及率名列全省第三，电话普及率位居第四。

5月中旬　在浙江省十九届科技创新大赛中，镇海中学高一学生王丹伟作品《家庭多路智能电器无线遥控系统》获一等奖，同时还获得第20届英特尔上海市青少年科技创新大赛同济春华奖、向明奖。

19日　区委办公室印发《宁波市镇海区深化完善政府机构改革方案》。改革内容主要是机构更名、管理权限变更（属地管理与垂直管理）。

25日　镇海炼化举行创业30周年庆祝大会，省、市及石化总公司领导金德水、张蔚文、邵占维、张家仁、翟翕武、黄春萼等出席庆祝大会。

5月下旬　新华社《瞭望新闻周刊》第17期海外专刊，以镇海区“五个做一加强”为主题，用8万余字篇幅、45幅照片，全面介绍“和谐镇海”。

6月

2日　省统计局副局长赵国明、省文明办副主任张仕英率领全国首批文明城市测评考核组考察后大街社区。

8日　郭华巍等会见由西班牙华人企业联合会执行主席李欣瑜和葡萄牙华人企业联合会会长陈坚华率领的欧洲考察团一行，省侨办主任任至兴参加会见。

8日至12日　召开第七届浙洽会，第四届消博会。镇海分团实际到会投资商189人，签约发证外资项目25个，总投资3.32亿美元。协议利用外资1.79亿美元。本届消博会镇海分团共有30家企业参展，设摊42个，设摊企业累计接待国内外客商6000多人，创历届新高。

9日　2005年镇海化工及新材料科技协作洽谈会在香溢新兴宾馆举行签约仪式。

本次洽谈会共签约25个项目交易额1800万元。其中北京大学软件工程研究中心与宁波市政府、镇海区政府共同合作建立的基地，是继厦门之后，软件工程国家工程研究中心与地方政府合作兴建的第二个基地。

10日　宁波大安化学有限公司在镇海经济开发区举行奠基仪式。

该项目总投资9773万美元，合同利用外资3322万美元，2007年9月投产。

13 日　召开滩坑水库第二水平年库区移民安置工作会议。按计划第二水平年安置镇海区移民 168 名。

19 日　为期 23 天的区第七届机关运动会在龙赛体育中心闭幕。本届运动会包括乒乓球、游泳、跳绳等 7 个项目。

20 日　多家镇海企业入选国家火炬项目和国家重点新产品。

宁波金海电子有限公司 JZX-18F 小型按钮式电磁电器列入 2005 年国家火炬项目；宁波华通电器集团公司户外 SF6 高压电源互感器、镇海佳城化工有限公司巨烯烃络型催化剂、金海电子 24A34-3 热定序器列入国家 2005 年重点新产品。

27 日　镇海炼化新建 150 万吨/年加氢裂化装置打下第一根桩，该套装置建设正式启动。

30 日　区召开庆祝中国共产党成立 84 周年暨表彰先进大会，闻建耀作讲话。会议表彰区各条战线涌现出来的先进基层党组织、优秀共产党员、优秀党务工作者、机关党建工作先进单位。同时还表彰了十佳人民满意公务员。

6 月下旬　2005 年浙江省普通高考成绩及普通高校各批次录取分数揭晓。镇海区 2005 年共有 1508 名考生参加普通高校考试，1402 人上组档线，上线率 93%。其中上本科 869 人，上第一批重点院校线 407 人。2005 年镇海中学实考学生 100%上线，且都在三本以上。该校理科考生在全省前 10 名中占 2 名，还有 8 名进入全省前 100 名。文科考生全部上二本线以上，且有 2 名考生进入全省前 100 名。

6 月　浙江省企业联合会、浙江省企业家协会联合向镇海炼化颁发“浙江省 2004 年度百强企业排序第一位”的奖牌。

7 月

1 日　第三个农村医保年度镇海区有 9651 名农民参保，参保率达 95.8%。

2 日　镇海区气温创历史最高纪录达 39.5℃，此前最高纪录是 2003 年 7 月 17 日 39℃。

6 日　区政府召开新闻发布会，就区目前严峻的供用水、供用电情况作了通报。2005 年，镇海区梅雨期雨量少且短，梅雨期只有 13 天，梅雨量仅为 13.1 毫米，高温使干旱来得更早，自 6 月 23 日起就提前进入高温干旱阶段。6 月 29 日至 7 月 5 日，有序用电预警等级从 C 级上升到最高级 E 级。

7 日至 8 日　区党政代表团考察苏州工业园区和苏州相城区，各镇（街道）党委（党工委）书记和相关职能部门负责人参加考察。

7 月上旬　澥浦大平岭墩废弃矿山复绿工程正式竣工。该工程由镇海区国土资源局组织实施，复绿面积 19967 平方米，共投资 65 万元。

13 日　区委召开第二批先进性教育动员大会。区委书记闻建耀要求以新成效创造各项工作的新业绩，区委副书记、区长郭华巍主持会议。

18 日至 21 日　区业余蹦床技巧运动学校派出 39 名运动员，代表宁波市参加在湖州举行的 2005 年青少年蹦床技巧比赛，夺得 24 枚金牌中的 20 枚，并一举夺得蹦床、技巧两个金牌总数第一和团体总分第一的好成绩；被省体育局授予“浙江省蹦床技巧高水平后备人才基地”称号。

26 日　区委十一届七次全体扩大会议暨区政府 2005 年第三次会议召开。

28 日　区疾控中心建立宁波市首家艾滋病自愿咨询检测中心。

31 日至 8 月 8 日　全国文明城市测评组在宁波检查。测评组在镇海入户调查时，市民热情接待。测评组给予高度评价：市民素质高、觉悟高、热情高。

8 月

1 日　城区供水主管爆管引起大范围断水。

镇海大件码头与宁镇路交叉口处 800 毫米城区供水主管爆管，引起镇海区大范围断水，经 40 多名工人两天一夜抢修，于 3 日 18 时恢复城区正常供水。

6 日　第 9 号台风“麦沙”影响镇海区。

本次台风受灾人口 20253 人，紧急转移安置人口 10399 人，据统计直接经济损失 1836 万元，其中农业直接经济损失 484 万元，向灾民发放救济款 17 万元。

8 月上旬　镇海区荣获“全国老龄工作先进区”称号。

11 日至 13 日　全国年龄组蹦床锦标赛在福建省举行，区业余蹦床技巧运动学校蹦床运动员邬海波以 36.9 分荣获男子个人全能冠军。

17 日　全市社区先进性教育活动工作交流会在镇海区召开，市委副书记郁义康充分肯定区先进性教育活动的开展情况。会议由市委常委、市委组织部部长姚志文主持，区委书记闻建耀在会上讲话，镇海区委、后大街社区等在会上作经验介绍。

18 日　中国科学院宁波材料技术与工程研究所园区动工建设。

当天上午，全国人大常委会副委员长、中科院院长路甬祥，中科院副院长施尔畏，浙江省领导吕祖善、茅临生和冯顺桥，市领导巴音朝鲁、陈勇、王卓辉等为奠基碑培土。该项目是浙江省实施引进“大院名校”战略推出的重要举措，于 2004 年 4 月 20 日签署共建协议。根据协议，该所隶属于中科院，建设资金由中科院、浙江省和宁波市共同筹集，一期建筑总面积 4.8 万平方米，于 2007 年底投入正常运行。计划建成为特色鲜明、水平一流、在国际上有相当影响的研究机构，成为重要的科技创新、人才培养和高科技产业化基地。这是中科院成立 55 年来首次在浙江建立的研究所，也是迄今为止落户宁波市最高级别的国家科研机构。

中国科学院宁波材料技术与工程研究所

20 日　中央文明办未成年人思想道德建设调研组副组长吴向东一行到区调研，称赞镇海区未成年人思想道德建设工作扎实有特色。

24 日　区慈善分会举行贫困大学生助学金发放仪式，帮助 56 名贫困大学生实现就学梦想。

27 日　镇海中学地震观察站新站地质构造调查正式开钻，该校的电磁波地震观测仪器将被国内最先进的数字化强震检测仪器所替代。

29 日　“110”“119”“122”三个不同警种的报警台成功整合为“110”指挥中心。

31 日　全区已完成农村公厕、专用化粪池无害化改造 192 座。

9 月

1 日　镇海实行“120”联动，“120”急救进行统一调度、统一派车。

同日　宁波埃美柯铜阀门有限公司“AMICO”牌陶瓷片密封水嘴被评为中国名牌产品，这是镇海区第一个获此殊荣的产品。

4 日至 8 日　在云南昆明玉溪举行的中老年人太极柔力球比赛中，镇海区 18 名球员在二套路表演项目中赢得 2 个冠军。

8 日　区委召开住房建设工作会议，专题研究加快商品房、安置房、经济适用房和外来人口居住房建设问题。闻建耀要求按照“干在实处，走在前列”的要求，加快“四房”建设。

9 日　国家质检总局常务副局长葛志荣在考察镇海金属园区时认为，镇海金属园区管理模式在全国属于首创，在园区内设立海关监管点和国监进出境场站在国内也属首创。

上旬　2005 年早稻收购结束，共收购早稻 433 万千克，拨付收购资金 714 万元，其中财政价外补贴金额 85 万多元。

13 日至 23 日　在荷兰举行的世界蹦床锦标赛中，镇海区蹦床运动员邬海波获得（14 岁年龄组）第三名。这是中国蹦床运动员在世界比赛中第一次获得奖牌。

20日　省委常委、市委书记巴音朝鲁到区调研人大和法治工作。他要求，坚持和完善人民代表大会制度，构建文明和谐的法治社会。

同日　宁波港镇海港区举行防空袭实兵演习。

同日　宁波市公民道德十件新事评选结果揭晓，招宝山街道后大街社区党委书记葛菊英的事例入选。

21日　位于车站路339号的兴业银行镇海支行正式开业。

同日　新区主干道工程BT项目签约仪式举行。

22日　在慈善一日捐活动中，“我想”捐款108万元。

这位不愿透露姓名的爱心人士捐善款108万元，成为区慈善分会成立7年来收到数额最大的单笔捐款。截至6月底，区慈善机构累计募集善款超过1417万元，各级各类慈善基金共计2000多万元。截至2005年9月，全区已累计支出救助金1202万元，救助人数10067人次。

26日　新任区管领导干部党性党风教育培训班开班。

同日　区委召开全区老干部工作会议暨老干部“双先”表彰大会。

28日至30日　省第六届广场文化艺术节暨第二届乡镇戏迷擂台赛举行，镇海区招宝山街道城东社区艺术团李锡年获得总擂主称号。

9月下旬　镇海钢材市场八三七处安全改造工程项目启动。

位于镇海后海塘仓储物流园区内的钢材市场正式启动国债资金5400万元，投入八三七处安全改造工程项目，将新建货场4万多平方米，新建及增加库房2万平方米，从而使储存能力突破40万吨。

10月

8日　镇海海防历史纪念馆荣获“浙江省青少年红色之旅经典景区”称号。

10日　区委、区政府在区人民大会堂举行庆祝“老人节”暨老龄工作先进表彰大会。会议对获得浙江省支持老年事业功德奖的中石化镇海炼化公司、获得浙江省老有所为奉献奖的罗昌兴及获得浙江省敬老养老爱心奖的周国政给予表彰，并向区十佳敬老助老模范企业、十佳敬老助老模范村（社区）颁发证书。

12日　区投资2.1亿元的垃圾焚烧发电厂正式开工兴建。

同日　镇海炼化100万吨/年乙烯工程《项目申请报告》获国家发改委主任办公会议讨论通过。

16日　2005年全区中小学生田径运动会经过3天比赛，在镇海中学体育场闭幕。来自全区中小学的39支代表队530多名运动员参加，共有19人次打破16项区中小学生田径纪录。

21日　由香港联谊会副会长、宁波市荣誉市民严信才夫妇捐资50万元助建的澥浦中学赵友飞教学楼落成典礼举行，严信才夫妇及市、区领导成岳冲、林瑶、周晓芳等出席。

25日　由宁波市自行车运动协会主办、九龙湖旅游区管委会协办的"GIANT杯"环九龙湖自行车挑战赛暨2005年"国际奥委会主席杯"全国百城市自行车赛宁波地区选拔赛在九龙湖旅游区成功举办。来自宁波、杭州及马来西亚的106名运动员参加比赛。

同日　举行朱枫烈士100周年诞辰纪念活动。

26日　生态市建设暨发展循环经济领导小组会议在镇海区召开。与会代表考察镇海生态林带、示范河道、污水处理厂、蛟川电镀中心和宁波化工区等地。巴音朝鲁、毛光烈等市领导对镇海区生态创建和发展循环经济工作表示肯定。

同日　宁波市发改委同意镇海新泓口围垦工程初步设计。此工程总围垦面积0.81万亩，堤长总长6377.82米，总投资概算为41769.16万元。

27日　区举行"开放创新、彩虹之路"十周年座谈会暨《张济民传》首发式。

28日　区第十八届金秋菊展暨招宝山杯浙江省菊花插花花艺大赛拉开帷幕。本届菊展围绕庆祝建区20周年主题，汇聚了70余家参展单位，展出菊花、花草60万盆，品种达1000种。

同日　区外语实验学校应行久教学楼举行剪彩典礼，应行久儿子应立人博士偕夫人薛雁等出席典礼，并为教学楼剪彩。

30日至11月2日　浙江省等级医院评估验收组到龙赛医院，经全面评估考核，认定龙赛医院已达到二级甲等医院标准。

31日　区中医院的天文爱好者盛丽发现一颗近地小行星（FMO）。11月2日，获得国际天文联合会（LAU）承认。盛丽由此成为中国发现此类近地小行星的第四人。

10月　镇海中学获得“全国文明单位”荣誉称号。

2009年1月，镇海中学蝉联“全国文明单位”称号。

11月

2日　浙江大学、宁波市天衡制药有限公司博士后开题报告会举行。该课题题为“海洋生活性物质研究”，这是区首次举行的博士后开题报告。

3日　区委、区政府举行创建首批全国文明城市工作总结表彰大会。在创建全国文明城市工作中成绩突出的10个先进单位、12个表扬单位、1个先进街道、11个先进村（社区）和100名先进个人受到表彰。

5日　镇海港埠有限公司安全顺利地完成液化品吞吐量300.5万吨，同比增长21%以上，在大陆沿海港口中继续保持领先地位。

7日　召开区级领导班子和全区领导干部会议。

会议宣布关于镇海区领导职务变动的决定，闻建耀任宁波港集团公司党委委员、书记，不再担任中共镇海区委书记；郭华巍任中共镇海区委书记，不再担任区长；马卫光任中共镇海区委委员、常委、副书记，提名为区长候选人。

同日　区委、区政府召开建区二十周年庆祝大会。

8日　区第十二届人大常委会第十八次会议召开。

会议决定接受郭华巍辞去区长职务，决定马卫光任镇海区副区长、代理区长。

同日　镇海籍院士风采馆在镇海区美术馆开馆。

2008年6月，镇海籍院士风采馆迁至宁波市大学科技园科技创业大厦。

同日　区举行2005年金秋招商引资项目签约仪式，共有19个投资合作项目签约，1个项目发证。

9日　在宁波大学选派优秀大学生到镇海挂职启动仪式上，宁波大学副校长郑孟教授，区委常委、组织部部长陈国军为大学生挂职锻炼基地的成立签约、授牌。由宁波大学选定的 20 名大学生（其中 9 名研究生、11 名本科生）将在镇海区进行为期 1 年的挂职锻炼。

10 日　凌晨，蛟川派出所民警胡恩英勇抓捕犯罪嫌疑人。

在俞范东路抓捕犯罪嫌疑人过程中，蛟川派出所民警胡恩面对歹徒毫不畏惧，在被歹徒打掉 7 颗牙齿鲜血直流的情况下，最终将犯罪嫌疑人抓获、归案，保卫了一方平安。

12 日　招宝山街道被命名为首批“全国和谐社区建设示范街道”。

16 日　《梦的追求》《我的经营观》首发式暨“彩虹大使”授予仪式举行。

镇海广播电视台、镇海海外联谊会与张济民联合，成功举办《梦的追求》《我的经营观》首发式暨“彩虹大使”授予仪式。张济民、张惠中、史彩霞等 57 人分别获得“彩虹特使”“彩虹大使”“彩虹使者”称号。

23 日　泥螺山围垦工程通过竣工验收。

该工程东濒灰鳖洋、南依北仑电厂二期灰库，西靠跃进塘和炼化公司塘，北接慈溪龙山滩涂围垦工程。围垦面积 790 公顷，总造价为 7293 万元。镇海区陆域面积由此增加近 8 平方千米。

25 日至 12 月 3 日　全国技巧冠军赛暨 2005 年全国技巧比赛在香港特别行政区马鞍山体育馆举行，镇海区运动员在比赛中荣获全国青少年技巧比赛全部 5 枚金牌中的 3 枚。在全国技巧冠军赛中，夺得金牌 2 枚、铜牌 3 枚。

28 日　宁波市第五医院（宁波市肿瘤医院）奠基仪式在镇海新城南区举行。

该医院由法籍华人杨壁如女士投资 3.9 亿元建设（总投资 6 亿元），占地面积 8 公顷，共有 650 张床位。至 2008 年底主体工程竣工。

同日　获中央电视台中学生益智类节目《三星智力快车》周冠军和月冠军的镇海中学学子吕思聪载誉而归。

30 日　区委、区政府召开全区科技发展大会。区委书记郭华巍讲话，区委副书记、代区长马卫光作工作报告。

11 月　经济开发区和挪威杰拓投资公司合作共建的北欧工业园区开园，占地面积 29 公顷。园区由外籍团队管理，主要引进北欧及其他欧美地区高科技企业。2007 年，转为由挪威投资公司独资开发。

12 月

月初　392 路、393 路公交车开通。

392 路、393 路公交车开通使镇海区公交车线路达 29 条，比“十五”之初的 5 条线路增加近 5 倍，镇海区率先基本实现城乡公交一体化。

3 日　《文庄公甲申浙东海防图》入存海防历史纪念馆。

镇海区从安徽省博物馆获得国家一级保护文物——《文庄公甲申浙东海防图》影像资料一套，共 13 副，入存海防历史纪念馆。

《文庄公甲申浙东海防图》影像资料

6 日　冬季入伍新兵仪式在区人武部举行。

7 日　区委召开第三批保持共产党员先进性教育活动工作会议，共有 302 个基层党组织、5932 名党员参加第三批先进性教育活动。

12 月中旬　自 2003 年开始的河道清淤工作顺利完成。

三年共清淤 325 千米，使河道防洪标准达到二十年一遇，基本消灭了劣Ⅴ类水体。

20 日　骆驼蔬菜交易市场投入使用。

该市场位于汶骆路旁，骆驼供电所南侧，可容纳500余户经营户，水、电、公厕、卫生保洁等基础设施齐全，使骆驼数百贩菜户告别马路交易。

21 日至 22 日　区委十一届八次全体（扩大）会议举行。区委书记郭华巍作讲话，区委副书记、代区长马卫光作有关说明。听取和讨论了区委常委会工作报告，审议并通过了《中共宁波市镇海区委关于制定镇海区国民经济和社会发展第十一个五年规划的建议》，讨论了区委、区政府 2006 年工作要点，确定了未来五年区经济社会发展的指导思想、总体要求和奋斗目标。

26 日　位于九龙湖北侧山麓新建成的洪桥战斗、马家桥战斗纪念碑揭牌。

同日　九龙大道举行通车仪式。

九龙大道是镇海区重点工程，建设 1 年零 9 个月，北连 329 国道，南接宁波市大庆路延伸段，全程 8. 5 千米，工程总投资 2. 3 亿元。

2005 年　年末全区总人口 224907 人；全年人口出生率 5. 80‰，死亡率 5. 41‰，自然增长率 0. 40‰。

2005 年　全年区属生产总值 106. 16 亿元，比上年增长 17. 6%。其中，第一产业增加值 3. 68 亿元，增长 1. 0%；第二产业增加值 61. 59 亿元，增长 22. 1%；第三产业增加值 40. 89 亿元，增长 13. 7%。实现预算内地方财政收入 10. 21 亿元，比上年增长 31. 7%。

2006年

1月

7日　举行九龙湖旅游区开游仪式。

11日　省委、市委先进性教育活动巡回检查组到镇海区检查指导第三批保持共产党员先进性教育工作。

镇海区第三批先进性教育活动涉及基层党支部317个，党员6080名。

17日　市委副书记、市纪委书记唐一军等一行到蛟川街道中官路村指导农村先进性教育工作。

18日至20日　政协区七届四次会议在香溢·新兴宾馆召开。郭华巍代表区委讲话，郑信才作常委会工作报告。

19日至22日　区十二届人大四次会议在区人民大会堂开幕，张根锡主持会议，马卫光作政府工作报告。会议选举马卫光为镇海区人民政府区长。

1月下旬　镇海中学沈才立、谢腾同学分获2006年中国数学奥林匹克竞赛金、银牌。

2 月

月初　区计生协会被授予 2005 年度全国先进集体称号。

7 日　全区经济工作会议召开。会议还对 2005 年度经济工作先进单位进行表彰和奖励。

8 日　镇海区发布“廉情指数”，对新农村党风廉政建设惩防体系实施情况以量化的形式作出评估。

2004 年底以来，镇海区在农村积极探索开展“廉洁工程”建设，将新农村惩防体系所包含的各项内容归纳、划分到基层“廉洁工程”的各项要求中。2005 年底，从教育与培训、制度与措施、监督与管理三方面入手，把农村“廉洁工程”的各项要求细化成 58 个工作环节，量化为百分制进行考核，并在此基础上评定出 A、B、C 三个等级。2007 年，在完善原有“廉情指数”的基础上，逐步在镇（街道）、建制村（社区）、基层站所探索开展廉情预警机制建设，并根据测评指标对 6 个镇（街道）、2 个园区、83 个建制村（社区）、99 家基层站所共 190 个单位进行指数测评，实现从单一层面向基层全覆盖的转变。随后，以预防腐败、落实制度、强化预警为主要功能的廉情预警机制在全区各单位深入推进，并得到中央和省、市各级领导的高度肯定，这在全国尚属首次。

同日　省卫生厅公布综合性医院等级评审结果，龙赛医院成为二级甲等综合性医院，这是镇海区首家二甲医院。

11 日至 13 日　区举行元宵节活动，主要有赏灯景、猜灯谜、品元宵、看大戏四大系列活动。

14 日　近 23 时，甬江镇海段水面发生一起船上燃烧爆炸事件。

“浙岱机 66208”在宁波开往岱山的航行途中发生火灾。镇海区各方接警后全力开展救援工作，4 名船员获救。至 15 日 3 时，明火基本扑灭。

16 日　引进的规模最大农产品加工企业——宁波启盛生物食品发展有限公司举行开业投产仪式。

2 月中旬　镇海港区 10 号泊位工程通过竣工验收，工程质量核定为优良。

该工程投资总额 1.4 亿元，于 2004 年年底开工兴建，码头长 280 米，投产后使镇海港埠有限公司新增吞吐能力 100 万吨。

18 日　东海舰队军、师、团三级党委书记集训班到镇海区考察经济社会发展情况，副市长陈炳水、市政府秘书长柴利能等陪同考察。

22 日　2006 年春运工作结束。2006 年春运自 1 月 14 日开始，全区公路日均投入大小客车 230 辆、沿海客轮 7 艘，运送旅客 234.7 万人次。

23 日　浙江省环境保护科学设计研究院宁波分院挂牌仪式在镇海区举行。

同日　省军区副司令到镇海区人武部观摩规范化建设情况。

25 日至 26 日　举行镇海区第二届国际名人乒乓球俱乐部邀请赛。

经中国乒乓球协会批准，镇海区第二届国际名人乒乓球俱乐部邀请赛在镇海炼化体育馆举行。中国乒乓球协会主席徐寅生和世界冠军庄则栋、邱钟惠、郭跃华、陈新华等参加本次邀请赛。2004 年 11 月 7 日，“华通杯”首届国际名人乒乓球俱乐部邀请赛在镇海举行。

3 月

2 日　省委、市委先进性教育活动巡回检查组到区检查第三批先进性教育活动开展情况，并到九龙湖镇田顾村进行实地检查。

4 日　进入了气象意义上的春季，比常年 3 月 26 日入春足足提早了 22 天。

7 日　在宁波大剧院举行的宁波市各界妇女纪念“三八”国际劳动妇女节 96 周年大会暨“为了爱”大型文艺晚会上，荣膺全国“三八红旗手”称号的招宝山街道后大街社区党委书记、居委会主任葛菊英受到表彰，成为镇海区第三个获此荣誉者。

12 日　清晨，位于后海塘月洞门上望海楼失火。

这次火灾使 2002 年新建的 250 平方米的海塘景观带望海楼烧毁，但无人员伤亡。2008 年 6 月，望海楼重建，建筑面积 340 平方米左右。

15 日　区召开驻镇大工程单位和部分区属骨干企业联村工作座谈会。会上 14 家驻镇大工程单位和 7 家区属骨干企业与区部分农村“联姻”结对。

16日　2006年镇海区、上海交通大学科技洽谈会在上海交大举行。会上签订了镇海区、上海交通大学全面科技合作等8项协议。

20日起　《今日镇海》改为加长报型，周一至周五天天出8版。

23日　经省人事厅批准的宁波天衡制药有限公司博士后科研工作站正式挂牌成立。

29日至30日　区第七次归侨侨眷代表大会召开，160名归侨、侨眷代表参加了大会。会议选举11名委员组成区侨联第七届委员会，盛树君当选为区侨联主席。

同日　薛驹、陈安羽、沈宏康等近20名省、市新四军研究会老领导参观镇海口海防历史纪念馆、陈寿昌烈士纪念馆和位于九龙湖的洪桥、马家桥战斗纪念碑。

30日　镇海江南家禽育种有限公司和省农科院共有的“绍鸭青壳2号”（镇海青壳蛋鸭）通过审定，进入国家品种资源库。

31日　镇海区人民政府回购香港招商局宁镇、镇骆一级公路25%的股权。

同日　中国液体化工交易网在镇海液体化工产品交易市场正式开业，液体化工迎来电子商务时代。

同日　区外语实验学校正式更名为宁波市镇海应行久外语实验学校。

3月　沿江景观带工程全线竣工。

沿江景观带工程

3月　区委、区政府调整新城南北区管理体制，撤销新城南区开发建设管理委员会和骆驼新区开发建设管理委员会，组建镇海区新城管理委员会。

4月

2日　第十三个爱国主义教育周开幕式暨“十村示范、百村（社区）互助”加强新农村文化建设工作启动仪式在澥浦镇汇源市场举行。

区领导为新命名的区级爱国主义教育基地镇海区档案馆、镇海籍院士馆授牌，为澥浦镇湾塘村等5个流动图书站授牌、为张艳萍等10名新农村文化建设志愿者授带。

月初　镇海区荣获“全国绿化先进单位”称号。

与此同时，镇海区区域内的镇海中学、镇海炼油化工有限公司在每两年一次的“全国绿化模范单位”评选中榜上有名。

8日　团中央书记处书记卢雍政一行到区考察工作，团省委书记赵一德、团市委书记张文杰和区领导陪同考察宁波化工区、镇海海防历史纪念馆、后大街社区等地。

10日　民政部副部长姜力带领百余名在宁波召开全国城市社区未成年人思想道德建设经验交流会代表到镇海区参观考察，副市长成岳冲及区领导陪同考察。

12日　省委常委、宣传部部长陈敏尔到镇海区考察调研，市、区领导唐一军、卓祥躲、郭华巍等陪同考察。

14日　好军嫂李兰英感人事迹广为传播。

《今日镇海》发表了长篇通讯《十六年相守风雨路》，报道了驻镇部队好军嫂李兰英16年来含辛茹苦服侍身患尿毒症丈夫的感人事迹，19日，区妇联发起向“好军嫂李兰英学习”的倡议。26日，《宁波日报》头版刊登《爱心，谱写生命奇迹》，好军嫂故事在宁波广为传颂。

19日　由黑龙江省委副书记、常务副省长栗战书，副省长王利民带领的黑龙江省政府代表团一行，到镇海经济开发区参观考察，省、市、区领导李学忠、唐一军、马卫光等陪同考察。

28 日　召开庆祝“五一”国际劳动节暨 2004—2005 年度劳动模范和模范集体表彰大会。

会议表彰 2004—2005 年度岑雪英等 10 位劳动模范和镇海电信分公司营业中心等 5 家模范集体。

29 日　撤路林、骆驼、庄俞 3 个收费站点，宁镇、镇骆一级公路全线免费通行，历时 11 年的收费公路终结。

30 日　第 99 届广交会落幕。镇海区共有 41 家企业参展，展位 58.5 个，累计成交意向 8400 多万美元，比上届增长 16.7%。

5 月

1 日　“五一”百名劳模游九龙湖暨全国劳动模范夏慧星文明车队启动仪式举行。

全国劳模夏慧星和宁波市百名劳模成为镇海区九龙湖旅游区正式营业迎来的首批贵宾。

2 日　国家粮食储备库散粮集疏运设施项目正式运行。

该项目位于庄市甬江岸线上，是镇海港首座粮食专用码头。

9 日　芬兰驻华大使郭安祺出席宁波北欧工业园区的芬兰企业尼欧联（宁波）磁性材料公司开业典礼。

16 日　镇海海关举行“全国文明单位”授牌仪式。

19 日　镇海区人才协会成立大会在招宝山饭店召开。

22 日　载重 3576 吨的“港龙运 8”化学品运输船正式在镇海首航。

该船是目前宁波航区最大的散装化学品运输船，其投用后使港龙公司的化工船自有运力跃居浙江之最。

30 日　宁波化工区循环经济实施方案通过省发改委专家评审。

6月

8日至12日　第八届浙洽会、第五届消博会在宁波国际会展中心举行。

镇海分团在浙洽会签约项目21个，协议利用外资1.23亿美元。在本届消博会上，镇海区参展企业比2005年增加9家，摊位增加23个，接待客商1.4万人，达成成交意向2100万美元。

13日　以省环保局副局长章虎为组长的省预验收组开始对镇海区创建国家级生态示范区进行为期一天半的预验收工作。14日上午，预验收组对区的预验收情况进行反馈，认为"镇海区已经达到了生态示范区建设的目标"，同意通过预验收，并报请环保总局正式验收。

同日　入梅，属于正常年份。18日出梅，梅期只有短短6天。

14日　南京军区副政委熊自仁中将带领南京军区基层建设调研组到区调研人武部建设工作，省军区、市军区及区领导郭礼云、武晋宁、沈颂贤、郭华巍、王惠定、张江华等陪同调研。

16日　从12时开始，镇海区进入伏季休渔期，休渔期持续到9月16日12时。

17日　"连线浙江"考察团采访招宝山街道后大街社区。

此次由20多个国家的近40名国际中国问题专家和记者组成的"连线浙江"考察团一行考察镇海区招宝山街道后大街社区，采访社区建设情况；2007年5月27日，由俄罗斯、英国、希腊、乌克兰等国的19名记者组成的"连线浙江——欧非记者采访活动"欧洲采访团一行到后大街社区考察采访镇海区社区建设情况。

22日　2006年浙江省普通高考成绩及普通高校各批次录取分数揭晓。

镇海区共有1725名学生参加高考。镇海区上线人数1578名，上线率达91.5%，其中上本科线人数1014人，上线率为58.8%；上一本线的有459人，上线率26.6%。镇海中学俞悦（674分）和虞之龙（701分）在宁波市文理科双双夺魁。此外，镇海区高职类考生有158人，122人上线，上线率77%。

25日　在北京王府井大饭店紫轩厅举行北京镇海籍人士联谊会。郭华巍、马卫光、陈国军、董国安、郑世海、张惠诚与原化工部副部长林殷才及朱高峰、吴祖泽、李志坚、杨福愉等10余名院士、专家、企业界人士共商镇海发展大计。

28日　省内首家社区科技馆胜利路社区科技馆向社区居民开放。

该馆展厅面积近300平方米，备有“无源之水”“3D影院”“生日星空”等展品，展项30余个。

30日　区庆祝中国共产党成立85周年暨总结保持共产党员先进性教育活动大会举行，郭华巍、马卫光、张根锡、郑信才等参加。会议表彰澥浦镇湾圹村党总支等39个先进基层党组织，姚永达等60名优秀共产党员和张咏梅等28名优秀党务工作者。

胜利路社区科技馆开馆

7月

8日　镇海区人武部被军区评为华东“五省一市”先进人武部，并荣立集体三等功1次。

2004年7月，区人武部获南京军区先进旅团党委和华东“五省一市”先进人武部称号。2004年10月29日，镇海区人武部获南京军区全面建设先进单位荣誉称号

16日　镇海中学沈才立同学获得第47届国际奥林匹克数学竞赛金牌。

沈才立等6名国家队队员经过两天的紧张角逐，从来自104个国家和地区的498名中学生中脱颖而出，中国队获得总分214分，以超过第二名俄罗斯队40分的绝对优势获得团体冠军。沈才立以37分（满分42分）的优异成绩，获得金牌。这是浙江省获得的首枚国际奥数金牌。2007年8月，沈才立同学代表国家队蝉联第48届国际数学奥林金牌。2008年1月下旬，沈才立同学荣获浙江省第十三届青年英才奖（学生组）一等奖。

沈才立同学凯旋

17日　区航运管理所更名为区港航管理处。

7月中旬　启动"奉献爱心，牵手助学"行动。

由区打造"爱心城区"办公室、区慈善分会和镇海新闻网络中心联合举办的"奉献爱心，牵手助学"行动启动。在此次行动中，共有153名贫困学生受到资助，76家单位、个人参与资助，助学款累计38.6万元。

20日　省委副书记、省纪委书记周国富一行到区调研农村基层党风廉政建设情况，在市、区领导巴音朝鲁、唐一军、郭华巍、马卫光、王悦等陪同下，到九龙湖镇田顾村、招宝山街道西门社区实地调研。

21日　中共镇海区委十一届十次全体（扩大）会议举行，郭华巍作报告，马卫光作有关说明。全会审议并通过中共镇海区委关于建设"法治镇海"的决定。

22日　举行"活力2006农民文化艺术节闭幕式暨相约骆驼"文艺晚会。

22日至25日　招宝山街道后大街社区民乐队选送的吹打乐"宁波马灯调"节目荣获"第七届中国民间文艺小花奖"和民间艺术表演暨全国首届民间吹歌

展演优秀表演奖（银奖），代表队的独奏荣获“全国吹歌大王”称号。

24 日　区夏粮收购开始。2006 年早籼谷订单为 74 元/百斤，价外加价、补贴 10 元/百斤。

25 日　2006 年区重点建设工程项目——宁波康力玻璃有限公司日产 600 吨超厚高白特种优质浮法玻璃生产线正式点火，郭华巍为项目点火。

26 日　因日前招宝山街道荣获全国和谐社会建设自主创新奖，该街道负责人赴北京人民大会堂参加表彰大会。

30 日　宁波市第六届残疾人运动会圆满结束，区有 2 名运动员打破 2 项市纪录。

8 月

3 日　镇海区外商投资企业协会第二届会员代表大会在招宝山饭店举行，郭华巍出席会议并讲话。

5 日　投资预算 4600 万元，规划建设面积 10680 平方米的镇海区环境监测监控中心工程开工典礼在石圹下村举行。

9 日　1 时 35 分，宁波化工区宁波久丰热电有限公司一期工程一号机组并网发电成功（装机容量 42 兆瓦）。

14 日　镇海区首批 14 名大学生村务工作者正式上岗，他们将担任村党支部书记助理等职务。

18 日　总建筑面积 3 万多平方米的镇海木材市场开工奠基仪式在后海圹举行。

28 日　区发现一例狂犬病病例，这是自 1995 年以来发现的第二例狂犬病例。29 日下午召开全区狂犬病防治专题会议，确定疫情的疫点和疫区。30 日 8 时许，该病人因抢救无效死亡。

8 月　中国首个国家石油储备基地——镇海国家石油储备基地建成，并于 2007 年 12 月 19 日通过验收。

9 月

7 日　LG 甬兴举行 ABS 增设项目建成和 SBL 项目竣工庆典仪式，省领导叶荣宝、王永明、张蔚文，市领导唐一军、张金康、范谊，区领导马卫光、陈召华、励宝莲等出席庆典。

12 日　中央督查组成员、中央文明办未成年人思想道德建设工作组副组长吴向东带领督查组一行 9 人，到区检查未成年人思想道德建设工作。

同日　阿克苏诺贝尔公司董事会主席、首席执行官魏思瀚，阿克苏诺贝尔聚合物化学事业部亚太区总裁梅光德、中国区总裁博亨举等一行到区考察，市领导毛光烈、邬和民和区领导马卫光、陈召华于当晚会见魏思瀚一行。

15 日　位于经济开发区的宁波阿尔卑斯电子有限公司新厂开工典礼举行，市、区领导陈勇、余红艺、马卫光、王悦、葛深海、张惠诚及阿尔卑斯电气株式会社社长片冈政隆出席典礼并为开业剪彩。

20 日　摄影家李浙东作为宁波市友好代表团成员，启程前往欧洲访问，参加宁波市和德国亚琛市建立友好城市 20 周年庆典活动。

22 日　镇海污水处理厂配套管网通水运行。该工程沿江东路—招宝山—后大街—大西门路—隧道北路—威海路及宁镇路段全线贯通。

同日　“2006 德国、中国浙江周”活动开幕式在德国汉堡隆重举行。区长马卫光及宁波化工区等有关部门负责人一行随省、市领导前往参加“浙江周”活动。

同日　区“迎国庆”暨数字电视整体转换大型文艺晚会举行。省广播电视局局长林吕建、省人民广播电台副台长李明月、市、区领导卓祥骕、郭华巍、张根锡、林瑶、江鲁、翁雪莲等到场并观看演出。23 日开始，区数字电视整体转换工作在城区金桂、中大、港城花园等首批转换小区全面铺开。

23 日　“镇海杯”国际工业设计大赛颁奖大会在镇海区举行。中国工程院常务副院长潘云鹤，市、区领导郭正伟、郭华巍、张根锡、陈召华等出席，并为获奖者颁奖。

同日　在嘉兴平湖举行的浙江省群星奖广场舞大赛上，区选送的“澥浦船鼓”摘得金奖。

28 日　15 时 30 分，位于隧道北路与静海路交叉处 4 根通信光缆因工程施工被挖断，后海扩区域的通信顿时中断。经镇海电信局工程抢修人员及时抢修，20 时 10 分接上临时光缆，中断近 5 个小时的通信全线恢复。

10 月

1 日至 7 日　“十一”黄金周，共接待游客 9.4 万人，同比增长 206.86%，共进账 2066 万元。其中招宝山景区接待游客 4.73 万人，门票收入 31.05 万元；九龙湖景区接待游客 4.44 万人，门票收入 63.38 万元。客运旅客 68 万人。星级饭店客房平均出租率 38.25%，平均房价 213.41 元。

13 日　少先队宁波市镇海区第五次代表大会在招宝山饭店召开。217 名少先队员、少先队辅导员、少儿工作者代表出席。会议选举产生区第五届少先队工作委员会和新一届红领巾理事会，还表彰了“十佳少先队”“十佳辅导员”“少先队事业功臣”。

15 日　骆驼中学举行建校五十周年庆祝活动。

18 日　骆驼机电园区公交首末站建成投入使用。

10 月中旬以来　开展“拯救美丽”行动。

一个来自河南小姑娘的病情牵动了镇海人民的心，19 日《今日镇海》刊登“拯救美丽”系列报道以来，全区在短短 40 多天时间共为胡美丽筹集爱心款 195890 元，经过 11 月 29 日、12 月 20 日两次手术，胡美丽的腰椎矫形到了 20 度左右，基本上和正常人一样。

22 日　副省长金德水一行到宁波化工区考察园区基础设施建设，了解园区开发现状，还考察镇海炼化及 100 万吨乙烯项目现场。

23 日　省第十三届运动会结束，镇海区 55 名运动员参加 10 个大项，共计 27 个单项比赛，喜获 12 枚金牌、13 枚银牌和 5 枚铜牌。

26 日　市委书记巴音朝鲁考察宁波化工区建设情况和杭州湾腈纶有限公司、宁波巨化化工科技有限公司。

同日　举行纪念陈寿昌烈士100周年诞辰活动。

28日　区十九届金秋菊展正式开幕，菊展有8个展区53个景点，共有50多万盆菊花和10多万盆草花展出。

同日　区2006年十佳民营企业家颁奖晚会在海员俱乐部举行，刘继栋、宋汉心、李志华等十佳民营企业家受到表彰。

30日　第100届广交会闭幕，镇海区有38家企业参展，共设54个摊位，达成成交和成交意向9200多万美元，比上届增长9.5%。

31日　省第7届残疾人运动会落下帷幕，区选派的2名运动员获得2枚金牌、2枚银牌、2枚铜牌的好成绩，实现了残疾人运动会金牌“零”的突破。

10月底　镇海区农村公厕无害化改造609座，提前一年完成任务。

11月

1日　2006中国旅游投资洽谈会在宁波召开。

镇海区共有10个项目参展，其中总投资5亿元的九龙湖旅游区白金五星级酒店在本次旅洽会上成功签约。

2日至3日　由国家生态示范区验收组组长、国家环保总局生态示范司副司长程立峰带队的国家生态示范区验收组，对镇海区国家级生态示范区创建工作进行考核验收。验收组一致同意镇海区通过国家级生态示范区考核验收。

3日至4日　新闻媒体记者团采访镇海。

新华社、《人民日报》、中央人民广播电台、中国新闻社、《经济日报》、《光明日报》、《科技日报》、《中国青年报》和《经济参考报》等9家新闻媒体记者到镇海区采访，此次采访涉及镇海社会、经济、生活的方方面面。

5日　区秋粮收购全面展开，晚稻谷订单价为88元/百斤，价外加价补贴12元/百斤，继续对大户实行每百斤2元的运费补贴。

同日　全国人大常委会副委员长兼秘书长盛华仁考察镇海国家石油储备基地。

6日 总投资220亿元，将于2009年底建成投产的中国石化镇海炼化年产100万吨乙烯工程在宁波正式开工奠基。全国人大常委会副委员长兼秘书长盛华仁，省委书记习近平，中国石化集团公司总经理，以及省委常委、宁波市委书记巴音朝鲁等在仪式上讲话。全国政协原副主席陈锦华宣布开工。省领导吕祖善、俞国行、王永明、金德水、张蔚文和宁波市市长毛光烈，老同志葛洪升、翟翕武、耿典华等出席仪式。

盛华仁在讲话中说，2006年11月6日对中国石化、浙江省和宁波市是一个可喜可庆的日子，中石化镇海炼化年产100万吨乙烯工程在这里开工奠基。中石化镇海炼化从建厂到现在走过了30多年的历程。30多年来，镇海炼化历届领导班子团结带领全体干部职工，深化改革，扩大开放，艰苦创业，共同奋斗，使企业发展从无到有、从小到大、从单一炼油到集炼油化工于一体，企业规模不断扩大，面貌发生巨大变化，为中国石化工业的振兴和发展，走出了一条发展快、投资少、技术新、效益好的路子，为石化工业的发展树立了榜样，发挥了示范作用。镇海炼化年产100万吨乙烯工程的开工建设，标志着镇海炼化进入了一个新的发展阶段。希望大家再接再厉，奋发进取，开拓创新，在各方面继续保持国内同行业中的领先地位，保持国际上一流企业的优势地位，在强手如林的竞争中始终立于不败之地。

习近平在致辞中代表省委、省政府对镇海炼化年产100万吨乙烯工程开工表示祝贺，向广大工程建设者致以问候。他指出，以乙烯为代表的石化工业是中国国民经济的重要支柱产业，对推动工业、农业、国防、科技等发展，人民生活水平的提高，起着十分重要的作用。浙江工业基础雄厚，港口资源丰富，是石油化工产品的大市场，已成为中国石油和石化新产品的主要进出口地和集散地之一，具备建设特大型石化项目的基础条件。“十一五”时期，浙江省将坚持以科学发展观统领经济社会发展全局，认真贯彻国家宏观调控政策，在深入实施“八八战略”进程中，进一步发挥浙江的沿海港口优势，积极发展临港重化工业，扎实推进经济结构调整和经济增长方式转变。镇海炼化乙烯工程开工建设是浙江省工业经济发展史上的一件大事，标志着浙江省与中国石化的合作进入了一个新的阶段。省委、省政府将一如既往地支持这一工程建设。希望镇海炼化、参建单位和广大建设者们继续发扬艰苦创业、勇攀高峰的精神，高标准、严要求，早日把镇海炼化大乙烯工程建成“世界级、高科技、一体化”的具有国际竞争力的标志性工程，为推进中国石化产业和浙江经济社会发展谱写新的篇章。

中国石化集团公司总经理在讲话中说，镇海炼化年产100万吨乙烯工程是中国石化按照“大型、先进、集约”的方针投资建设的又一套百万吨级大型乙烯项目，也是中国石化和浙江省、宁波市多年来良好合作、共同努力的结晶。该项目将充分发挥镇海炼化大炼油的原料优势、贴近市场的区位优势以及良好公用系统的基础优势，依靠科技进步，创新体制机制，生产特色明显、竞争力强、附加值高的石化产品，进一步满足长三角地区特别是浙江省和宁波市对石化产品的需求。这对加快中国石化产业结构调整，提升中国石化国际竞争力，推动浙江省和宁波市的经济社会发展，都具有重要的意义。

8日　邵克萍九十华诞版画展、宁波版画名家邀请展举行开幕式。

这次画展在宁波美术馆举行，参展的5位版画名家中有4位是镇海籍人士。

11日　彭乾维因舍身救人而英勇牺牲。

位于蛟川开发区的劲海（宁波）起重机械有限公司员工彭乾维在该公司派往舟山工地进行起重机械安装和调试时，因舍身救人而英勇牺牲；16日9时，舟山市普陀区殡仪馆为见义勇为救人英雄举行追悼会；22日上午，区总工会追认其为镇海区“杰出务工明星”。

12日至16日　2006年全国技巧冠军赛和全国青少年技巧锦标赛上，区蹦床技巧学校运动员夺得8枚金牌。

16日　爱国爱乡造福桑梓——镇海港澳台同胞、海外华侨华人回报家乡《纪实》画册首发暨《彩虹》电子版开通仪式在海员俱乐部举行。

17日　应立人捐资助学证书颁发仪式在镇海应行久外语实验学校举行，市政协主席王卓辉参加颁发仪式，马卫光为应立人颁发捐资助学证书。

22日　宁波促进会北京联谊会会长、宁波经促会常务副会长林殷才考察宁波化工区。

23日　镇海客运中心始售全国联网火车票。

24日　江苏省土地规范化检查组代表国土资源部检查浙江省土地登记规范化情况，镇海区代表浙江省接受检查。

28日　召开镇海区文学艺术界联合会成立大会，知名连环画画家贺友直应邀出席。

29 日　召开镇海区慈善总会成立大会暨第一次会员代表大会。

同日　“贺友直画三百六十行”展览在区美术馆举行。

12 月

2 日　主题为“建设和谐社区，构建和谐社会”的和谐社区建设论坛在镇海开幕。

由中国社会科学院、中国社会科学杂志社与镇海区共同主办，主题为“建设和谐社区，构建和谐社会”的和谐社区建设论坛在招宝山饭店开幕。专家和学者对镇海区和谐社区建设的成果汇编《社区工作 100 法》表示称赞，并对镇海区的和谐社区建设表示肯定。

5 日　镇海区启动普安县教育扶贫基金项目。

镇海区与普安县政府、贵州青少年发展基金共同签署《普安县“镇海”教育扶贫基金筹集管理使用备忘录》，镇海区政府出资 100 万元启动资金。

6 日　宁波中汇纺织有限公司员工盛焕东获评全国纺织工业劳动模范。

16 日　区中医院迁建工程举行开工典礼。

迁建后的中医院位于环城西路城区入口处（原工业小区），总投资 1.37 亿元，总建筑面积 34615 平方米，建筑层数为 15 层。包景表捐资 200 万元助建镇海中医院急诊大楼。该工程于 2008 年 11 月 11 日通过竣工验收。2008 年 12 月 31 日，举行大楼落成典礼。2009 年 4 月，该工程获得宁波市“甬江杯”优质工程奖。

20 世纪 80 年代初镇海区中医院前身——城关镇卫生院

新的镇海区中医院大楼

12月中旬　镇海区首次全方位陆地水域调查工作结束。

区陆地水域盘清了“家底”，河道总长310千米，陆地水域面积730万平方米（其中河道水域面积387万平方米，水库、河塘、湖泊水域面积343万平方米），水域总体功能良好。

12月中旬　南街菜场通过国家绿色市场认证，成为全区首家通过此项认证的农副产品市场。

27日　龙赛医院新城院区开工典礼举行。

新城医院位于骆驼街道金华村，一期工程总投资近2亿元，总规划建筑面积66581平方米。

30日　镇海蛟川书院（新校区）举行落成典礼。

新校区地处宁波高教园区（庄市），占地面积330余亩，总建筑面积近72000平方米，总投资1.6亿元。

同日　九龙湖至宁波南站开通965路公交旅游专线。

2006年　新城南区建成宁波帮文化公园，占地面积17万平方米。

2006年　招宝山景区被列入省旅游局和省旅游协会“浙江省五十个优秀景区”之一。

2006年　全区出生1237人（户籍人口），出生率5.49‰，自然增长率0.19‰，计划生育率99.35%。全年死亡1194人。

2006年　全年实现地区生产总值130.02亿元，比上年增长17.4%。第一产业增加值3.81亿元，比上年增长1.5%；第二产业增加值78.41亿元，比上年增长20.1%；第三产业增加值47.80亿元，比上年增长14.7%。实现预算内地方财政收入13.16亿元，比上年增长28.9%。

2007年

1月

7日　庄市街道举行“清洁美化家园行动日”启动仪式，全区“清洁美化家园行动”拉开序幕。

8日　宁波化工区消防特勤站成立。

该消防特勤站建筑面积7400平方米，总投资6000多万元，配备11辆登高车、泡沫车等专业消防车，是迄2007年宁波市乃至浙江省消防装备最先进的消防站之一。

10日　中共镇海区第十二次代表大会暨一次全委会召开，郭华巍当选中共镇海区委书记，马卫光、陈召华当选为副书记。

10日至11日　龙赛中学通过省一级重点中学考核评估。

2002年7月8日，省教育厅批准龙赛中学为浙江省三级重点中学。2005年1月，省教育厅批准龙赛中学为浙江省二级重点中学。通过此次考核评估后，龙赛中学成为继镇海中学之后镇海区第二所省一级重点中学。

16日　姚江东排二期镇海段动工。东排二期镇海段是甬江流域综合规划中镇海江北防洪排涝规划的重要组成部分，工程西起化子闸，东至澥浦大闸，全长23.4千米，总投资为1.43亿元。

1月中旬　招宝山街道总浦桥社区被全国老龄办授予“全国敬老模范社区”荣誉称号。

1月中旬　在省军区年终总结大会上，镇海区人武部因全面建设成绩突出，被授予“先进团单位”光荣称号，这是区人武部连续第五年获此殊荣。

23日　省委常委、常务副省长章猛进，省政府副秘书长王国平率省有关部门领导，在省委常委、市委书记巴音朝鲁和副市长陈炳水陪同下，慰问镇海区部分困难企业和困难群众。

27日　在北京举行北京镇海籍人士联谊会理事会成立大会暨新春团拜会。中国人民解放军总参谋长助理孙建国、原化工部副部长林殷才、民建中央副主席、全国政协常委陈明德等140多名领导专家参加。

1月下旬　镇海区被命名第五批“国家级生态示范区”，成为继宁海、象山后，宁波市第三个国家级生态示范区。

2003年6月5日，镇海区委、区府提出了创建国家级生态示范区的目标。几年来，镇海区共投入资金30多亿元，建成了后海塘污水处理厂、粪便处理中心、危险废物处置中心、镇海垃圾焚烧发电厂、宁波北区污水处理厂等环境基础设施，建成了海天、镇骆、雄镇、清风等4条生态林带，对171条总长325千米的河道进行了分类分期建设，实现了对36种大气特殊污染因子的实时在线监测，新建镇海区环境监测监控中心。生态环境不断改善，与2002年相比2005年全区主要工业污染物COD（化学需氧量）的排放量下降了22.5%，单位GDP能耗、水耗分别下降了12.1%和31.5%，内河水环境质量由2002年的劣Ⅴ类到目前基本达到Ⅳ类功能区水质要求，人均公园绿地面积达到12.6平方米，城区绿地率和绿化覆盖率分别达到42.8%和45.1%，城区大气环境质量优良率保持在90%以上。2006年11月3日，镇海区顺利通过了国家级生态示范区验收。

1月下旬　抗癌新药紫杉醇注射液研制成功。

该产品由镇海天衡制药公司负责开发，填补了浙江省在紫杉醇研制开发领域的空白。

31日　区政府特殊津贴发放仪式暨高层次人才新春茶话会举行。

这是镇海区首次发放区政府特殊津贴。仪式上，区蹦床技巧运动学校祝达飞等23名来自教育、卫生等各条战线的高层人才享受到政府发放的3万—6万元不等的政府特殊津贴，朱建耀等6名区外引进人才享受到政府发放的2万元异地安家补助。

2月

3日　区领导走进《直播中国·特别现场走进镇海》。

中央人民广播电台“中国之声”、中央人民广播电台宁波记者站和区委、区政府联手制作特别节目《直播中国·特别现场走进镇海》，区委书记郭华巍，区委副书记、区长马卫光走进直播室向全国听众介绍镇海。

5日至8日　政协区第八届委员会第一次会议在香溢新兴宾馆召开。

会议选出新一届区政协领导，王悦当选镇海区政协主席。

6日至9日　区第十三届人民代表大会第一次会议在区人民大会堂召开。

会议选出新一届区人大、政府领导人，林瑶当选镇海区人大常委会主任，马卫光当选新一届区人民政府区长。

7日　举行“镇海区2006十大爱心感动人物颁奖典礼”。

由区委宣传部（区文广新闻出版局）、区文明办联合主办的“镇海区2006十大爱心感动人物颁奖典礼”举行。市、区领导为爱心感动人物——照顾瘫痪老伴的好妻子朱赛珍、一生心血为桃李的许克用、忠贞不渝的好军嫂李兰英等颁奖。

同日　镇海区被省委、省政府授予“浙江省科技强县（市、区）”称号。

这是镇海区科技工作继获得省“十五”科普先进集体、省科技进步与人才工程党政领导目标责任制考核优秀、全国技术市场工作先进单位和全国科技进步先进区等荣誉后的又一殊荣。

12日　九龙湖村数字电视开通，是全市农村全部开通数字电视第一村。

2月中旬　在第五届浙江省青少年电脑机器人竞赛中，应行久外语实验学校在初中组常规项目中以第一名的成绩获得了省一等奖。

2月下旬　镇海区出台并实施《慈善助医项目扶助标准及办理程序的试行办法》。

根据此办法，对肾移植、白血病患者实施三年跟踪救助，助医扶助金额3年累计最高可达4.5万元/人。

2月下旬　区内首家企业研究院——宁波轴承技术研究院挂牌成立。

此研究院由宁波摩士集团股份有限公司和浙江大学现代制造工程研究所共同建立。

3月

3日　九龙大道一工厂发生氨气泄漏事故。

位于镇海九龙大道马家桥路口的一家工厂发生氨气泄漏事故，周边近700名群众被紧急疏散，镇海消防大队共出动6辆消防车，40余名消防官兵经过近5个小时的紧急排险，事故被成功处置。

同日　正式入春，入春时间比往年平均提早了近一个月。

3日至5日　举办元宵灯会等文化系列活动。元宵活动主要由传统特色灯景、社区民间大戏、元宵欢乐灯谜组成，共展出3000多盏花色彩灯及15组大中型主题灯景，规模和数量均是历年之最。

9日　宁波中科绿色电力有限公司垃圾焚烧发电厂建成投产。

垃圾焚烧发电厂于2005年10月12日开工兴建，总投资2.2亿元，日处理生活垃圾能力600吨，年处理生活垃圾将达24万吨，发电量1.5亿千瓦时。

13日　18时，区公安局破获一宗特大贩毒案。

区公安分局缉毒大队在骆驼街道一宾馆内破获一宗特大贩毒案，当场抓获4名违法犯罪嫌疑人，缴获毒品海洛因95克、麻古50粒、现金2万余元和1把随身携带的弹簧刀。

3月中旬　天衡制药有限公司董事长黄道飞博士获得2006年国务院政府特殊津贴。

24日　镇海区在成都人才市场举行人才招聘会，50多家企事业单位设摊，8000多名人才亮相招聘会，670人与用人单位达成初步意向。

26日　区企业联合会、企业家协会成立大会召开。

3月下旬　全国交通公安工作会议在宁波召开。

镇海港区派出所等被授予2005—2006年度“交通公安系统优秀公安基层单位”称号，宁波港公安局刑侦大队镇海港区中队中队长周海峰妻子石丽君被授予交通公安系统“十佳警嫂”称号。

3月下旬　市政府发文授予第五批“宁波市环保模范单位”称号，镇海华美线业有限公司、古塘中学、胜利路社区清川小区、雄镇大酒店等12家单位名列其中。

30 日　香港理工大学设计学院院长 Lorraine Justice 教授、副院长李德志教授，浙江大学现代工业设计研究所所长孙守迁教授一行 7 人到镇海考察工业设计环境。

4 月

1 日　以“同在一片蓝天下”为主题，区第十四个爱国主义教育周活动启动。

3 日　省高级人民法院院长应勇到镇海法院考察指导工作。

4 月上旬　在 2007 年宁波市中学生田径运动会暨省重点中学田径比赛中，镇海区代表队获县（市）、区初中组团体总分第三名、高中组团体总分第一名，镇海中学获重点中学组团体总分第一名。

10 日　市委副书记、市纪委书记唐一军到蛟川街道中官路村开展调研，探讨交流和谐新农村建设新举措。

同日　区十三届人大常委会举行第一次会议，根据区长马卫光的提请，会议决定任命钟红华为区人民政府副区长。

12 日至 13 日　区长马卫光率代表团赴衢州市参加镇海区—衢州市资源与产业合作洽谈会。会上签订 5 个项目合作意向，总投资近 3 亿元。

13 日至 17 日　郭华巍、翁雪莲赴香港出席香港宁波旅港同乡会成立四十周年庆典活动。

18 日　中国石油和化学工业协会二届三次理事会代表共 150 余人，参观位于镇海的宁波化工区和中石化镇海炼化股份有限公司。

19 日　省人民检察院检察长陈云龙一行到镇海区就检察机关在和谐社会构建中如何提高法律监督能力进行调研。

4 月中旬　6 个镇海区土地整理项目通过省国土资源局验收。

土地整理项目位于觉渡村、万市徐村、光明村、永旺村、兴丰村、里洞桥村，为镇海区争取土地折抵指标 50.64 公顷。

27日　首家民营企业武装部——宁波华通电器集团股份有限公司人武部正式成立。

同日　棉丰村启动社区化管理工作。

成立社区管理共建理事会，是镇海区首家以“新镇海人”命名的管委会—“新棉丰人管委会”。

28日至5月3日　在广东省珠海市举行2007年全国技巧锦标赛，区蹦床技巧运动学校运动员陈洪恩、戴振斌等6人摘得3枚金牌、1枚铜牌。

29日　市委、市政府在宁波大剧院召开庆祝“五一”国际劳动节暨劳动模范表彰大会。

镇海区赵章琪等7人获得宁波市劳动模范荣誉称号；区会计核算管理中心等2个集体获得宁波市模范集体荣誉称号；周伟飞等2人获得宁波市“首席工人”荣誉称号；镇海新闻网络中心记者部等5个集体获得宁波市“五一”文明岗荣誉称号；宁波天衡制药有限公司等5个单位获得宁波市创建劳动关系和谐企业先进。

4月下旬　镇海首次对宁波埃美柯铜阀门有限公司新认定驰名商标进行奖励，奖励资金100万元。

5月

1日　“雄镇大舞台”开锣仪式在区人民大会堂广场举行。

1日至7日　区各景点游客猛增，7天共接待游客近16万人，同比增长155.87%，创历年“五一”黄金周新高。全区实现旅游收入4823.6万元，同比增长165.6%。全区各客运场站共运送旅客71.4万人次。

8日　全省科技奖励大会召开，镇海区接受“浙江省科技强县（市、区）”表彰。

11日　镇海区第一家10万吨以上水运企业诞生。

宁波太平洋海运有限公司从国外购买的2艘载重均为43999吨的姐妹船——“拓展5号”“拓展6号”抵达北仑港，标志着该公司成为镇海区第一家10万吨以上的水运企业，也标志着镇海区水运能力突破了30万吨大关，达到312989吨。

12 日　镇海区博士后工作站首位博士出站。

在此次的浙江大学、宁波天衡制药有限公司博士后出站审核会中，巫军博士的博士后研究课题经考核小组一致通过，巫军博士出站。

19 日　区首届农民文化艺术节开幕式暨“新农村、新农民、新风尚”民间艺术大会在庄市街道联兴村举行。

21 日　宁波帮博物馆诚邀乡贤垂询会在香港香格里拉大酒店举行，征询旅港宁波籍各界人士对宁波帮博物馆建设的建议和意见。

26 日　举行第 12 个全民健身月启动仪式暨区第八届机关运动会开幕式。

运动会于 7 月 6 日闭幕，来自全区区级机关 58 支代表队共 1371 名运动员参加跳绳、飞镖、钓鱼等 8 个大项、17 个小项的比赛。

同日　浙江省首家宁波市创意产业协会在镇海区正式成立。

27 日　由俄罗斯、英国、希腊、乌克兰等国 19 名记者组成的“连线浙江——欧非记者采访活动”欧洲采访团一行到后大街社区考察采访。

28 日　九龙湖镇宁波飞洪生态农业发展有限公司正式开业。

飞洪生态农业发展有限公司开业

30 日　骆驼街道发生成品油运输管线泄漏事件。

骆驼街道尚志村镇杭成品油输送管线遭不法分子打孔盗油发生油品泄漏，镇海启动相关应急预案，成功处置了油品泄漏事件。

31 日　镇海区被授予“浙江省新型农村合作医疗工作先进县（市、区）”和“浙江省社区卫生服务示范区”荣誉称号。

同日　镇海海关的液化品信息管理系统通过了海关总署验收。

5 月　新镇海人职工艺术团成立。

新镇海人职工艺术团表演

新镇海人职工艺术团是区总工会从 2007 年 3 月开始筹备的。2007 年 5 月举行授牌仪式，9 月开始组团下基层、进社区、进企业慰问演出。新镇海人职工艺术团的最大特色是全体演员包括主持人，都是来自全国各地的外来务工人员，他们围绕“同在一片蓝天下，同在一块热土上”的活动主题，节目内容编排汇集全国各地风格迥异的地域文化特色，深受新老镇海人的欢迎。

6 月

5 日　在全国创建绿色学校活动表彰大会上，龙赛中学被授予国家级“绿色学校”称号，成为镇海区第一所“国家级绿色学校”。

同日　宁波城市规划区内重要地段和重要建筑重新界定，镇海新城庄市片核心区被列入城市核心区之一。

7 日　环保总局在山东省威海市命名并表彰第五批 87 个“国家级生态示范区”，镇海区被命名为“国家级生态示范区”。

8日　“宁波帮博物馆”奠基仪式在镇海区举行。

该馆选址宁波市高教园区北区，毗邻宁波大学，占地70亩，建筑面积约18000平方米。区委、区政府对宁波帮博物馆建设高度重视，专门建立了宁波帮博物馆筹建办公室，抽调有关力量具体负责博物馆的规划建设工作。宁波帮博物馆主要由博物馆和会馆两部分构成。博物馆以年代为脉络、以历史事实为线索、以人物为亮点、以丰富的陈列手段为载体，系统展示明末至今“宁波帮”发起、发展、鼎盛、辉煌的历史，以此来弘扬“宁波帮”爱国爱乡的财智文化、桑梓乡情，营造全世界“宁波帮”的“情感地标、精神家园”。

宁波帮博物馆奠基仪式

16日　12时开始，区所有渔船全面挂网收帆，进入为期3个月的伏季休渔期。

19日　镇海垃圾焚烧发电厂建成并投入运行。

2005年10月12日，镇海垃圾焚烧发电厂正式开工兴建，总投资2.2亿元、日处理生活垃圾能力为600吨，年处理生活垃圾将达24万吨，发电量1.5亿千瓦时。

19日至22日　包景表考察其在镇海捐资项目职教中心三期工程、中医院迁建工程进展情况，并举行职教中心包氏励志助学金发放仪式。

20日　澥浦镇、九龙湖镇被授予“省级生态镇”称号。

21日　新华通讯社《瞭望东方周刊》以专刊形式报道镇海区经济社会发展所取得的成就。

22日　2007年浙江省普通高考成绩及普通高校各批次录取分数揭晓。

镇海区高考文科总分最高625分，理科总分最高698分，文科组档线365分，理科组档线327分。镇海区文科第一批上线86人，理科第一批上线392人。文理科上线考生共1444名，艺术、体育类文化分上线考生有138人。上线率达到90%。其中镇海中学重点率93%，二本率99.7%，本科率100%，整体成绩位列宁波市第一。2007年高考镇海区进入浙江省前100名的12名理科考生和3名文科考生均来自镇海中学。

29日　经区长办公会议讨论通过，《镇海区突发食品安全事故应急预案》《镇海区火灾事故应急预案》等6个专项预案正式发布。

7月

6日　329国道整治工程启动，工程南起北外环，北至澥浦，长12.5千米，按一级公路标准建造。

9日　媒体记者采访镇海港航事业发展情况。

由中央、省级主流媒体——新华社、《香港大公报》、《浙江日报》、浙江卫视、浙江电台、中国交通报等组成的“港航强省”采访组一行到镇海区采访港航事业发展状况。

11日　举行镇海区—宁波大学2007年科技合作洽谈会暨项目签约仪式。

宁波大学与镇海区共建大学挂职锻炼基地、新型塑料粉碎机研制等8个合作项目签约。宁波大学聘请7名企业高级管理者为兼职教授，镇海区聘请学校8名专家、教授为科学顾问。

12日　台州市路桥区委副书记、区长郑米良率领党政考察团一行到镇海区考察产业园区建设和社区建设。

13日　区政府与国家开发银行宁波市分行签订金融合作协议。

7月中旬　招宝山街道后大街社区被授予“第五批全国城市体育先进社区”称号，宁波市仅后大街社区一家。

2005年2月下旬，后大街社区被授予“全国万家社区图书室援建、万家社区读书活动全国十佳学习型社区”称号。

20日　镇海区公路运输管理所九龙湖运输管理稽征站建成启用。

23日　早稻收购工作全面展开。

2007年夏粮订单收购价格为74元/百斤，价外补贴11元/百斤，共计85元/百斤，比2006年略有上浮。2007年全区早稻面积14000亩，比2006年减少2000亩。

7月下旬　镇海区4名非公有制经济人士被授予宁波市第二届“优秀中国特色社会主义事业建设者”称号。

4名企业家分别是宁波中鑫毛纺集团有限公司总经理钟康明、宁波海达塑料机械有限公司总经理蒋忠定、浙江中平粉末冶金有限公司董事长郑平龙以及宁波中意液压马达有限公司董事长蔡国定。

26日　国家物资储备综合仓库八三七处安全改造工程通过竣工验收。

该工程安全改造后一次装载能力达194.3吨，仓储能力16万吨/年，吞吐能力52万吨/年。

27日至31日　第四届中国东南地区数学奥林匹克竞赛在镇海中学举行。

来自福建、浙江、江西等地知名中学的36个代表队200多名代表参加该竞赛活动，这是该活动首次在宁波举行。镇海中学以6枚金牌、5枚银牌、6枚铜牌的好成绩，再次荣获团体总分第一，创下四连冠纪录。

29日　由名誉会长李达三、包从兴等6人组成的香港苏浙沪同乡会访问团一行，考察宁波帮博物馆建设情况。

8月

7日至8日　省委常委、市委书记、市人大常委会主任巴音朝鲁到区调研临港型经济工作。

10日　区政府与中石化集团管道储运公司就镇海原油储备库、与中石化镇海炼化公司就大乙烯有关合作项目举行签约仪式。

16 日　首届镇海·九龙湖葡萄品尝周开幕式暨省农业技术推广基金会镇海区执行部成立仪式举行。

30 日　郭华巍、马卫光率区党政考察团到天津市宁河县参加镇海区—宁河县良种长毛兔产销合作仪式。

31 日　澥浦镇 7300 余户农村数字电视整体转换工作全部结束，澥浦镇成为浙江省第一个数字电视镇。

9 月

6 日　召开 2007 年“慈善一日捐”动员大会。

7 日　省政协副主席、传化集团董事长徐冠巨一行到区考察物流工作及传化集团投资项目的进展情况。

同日　镇海广播电视台选送的广播连续剧《静静的胡杨》获全国“五个一工程”优秀作品奖。

9 月上旬　镇海中学获得 2007 年全国教育系统先进集体称号。

12 日　全国首个县（市、区）级城乡卫生协会在镇海区成立。

形成区、镇（街道）、村三级社区服务网络，全区实现城乡社区卫生服务全覆盖。2005 年全区社区卫生服务门诊量率先在全市超过区级综合性医院门诊量，2006 年达到 57%。

14 日　北外环路东段工程竣工，总长 5.3 千米，总投资约 3.8 亿元。工程建设于 2005 年 5 月 1 日启动。

16 日至 22 日　首届“中国城市公共交通周及无车日”活动在镇海区举行。

18 日　新城箭湖星月商业广场项目在香港会展中心 2007 甬港经济合作论坛签约。项目总投资 1.6 亿美元，注册资金 8000 万美元。

20 日　镇海工商分局召开 2006 年度“守合同、重信用”企业授牌大会。

对 2006 年度认定的（续展认定）的 7 家“浙江省工商企业信用 AAA 级”守合同、重信用单位、10 家 AA 级企业和 24 家 A 级企业授牌表彰。自 1984 年至 2007

年，镇海区共有“守重”企业74家。其中，全国级2家，AAA级12家，AA级19家，A级43家。

22日　2007“镇海杯”国际工业设计大赛颁奖典礼在招宝山饭店举行。

自6月开始，大赛向国内外征集优秀创意设计作品1800余幅，分“IT数码通讯组”等3个类别。经国内外知名设计专家组成的评审委员会评审，在入围的60件作品中，评选出了每个类别的一等奖1名、二等奖2名、三等奖3名。

同日　15时15分，宁波乐金（LG）甬兴化工有限公司内发生丙烯腈管道泄漏事故。

区有关部门接到LG公司报告：“公司围墙东南角送料管道阀门的阀体螺栓被拆除，不锈钢短接被盗，造成部分丙烯腈原料泄漏。”镇海区立即启动相应应急预案。10月7日，市环境保护科学研究设计院出具了《宁波乐金（LG）甬兴化工有限公司丙烯腈管道泄漏事故环境影响中期评估报告》，认定事故未对镇海城区空气质量造成影响，泄漏点周边区域地表水丙烯腈均未检出。

25日　20时40分，蛟川碧盛园饭店附近发生一起凶杀案。案发后，区公安分局抽调20名警力组成专案组，经过30多小时奋战，于9月27日上午确定了犯罪嫌疑人。10月1日凌晨，警方在郯城县马头镇抓获犯罪嫌疑人叶某。

28日　镇海区与湖北省巴东县经济文化合作交流签约仪式举行。

9月　舟山大陆连岛工程宁波连接线镇海段开工建设，2009年11月6日竣工。

9月　镇海区获评“全国计划生育优质服务先进区”。

10月

7日　第十六号台风“罗莎”影响镇海区。

台风期间，镇海区普降暴雨，10月6日至8日23时，平均降水量达到184.1毫米，区内四大水库总蓄水量达到1861万立方米，河网水位超出警戒水位。此次台风造成4.5万亩水稻受损，近4.2万亩蔬菜受淹，近1万亩林带树木、毛竹、果树等林作物受损，共给镇海带来了近6000万元的经济损失，但未出现重大人员伤亡。

10日　市委副书记、市长毛光烈等一行到镇海区专题研究交通物流工作，提出在后海塘规划建设宁波大宗货物海铁联运物流枢纽港的框架设想。

13日　镇海区举行城乡一体数字电视整体转换工程竣工仪式。镇海区成为浙江省城乡一体数字电视整体转换首个示范区。

2004年2月，区政府投入近亿元，将“实施有线电视数字化工程”列为实事工程；2006年5月9日，区政府常务会议确定了加快推进数字电视整体转换工程进度的决定，并成立领导小组，开始前期筹备工作；9月22日，全区数字电视整体转换启动仪式暨“迎国庆”大型文艺晚会拉开了镇海区数字电视整体转换的序幕；2007年3月，农村转换工作全面启动；10月13日，整体转换圆满结束。镇海区在浙江省率先实施并完成城乡数字电视整体转换。省广电局向镇海区颁发了“浙江省城乡一体数字电视整体转换示范区”铜牌。

数字电视进农家

19日　庆祝第二十个老人节暨区老龄委、区老年体协成立二十周年表彰大会举行。

同日　区仁爱中学建校十周年庆典暨张济仁铜像揭幕仪式举行。

出资助建该校的省爱乡楷模、市荣誉市民张济仁夫人张爱芳女士及其亲友应邀出席。

22日至25日　第十一届中国国际服装服饰交易会在宁波国际会展中心开幕。

镇海区有11家企业参加本届服交会，共有展位50个，正式签约240万元，达成意向800万元。

26日　叶氏义庄陈列馆开展暨庄市中兴中学叶澄衷铜像揭幕仪式举行。

包从兴、虞刚年、邹星培、叶谋昇、叶惟钧、贺友直、吴心平、王尔功、包起昌、叶澄衷的亲属及来自全国各地的中兴学校其他校友等应邀出席。

27日　百年中兴复校暨庄市中学、中兴中学合校20周年庆典举行。

同日　包玉刚生前物品捐赠家乡、《邓小平和包玉刚》铜像揭幕仪式在镇海区举行。

包玉刚长女包陪庆、包玉刚外孙苏文骏等人应邀出席。

27日至28日　开展“陈逸飞故乡”镇海行系列活动。

10月27日，陈逸飞大视觉艺术综合作品展开展，陈逸飞故乡镇海行专场晚会《招宝山的呼唤》在海员俱乐部举行；10月28日，陈逸飞电影作品纪念展暨《理发师》镇海首映式在镇海电影院举行。

28日起　公交五公司公交庄市站正式启用。

公交381路、383路、547路延伸至庄市站；373路优化调整，龙赛医院至路林市场调整为龙赛医院至公交庄市站。

28日　2007镇海经贸文化月暨第二十届金秋菊展开幕。

著名学者余秋雨等应邀出席开幕式。

同日　镇海口海防历史纪念馆开馆十周年暨中法战争镇海之战珍品展开展仪式举行。

此次珍品展首次汇集了安徽、浙江省博物馆和镇海文物部门三地珍藏的珍贵文物，其中安徽省博物馆送来的国家一级文物《文庄公甲申浙东海防图》是自收藏以来首次对外公开展示。

30日　第101届广交会闭幕。

本届广交会，镇海区共有42家企业参展，累计60余个摊位。达成成交和成交意向1.05亿美元，首次突破1亿美元，较上一届增长14.13%。

10月　成立区大宗货物海铁联运物流枢纽港管委会。

11月

1日　后海塘新煤场启用暨煤场搬迁启动仪式举行。煤场选址招宝山大桥连接线以东，化工区主干道以南的原再生资源加工园区，占地面积40.53公顷。

3日至4日　中国物流战略合作（镇海）峰会举行。同月，在北京召开的“中国物流诚信大会”上，镇海区被授予“中国物流重镇”称号。

镇海区的港、桥、海、河、路特有的区位优势逐步形成了液化、钢材、煤炭、金属、木材、厚恒物资城六大专业市场。2007年，全区三产增加值达到40.61亿元，港口物流专业市场进场企业总数为500多家，液体化工等六大专业市场成交额为182亿元。根据未来发展框架，镇海物流中心还将建设物流商务信息中心。

4日　镇海应行久外语实验学校五十周年校庆庆典举行。

7日　新区主干道一期工程（长邱新线至世纪大道段）竣工，长3.5千米。

8日　绕城高速跨越甬江特大桥清水浦大桥开工建设。

同日　赵安中遗体告别仪式在宁波殡仪馆举行。

浙江省爱乡楷模、宁波市荣誉市民、香港荣华纺织有限公司董事长、香港苏浙沪同乡会名誉会长、宁波旅港同乡会名誉会长、香港甬港联谊会名誉会长赵安中因病于11月4日5时13分在宁波辞世，享年90岁。

同日　举行区老年大学建校20周年庆祝大会。

区老年大学自1987年9月创办当日，在册学员从最初的58人增加到1026人。

14日　宁波华通电器成套集团有限公司“宁通”商标被认定为中国驰名商标，为镇海首家本土企业获中国驰名商标。

23日　区2007年科技合作洽谈会举行项目签约仪式。

此次洽谈会共有32个科技合作项目签约，总金额2265万元。

30日　宁波（镇海）大宗货物海铁联运物流枢纽港建设启动。位于镇海后海塘，区域面积9.5平方千米，列入宁波市“中提升”战略十大功能区块。

同日　全国人大常委会副委员长、中科院院长路甬祥考察宁波化工区开发建设工作。

12月

6日　镇海区第一家企业党员服务中心在蛟川街道开发区成立。

该企业党员服务中心投资近100万元，建筑面积近600平方米，是综合性服务平台，拥有企业党员服务站、党员培训室等。

7日　《今日镇海》新闻聚焦版面获第五届“新华社新闻精编一等奖”。

镇海新闻网络中心选送的《今日镇海》2007年10月24日新闻聚焦版面作品获第五届“新华社新闻精编一等奖”，这是浙江省同类刊物中唯一获奖作品。

8日　浙江省首届“排舞”大赛在区人民大会堂广场举行。

12月上旬　镇海雨云蔬菜厂生产的榨菜、新海福盛食品有限公司生产的汤料等农产品获得省名特优农产品金奖。

12月上旬　招宝山街道被授予“全国和谐邻里示范街道”荣誉称号。

12月上旬　第三水平年滩坑水库移民安置工作完成。

第三水平年滩坑水库移民安置工作，从2006年9月开始，共有29户、102人，分别安置在陈家、迎周、董家畈、西经堂等9个安置点。第三水平年移民安置工作的完成，标志着区安置水库移民工作圆满结束。2003年8月8日，丽水滩坑水电站库区农村移民安置工作开始，镇海区将承担400名移民安置任务。2005年4月30日，完成滩坑水库青田移民第一水平年32户、122人的移民安置任务。2006年，完成第二水平年47户、176人的移民安置任务。滩坑移民安置工作历时4年多，其间经过三个水平年，共在蛟川、骆驼、庄市、澥浦和九龙湖等5个镇（街道）的32个建制村安置移民108户、400人。

14日　后大街社区荣获“2007年度浙江省十佳和谐社区”称号。

17日　镇海炼化医院移交镇海区签字仪式举行。

20日　区企业创新论坛暨十佳企业青年创新创业表彰大会举行。

宁波盛发铜业有限公司董事长巍杰等十位企业青年经营者被评为镇海区十佳企

业青年创新创业之星。

12月中旬　宁波华通电器公司“宁通”商标被认定为中国驰名商标，这是首家镇海本土企业荣获中国驰名商标称号。

27日　由省环保局副局长方敏带队的验收组到镇海对区进行省级生态区考核验收，验收组在听取专题汇报和现场检查后认为，镇海的各项考核指标基本符合省级生态区要求，同意通过现场验收。

12月下旬　2005—2006年度中国广播电视影视大奖广播电视节目颁奖晚会在北京举行，镇海广播电视台《静静的胡杨》荣获中国广播影视大奖优秀广播剧类大奖。

12月　招宝山风景区被国家旅游局评定为国家级AAAA级旅游风景区。

2001年11月28日，招宝山旅游风景区通过省旅游局的国家AAA级旅游景区的评定。

2007年　年末全区按户籍口径统计总人口225455人；全年人口出生率5.84‰，死亡率为5.40‰，自然增长率为0.44‰。

2007年　区属实现地区生产总值154亿元，按可比价格计算，比上年增长15.0%。第一产业增加值4.2亿元，比上年增长2.5%；第二产业增加值93.3亿元，比上年增长14.2%；第三产业增加值56.5亿元，比上年增长15.5%。实现预算内地方财政收入16.3亿元，比上年增长23.9%。

2008年

1月

1日起　区邮政局对全区投递邮路进行调整和扩大，并对投递车辆进行更新换代。至1月下旬，全区60条邮路投递网改造工程初步完成，标志着镇海区邮递员正式告别了骑自行车送信的年代。

3日　市领导姚志文、郑瑞法一行到宁波天衡制药有限公司，走访慰问该公司董事长黄道飞，并为其颁发国务院政府特殊津贴证书及奖金，区领导郭华巍、徐芳陪同慰问。

5日至6日　区长马卫光率团赴江山、常山县考察，并签署了中鑫毛纺等4个投资项目，协议总投资达8.3亿元。

9日　2008年第一场大雾，5时25分气象部门发布大雾橙色预警，11时30分解除预警信号。

同日　下午，九龙湖镇田顾村换届选举动员大会召开，标志全区村级组织换届选举试点工作拉开序幕。

同日　下午，全区文明楼群、文明和谐家庭创建工作会议召开。截至当日，区共有区级文明家庭60528户，占总户数的68.2%。各级文明楼235幢，其中区级以上157幢。

11日　区政府印发《镇海区农民养老保障试行办法》，将年满18周岁，未享受其他社会养老保障待遇的农业户口人员，划入养老保险范围，实现养老保障体系在制度上全覆盖。

13日至15日　区政协八届二次会议召开，郭华巍代表区委讲话，王悦作常委会工作报告。

14日至16日　区十三届人大二次会议召开，林瑶主持，马卫光作《政府工作报告》。

20日　区召开2005—2007年度无偿献血工作表彰大会。冯闯等7人获“无偿献血特别奉献奖”；宁波港集团镇海港埠公司等8家单位获“无偿献血促进奖（单位）”，贺迎辉等21人获“无偿献血促进奖”；王建仁等123人获“无偿献血奉献奖”。2005—2007年度镇海区共有8549人参加了无偿献血，平均25人中就有1人参加无偿献血，累计献血2080升，临床用血100%来自无偿献血。

同日　下午，镇海区在北京汉华国际饭店主楼举行北京镇海籍人士新春团拜会，区领导郭华巍、马卫光、王悦、徐方、王宏德、李宏伟、董国安、钟红华与在京的镇海籍领导、专家、学者及各界人士，林殷才、陈明德、王建民、李克坚等9名院士参加。

23日　春运第一天，镇海区约7万人次踏上归途。3月2日，春运工作平稳结束，春运期间共发送旅客280.06万人次，创历史新高。

29日　凌晨，镇海区普降大雪，当天积雪深度达到了3厘米。2月1日至2日，受再度加强的暖湿气流和冷空气的共同影响，出现了大到暴雪，并出现积雪和结冰现象，2日下午区召开抗击雨雪冰冻灾害会议。据监测，截至2日13时，区北部积雪达到了15厘米，南部积雪达到了5厘米。2月3日，区交通基本恢复正常，暴雪造成16人车祸受伤、1人死亡。

同日　上午，上海宁波经促会镇海分会成立大会暨新春团拜会在上海市卢湾区仕格维丽致酒店举行，区领导郭华巍、马卫光、林瑶、王悦、徐方、翁雪莲与庄晓天、周汉民、翁史烈、杨雄里等镇海籍在沪工作的各级领导专家、学者及经济、科技、教育、文化等各界人士参加会议。大会通过了上海宁波经促会镇海分会工作章程，聘请庄晓天和国务院港事顾问、香港环球轮船有限公司董事包陪庆为名誉会长，选举林楚才为第一届会长。

1月下旬　在省关心下一代工作暨青少年英才表彰会上，镇海中学沈才立同学荣获省第十三届青年英才奖（学生组）一等奖。沈才立曾在全国性数学、信息学等大赛中获奖，尤其是蝉联了第47、48届国际数学奥林匹克竞赛金奖。在镇海中学开展“情系母校”活动中，沈才立将1500元奖金捐给了校园慈善工作者。

30日　下午，区举行驻镇海部队、在镇海大工程单位新春团拜会，郭华巍、马卫光、林瑶、王悦、张江华等区四套班子领导出席。

2月

1日　2008年新春晚会暨十大爱心感动人物颁奖典礼在海员文化中心举行。郭华巍、马卫光、林瑶、王悦等四套班子领导参加晚会，并为刘国娟、陈天荣、陈均华等“十大爱心感动人物”颁奖。

4日　上午，由45名镇海供电局志愿者组成的抢修队整装出发奔赴衢州江山市，参加电网会战。副区长王耀军出席出征仪式并讲话。这次镇海供电局派出的抗灾抢险小分队的主要任务是抢修江山市10万伏以下农村的配电网，涉及该市电网受损严重的66个村。

2月10日，参与电力抢修支援的45名“光明使者”凯旋。

13日　北欧工业园区产业孵化基地动工典礼隆重举行，区领导郭华巍、林瑶、王耀军等出席典礼，并为项目动工奠基。北欧工业园区产业孵化基地基础设施和房屋总投资约5000万美元。

同日　上午，镇海鼓楼广场举行改造项目奠基典礼，区领导陈召华、张江华等出席典礼。该项目规划建设用地总面积18230平方米。

同日　上午，明州大桥开工。市领导毛光烈、唐一军、王勇，区领导郭华巍、马卫光、王兆波和北仑区领导出席了典礼。

明州大桥北岸庄市街道勤勇村，南岸是北仑区小港街道新棉村，工程总投资估算11.35亿元，预计2010年8月建成通车。

2月中旬　镇海广播电视台被人事部、国家广电总局授予“全国广播影视系统先进集体”光荣称号，并在北京受到隆重表彰，标志着镇海区的广播影视工作走在了全国的前列。

16 日至 22 日　区举办元宵灯会等文化系列活动。

2008 年的元宵活动主要由品尝特色美食、猜趣味灯谜组成。精品灯展共展出 2000 多盏花色彩灯及 21 组大中型主题灯景，创镇海灯展历史上主题灯景之最。同时，为期 1 周的“2008 年镇海元宵灯会美食节”于 2 月 16 日拉开帷幕，美食节设在招宝山景区和沿江景观带，共有 40 个摊位，展出来自 10 多个省市的几十种小吃。

18 日　区政府公布 2007 年度镇海区科技进步奖，14 个项目榜上有名：宁波科光机电有限公司和同济大学共同合作研发的“KGF755D－30×8×192 平式全自动电脑织带机”获得一等奖，龙赛医院的“探讨持续血糖监测睡前血糖和夜间低血糖关系”等 4 个项目获得二等奖，区农业技术推广总站的“褐飞虱防治药剂的筛选”等 9 个项目获得三等奖。

22 日　蛟川中心学校建成并投入使用。学校位于金丰阳光小区附近，占地面积 46923 平方米，总投资 5600 万元，由原来的临俞小学、乔梓小学合并，有 32 个班级、1200 多名学生。

23 日　农民健康体检中心启动仪式在庄市街道光明村举行，市卫生局副局长邹鸣飞、副区长翁雪莲参加了启动仪式。这标志着新一轮新型农村合作医疗参保人员免费体检工作正式拉开帷幕。全年将为近 9 万名参保农民提供免费上门体检。

27 日　区环境监察大队在国家一级标准化建设考评中获得 98 分的高分，通过环境监察一级标准化验收。

28 日　张鑑碶菜场正式营业。自 2006 年开始动工建设，于 2007 年 10 月竣工并通过验收，总投资 3500 万元，占地 1700 多平方米，菜场底层共设 178 个摊位。二层主要引进超市、商场等。

2 月下旬，《镇海区农民养老保障试行办法》公布，《镇海区农民养老保障试行办法》将未享受其他社会养老保障待遇，年满 18 周岁，重点是年满 60 周岁、年满 55 周岁及以上的农业户口人员，划入养老保险队伍。这标志着镇海区养老保障体系在制度上实现了全覆盖。

2 月下旬，区第六届迎春名优菜篮子商品展销会落下帷幕，本届展销会共设100 个展位，吸引了 120 家省、市内外企业参展，共成交 162.52 万元，接待顾客 10 余万人次。

2 月下旬，国家环保总局在北京召开《宁波化学工业区总体规划环境影响报告书》专家评审会，与会专家通过论证，同意通过对宁波化工区规划环评的审查，这使宁波化工区成为浙江省第一个通过规划环评的区域。

2 月下旬，《宁波市镇海新城基础设施整合规划》通过会审。该规划整合了现有各类资源，综合协调市域大型基础设施布局，使规划区内基础设施与市域基础设施网络相沟通，形成完整统一的系统，为用地的顺利开发打好基础。

3 月

2 日　市首届长毛兔产毛量比赛在镇海举行，全市共有 16 家长毛兔养殖专业户参赛，区参赛的长毛兔获得了 5 个金奖及 2 个冠军。

5 日　后海塘区域党员服务中心、文化活动中心建成启用。两个中心位于定海路 38 号，建筑面积 300 多平方米，内设图书阅览室、健身室等。

同日　下午，镇海区纪念“三八”国际劳动妇女节 98 周年表彰大会暨妇女儿童爱心援助基金成立仪式举行。会议表彰马苏亚等为区第二届“十大杰出女性”、方小玲等为首届“十佳巾帼新市民”。

6 日　阿克苏诺贝尔化学品（宁波）有限公司成立奠基典礼在宁波化工区举行。该公司在宁波化工区打造面积达 50 公顷的多元化化学品生产基地，其中一期总投资 2.5 亿欧元，主要建设螯合剂和乙烯胺生产装置。两个项目预计分别在 2009 年和 2010 年投入生产。

3 月上旬　区 2007 年度环保重点监管企业环境行为等级评定揭晓。在 95 家参评企业中，评出绿色 13 家、蓝色 55 家、黄色 22 家、红色 2 家、黑色 3 家。此次获得绿色企业的是久丰热电、阿尔卑斯电子、阿克苏诺贝尔过氧化物、聚丰化工、现代精细化工、创业电镀、中鑫毛纺、镇海炼化、耀峰金属制品、镇海区酸洗废水处理站、华美线业、宁波橡胶、爱敬化工。

12 日　市政协副主席华长慧率 150 余名市政协委员视察镇海区“宁波帮”历史遗存。区政协领导王悦、周晓芳陪同视察。

13 日　在全省文化广电新闻出版局长会议上，宁波市唯一受表彰的镇海广播电视台领取了“全国广播电影电视系统先进集体”奖牌。

15 日　从 2007 年 3 月 15 日至今，区“12315”中心共接到举报申诉案件 748 件，比上年同期减少 152 件，为消费者挽回经济损失 39. 88 万元。

16 日　宁波天翼石化重型设备制造有限公司成立，并与印度爱沙集团签订近 3 亿元的炼油设备设计制造合同。区委书记郭华巍与中国石化集团宁波工程有限公司总经理邵建雄共同为新公司揭牌，区领导马卫光、王耀军出席仪式。

19 日　全区所有需换届村党组织的建制村顺利完成换届选举工作。此次党组织换届选举共产生支部委员 256 名，其中新进委员 56 名，大学生村务工作者 3 名，有 49 名女性委员分别进入 41 个建制村党组织班子，占换届村总数的 68. 3%. 。

23 日　第十三届全国青少年信息与奥林匹克联赛浙江赛区颁奖典礼在镇海中学举行。吴国平、翁雪莲参加颁奖典礼。本次竞赛中，镇海中学获得了 3 个一等奖、9 个二等奖、5 个三等奖。

26 日　中国邮政储蓄银行宁波镇海支行成立暨揭牌仪式举行。常务副区长张江华、中国邮政储蓄银行宁波分行副行长江传芳共同为其揭牌。

同日　20 时，自 2007 年 10 月 17 日开始实行交通管制的甬江隧道随着大修工程完成验收，正式解除交通管制，全面开通。

28 日　宁波市遗体捐献纪念陵园落成开放仪式在镇海区大同公墓第五墓区举行。据了解，这是浙江省第一个遗体捐献纪念陵园。

4 月

1 日　镇海区与宁波港集团合作会谈备忘录签字仪式在宁波港集团有限公司举行。区领导马卫光、张江华、胡祖友、王兆波，宁波港集团有限公司总裁李令红、党委书记闻建耀出席仪式。

4 日　镇海区看守所再次被授予“全国标兵看守所”荣誉称号，成为全省唯一获此殊荣的看守所。

同日　市唯一一家强震台在镇海中学完成更新换代，正式开始工作。据了解，此类强震台省内仅 5 家，市内仅此一家。

6 日　清明小长假结束。清明节期间，镇海区扫墓人数（含外地人来镇海）15 万人次左右，较 2007 年同期增长 10%，私家车出行数比 2007 年增加 3—4 倍。

7 日　5 时 30 分，气象部门发布大雾橙色预警信号。镇海轮渡 5 时至 7 时 30 分被迫停开，客运中心所有长途轮船航班停发。9 时许，预警解除。

7 日　省委宣传部副部长、省文明办主任龚吟忆率省示范文明城区创建工作调研组一行 12 人到镇海区指导工作。

9 日　《宁波郑氏十七房古村落保护与更新详细规划》会审会在澥浦镇举行。区委副书记陈召华，区委常委、副区长李宏伟参加会议。

12 日　后海塘陈逸飞纪念馆正式开馆。市领导成岳冲、傅丹、陆勇，区领导马卫光、王悦、葛深海、翁雪莲、李宏伟等，以及陈逸飞的遗孀宋美英参加开馆仪式。

15 日　镇海区进入汛期。截至 4 月 16 日，十字路、三圣殿、郎家坪、小洞岙 4 座水库蓄水总量为 1760 万立方米，比 2007 年同期增加近 60 万立方米，占汛期水库蓄水总量的 59%。

17 日　2008 中国常山（镇海）投资环境推介会在镇海区举行，区 50 多家企业参加推介会，现场签约项目 4 个，投资额 7.85 亿元。区领导马卫光、王耀军，常山县领导金运成、徐焕凤出席推介会。

20 日　庄市街道推进省示范文明城区创建暨兴庄路社区创建绿色生态社区启动仪式在联兴村举行，区领导王宏德、翁雪莲参加仪式。

23 日　新城（骆驼）公交客运中心站开工，9 月 28 日建成。

25 日　东外环至宁镇公路互通立交工程开工。

同日　镇海新闻网与舟山新闻网签署《两网开展地方特色频道互动合作和信息资源交流协作的备忘录》。

27日　10名中国当代著名作家到镇海区采风，区领导马卫光、陈召华、王宏德、李宏伟会见采风团一行。

同日　招宝山街道后大街社区的“十里红妆”婚嫁民俗打击乐演奏，成功申报上海大世界吉尼斯的中国之最——数量最多的婚俗打击乐器表演。这是镇海区首个申报大世界吉尼斯成功的民族文化项目。

“十里红妆”排练场景

29日　区庆祝“五一”国际劳动节暨“工人先锋号”表彰大会召开，区领导徐方、葛深海、翁雪莲、张惠诚参加大会。

30日　上午，上海海事局宁波航标处举行挂牌仪式，原上海海事局镇海航标处更名为上海海事局宁波航标处。宁波市政府副秘书长陈炳荣、区委书记马卫光、上海海事局副局长洪冲、宁波海事局局长周荣祥等参加挂牌仪式。

同日　中共中央政治局常委、国务院总理温家宝考察中石化镇海炼化分公司。

同日　省政协常务副主席、省委统战部部长楼阳生一行到区考察商帮文化工作，市政协副主席郁义康、区领导陈召华、王悦等陪同考察。

5 月

4 日起　镇海区学生可办理参加城镇居民医疗保险手续，9 月 1 日起享受医保待遇，按比例报销医疗费用。一年拿出 50 元，可享受住院和特殊病种治疗。

5 日　10 时 28 分，镇海发电有限责任公司第一套脱硫装置成功通过 168 小时，镇海发电厂步入了环保发电行列。

8 日　第 61 个“世界红十字日”。2008 年主题是“携手人道，服务奥运”，上午区红十字会志愿服务队到九龙湖镇敬老院开展“红十字博爱送温暖”活动，为 50 多名老人体检、义诊，并捐赠了运动服和毛巾。截至当日，全区共有 300 多名红十字会志愿者。

9 日　区与浙江大学就教育项目合作进行签约，浙江大学党委书记张曦、区委书记马卫光等领导出席签约仪式。

9 日至 11 日　区车改公务车拍卖，获得竞拍权的 400 余人参与争夺 170 辆标的车，拍卖总得款 1042.6 万元。

9 日至 12 日　在沈阳东北大学举行了第二届亚洲及太平洋地区信息学奥林匹克竞赛，镇海中学高一（4）班谢天获中国赛区银牌。本次比赛共有中国大陆 22 个省市区的 119 名信息学选手参赛，谢天是宁波市唯一的获奖选手。

5 月上旬　省人民政府下发《关于命名省级生态县（市、区）的通知》，镇海区被命名为省级生态区，这是浙江省命名的首批省级生态县（市、区）。

5 月上旬　市第 23 届中小学生计算机程序设计竞赛公布，镇海中学参加高中组竞赛的 19 名选手有 18 人获奖，并包揽本次比赛高中组前 8 名，其中一等奖 8 人、二等奖 1 人、三等奖 9 人。

5 月上旬　环境保护部下发了《关于命名第七批全国环境优美乡镇和国家级生态村决定》，镇海区澥浦镇、九龙湖镇名列其中。

12 日　14 时 28 分汶川县发生 8.0 级地震后，镇海区社会各界自发为灾区捐款捐物，14 日 8 时许，区委大院开展向“地震灾区人民捐款”活动，区四套班子领导马卫光、林瑶、王悦、陈召华及区委办、区纪委、机关党工委、档案局等单位党员干部参加，共募集善款近 2 万余元。同日，区 9 名消防战士前往四川绵阳参加救援，5月28日平安返回镇海。截至5月29日17时，经区审计局确认，共筹集抗震救灾捐款资金1964.53万元，筹集捐赠物资折价总计54.21万元（不包括民政局提供的未进行折价85项帐篷）。

13日　西门社区“爱心服务一条街”正式启动，王宏德、高岭夏等领导出席启动仪式。

19日　14时28分，区四套班子和社会各界人士默哀3分钟，沉痛哀悼汶川大地震遇难者。

21日　入夏，比往年提前10天。

22日　镇海区韩善琪、欧佛·罗德兰、许忠义、祝达飞4名火炬手手持祥云火炬，参加宁波站奥运火炬传递。

同日　召开全区领导干部会议，宣布省委、市委关于镇海区人民政府主要领导职务变动的决定，提名陈召华为镇海区人民政府区长候选人。

23日　省老领导铁瑛、薛驹、葛洪升等一行到镇海考察，市区领导王剑波、马卫光、陈召华、徐方陪同考察。

25日　区举行向湖北省巴东县赠送长毛种兔交接仪式，区领导马卫光、张江华、柴鹏飞及巴东县有关领导参加仪式。

26日　区党政代表团一行到舟山市定海区访问。访问期间，共有5个政府帮扶项目和3个“百村经济发展促进计划”社区结对项目签约。

5月下旬　宁波海达塑料机械有限公司的“海达”商标被认定为中国驰名商标，成为继华通电器厂后区第二家获得中国驰名商标认定的企业。

28日　镇海石化海达发展有限责任公司揭牌开业。该公司前身为镇海炼化海达发展公司，是炼化公司的生产后勤服务单位。

29日至30日　区十三届人大常委会举行第九次会议。

会议由区人大常委会主任林瑶主持，副主任董国安、葛深海、陈家俊、高岭夏、吴国平出席会议。会议听取和审议了区新农村建设情况的报告、“十一五”规划中期评估情况等报告，接受马卫光辞去区长职务的请求，决定任命陈召华为副区长，代理区长。

30日　区领导马卫光、张江华、徐方、陈瑜、翁雪莲分两路奔赴学校慰问，向广大少年儿童致以节日的问候和良好的祝愿。

6 月

2 日　区新一届农村党组织书记、村委会主任培训班开班。区委书记马卫光围绕“努力提高“三农”工作能力，全面推进社会主义新农村建设”主题为培训人员讲课。

同日　22 时 35 分，“浙岱 66325”与“旗胜 8 号”两艘货船于甬江口主航道发生碰撞事故，并造成“浙岱 66325”货船沉没，严重影响甬江航道通行，船上 3 名船员全部成功获救。6 月 4 日 18 时 30 分，沉没货船被打捞出水，至 6 月 5 日 6 时，甬江航道已全部清理完毕，恢复正常通航。

3 日　澥浦镇汇源社区何家河嘴林阿菊，不办百岁生日宴，委托澥浦镇政府工作人员，捐给四川地震灾区 1 万元。截至 6 月 5 日 20 时 30 分，已有新华社、央视、央视国际、北美新浪网等 109 家中外媒体相继予以报道。

5 日　“母亲素养工程”推进会暨区女子学院成立仪式举行，市妇联副主席方燕、区领导徐方等参加会议。

同日　区环境监测监控中心落成并投入使用。

中心位于蛟川街道石塘下，项目投资 5400 万元，建筑面积 10680 平方米。2006 年 8 月 5 日正式开工建设，2007 年底主体完工。

6 日　宁波市大学科技园科技创业大厦落成暨科技项目签约仪式举行。省、市、区领导张曦、余红艺、马卫光等出席，44 家企业举行签约仪式，协议利用资金 1.1737 亿元。

7 日　北欧工业园区研发中心开工仪式举行，挪威驻上海总领事佛兰、诺玛及区领导马卫光、陈召华、林瑶、王悦、王耀军等参加仪式。

同日　第十届浙洽会镇海分团项目签约仪式在招宝山饭店举行，现场签约 20 个项目。其中，外资项目 18 个，总投资 1.7 亿美元，协议外资 8300 万美元；内资项目 2 个，总投资 6600 万元。

8 日　第六届浙江（宁波）科技成果交易会签约仪式在宁波国际会展中心举行。区科技局与中科院兰州化学与物理研究所签订了关于建立石油中间体精细化工国家工程研究中心宁波分中心的项目协议。

同日　上午，区举行宁波维思酒店开工典礼，区领导王悦、董国安、王兆波出席。该酒店选址宁镇路与大运路口，设计标准为五星级，建筑面积47497平方米，投资规模2亿多元。

同日　上午，银亿海尚广场奠基典礼在镇海新城举行。项目总用地约为95980平方米，总建筑面积20万平方米。

同日　区开始进入梅雨期，时间比常年提早6天。7月1日出梅，整个梅期历时24天，为近5年来最长，平均降雨总量超过250毫米，为近5年来最多。

9日　第十届浙洽会宁波市重大外商投资项目签约仪式在南苑饭店举行，共有22个项目签约。其中镇海区签约项目2个：韩国爱敬增资项目和荷兰阿克苏诺贝尔化学品国际有限公司的聚合物化学品项目。

10日　国内第一家以院士为主题命名、以院士风采为主题陈列内容的院士风采馆——位于宁波市大学科技园科技创业大厦的镇海籍院士风采馆举行开馆仪式。朱高峰、翁史烈等15名镇海籍院士出席。

镇海籍院士风采馆开馆仪式

同日　上午，宁波镇海威远林德气体有限公司奠基仪式在宁波化工区举行，又一家世界500强企业落户宁波化工区。

6 月上旬　总浦桥社区荣获全国社区商业示范社区称号，是镇海区唯一获此殊荣的社区。

11 日　由中欧上海化工（中国）理事会和第十届浙洽会组委会主办，宁波化工区协办的第四届欧美亚化工投资人论坛暨化工产业投资项目合作峰会，在宁波东港喜来登大酒店举行。

同日　区领导马卫光、翁雪莲与上海市镇海同乡联谊会会长庄晓天等 10 名会员，在九龙山庄召开联谊座谈会。

12 日　长三角世博会体验之旅合作项目工作组会议召开，来自上海、江苏、浙江两省三地的 16 个城市旅游部门负责人齐聚镇海，共商长三角世博主题体验之旅专题合作项目，共谋长三角各城市分享世博成果，实现联动发展大计，并启动了长三角世博主题体验之旅要素题材征集活动。

同日　区首届社区文化艺术节开幕暨 2008 年镇海非物质文化遗产系列展示活动在区人民大会堂举行。

同日　第七届消博会、第十届浙洽会圆满落幕。本届消博会区参展企业共达成意向成交 3000 万美元，同比增长 15.4%。本届浙洽会共签约投资项目 21 个，其中外资项目 19 个，协议利用外资 9500 万美元。

13 日　骆驼街道兴丰村养兔专业户王君义等 8 户成立了镇海兴业长毛兔专业合作社，这是宁波市第一家长毛兔专业合作社。

17 日　美国青年钢琴家史蒂芬·贝尤斯在区人民大会堂举行钢琴独奏音乐会。

19 日　浙江京剧团大型神话儿童版《宝莲灯》在区演出，从 6 月 19 日至 21 日共连续演出 9 场，为中小学生送上一道丰富的京剧文化大餐。

27 日　110 千伏南洪变一个 5 万千伏安主变投运，经济开发区企业生产、居民生活用电得保障。

28 日　四川岳池县驻宁波办事处揭牌仪式暨承接产业转移推介会在镇海区举行。区领导马卫光、陈召华、王耀军，四川广安市委常委、副市长蒋维君，岳池县领导漆小林、杨光彦等出席。

7月

1日　省首个党员教育电视频道——镇海党员教育“先锋”电视频道正式开播。

2日　区委十二届六次全体（扩大）会议召开，区委书记马卫光代表区委常委会向全会作半年工作报告，全会审议并通过了《中共宁波市镇海区委关于贯彻落实省市委全会精神全面改善民生促进社会和谐的实施意见》。

8日　区召开镇海中学扎实推进素质教育座谈会，总结交流镇海中学素质教育经验，并向镇海中学颁发区人民政府教育成就奖30万元。

10日　全区工作通报会举行，陈召华向在镇的离休干部、机关退休干部等传达区委十二届六次全体（扩大）会议精神，通报上半年经济社会各项工作和下半年主要任务。

同日起　全区统筹范围内已参加医疗保险的12000余名企业退休人员可就近、就便享受免费健康体检。

7月上旬　区中心学校顺利通过健康促进学校（银牌）省级考核组的评估验收。

11日　全区遭受强降雨袭击。从17时开始至19时，降雨量达110毫米。

18日　为帮助四川地震灾区尽快制订灾后重建规划，镇海规划勘测设计院吴洋、俞杭、李贵林3人奔赴青川，开展近一个月的重建测绘工作。

22日至23日　区十三届人大常委会举行第十次会议。

会议听取并审议了关于区2007年财政决算的报告、关于区2007年政府非税收入和社会保障资金收支管理情况的报告、关于区2007年财政预算执行和其他财政收支的审计工作报告，通过了《关于批准镇海区2007年财政决算的决议》；听取并审议了关于区学前教育工作情况的报告，关于区十三届人大二次会议代表建议办理和督办情况的报告。

同日　区委常委、宣传部部长王宏德为“澥浦船鼓”“九龙呈祥”进京参加“北京2008城市奥运文化广场活动”壮行。“九龙呈祥”舞蹈队于25日赴京，27日、29日分别在石景山雕塑公园和门头沟公园演出。“澥浦船鼓”表演队于

29日赴京，30日、31日在石景山雕塑公园演出。两支队伍于8月1日上午在天安门广场展演，8月2日、3日先后返回镇海。

24日　“宁波九龙湖杯”2008年全国青少年航海模型锦标赛在九龙湖旅游度假区开幕。

25日　区夏粮收购全面展开，共设12个收购点，16个收购粮仓。早籼谷订单收购价为85元/百斤，价外补贴14元/百斤，共计99元/百斤，比2007年增加14元/百斤；订单价外市场收购价为85元/百斤，比2007年增加11元/百斤。上涨单价为历年来新高。

29日　镇海区总工会命名“金国民追逃法”。

金国民，镇海公安分局刑侦大队教导员，全国优秀人民警察。从警30年来，他结合刑侦实践，创造一套行之有效的“金氏追逃八法”，其带领的抓逃小组一年抓获犯罪嫌疑人近120人。此追逃法在全省公安机关逐步得到推广。2009年4月，中共镇海区委作出《关于向金国民同志学习的决定》。

7月下旬　区获2007年度农村劳动力培训和转移就业工作三等奖。2007年全区共举办各类职业技能培训班178期，组织失业人员、新增劳动力、被征地人员和外来务工人员参加职业技能培训4725人，完成区政府下达目标任务的158%。

31日　区授予宁波边检站镇海分站“港城卫士”荣誉称号。

8月

1日　区工商部门从当日起免收15项涉企行政事业性收费，企业和个体工商户均因此收益，全年减免费用约192万元。

同日　区人大常委会举行重要情况通报会。区委副书记、代区长陈召华通报了2008年上半年宏观经济形势、全区经济运行、重点工程建设和实事工程推进情况，以及区应对当前经济形势的相关政策和措施。

4日　在福建龙岩举行的第五届中国东南地区数学奥林匹克竞赛中，镇海中学获3枚金牌、7枚银牌，镇海中学同时获得本次比赛联盟学校团体奖。

5日　区委书记马卫光率党政代表团在上海与镇海同乡联谊会乡贤和物流专家，就宁波大宗货物海铁联运物流枢纽港规划进行恳谈。

7日　区从11时16分进入二十四节气中的“立秋”。

8日　“我与奥运同行”千人长跑健身活动在区人民大会堂举行出征仪式，区领导马卫光、林瑶、王悦、王宏德、翁雪莲参加仪式。

8月上旬　省环保局通报表彰17个全省先进基层环境监测站，区环境监测站成为宁波市唯一获此殊荣的县级环境监测站。

11日　区委书记马卫光先后走访骆驼街道福尔顿热能设备有限公司、约翰迪尔（宁波）农业机械有限公司和蛟川街道宁波蕾梦纺织有限公司，深入企业车间察看生产情况，并通过座谈了解企业难题，商讨解决方案。

12日　2008“九龙湖休闲文化旅游节暨葡萄品尝周”在九龙湖开幕，副市长陈炳水，区领导马卫光、陈召华、林瑶、张江华、李宏伟、王兆波等参加。

13日　省委常委，市委书记、市人大常委会主任巴音朝鲁和市委常委、副市长余红艺一行到镇海炼化，就企业生产经营情况进行调研。

14日　“镇海区—江山市”资源与产业合作签约仪式在江山市举行，双方签订了镇海区—江山市实施“山海协作工程”、加强资源与产业合作备忘录。

同日　浙江省目前最大吨位散货船——“天盛16”（载重为942065吨）正式投入营运。该船是宁波天盛海运有限公司耗资4830万美元从国外购置的二手散货船，主要从事国内沿海及长江中下游普通货物运输。

15日　区党政代表团到衢州常山县考察，双方就两地资源产业合作签订镇海区—常山县合作开发常山工业园区“镇海创业园”备忘录。

20日　《叩开名家之门——丹虹专访》举行首发式。该书融新闻风格与文学品质于一体，以人物专访形式，汇集了22位宁波籍名家，大部分是镇海籍科技界和文艺界的名家，记述了他们在各自领域的成就，描绘了他们的风度气质与故乡情结。

21日　龙赛医院与浙大医学院附属第二医院名医可视远程会诊中心合作的可视远程会诊系统正式启用，这是区医院首家开通与省级医院网络会诊。

24 日　“宁波·九龙湖”杯 2008 年全国青少年航海模型锦标赛在九龙湖旅游度假区开幕。

27 日　镇海区和宁海县各选派 3 名干部赴四川省青川县瓦砾乡，帮助灾后重建，正式开始为期 3 年的援建工作。

援建项目共 30 个。援建资金 4475 万元，其中列入省、市指挥部援建项目资金 3825 万元，村镇（街道、企业）结对帮扶项目资金 200 万元，其他帮扶资金 450 万元。11 月 7 日，镇海区青川县灾后重建项目——瓦砾乡卫生院和瓦砾小学正式启动。2010 年 10 月 21 日，镇海对口援川工作结束。

2009 年 11 月竣工的瓦砾小学新貌

8 月下旬　全省 2008 年普通高校招生录取工作结束，区共有 1516 名考生被各大高校录取，录取率达 89.3%，比 2007 年上升了 4 个百分点，较 2008 年全省高考录取高出 15 个百分点。2008 年镇海区共有 31 名考生考入清华、北大，人数居历年之最。

9 月

1 日　宁波中鑫毛纺集团有限公司迁建项目奠基暨开工典礼在宁波市骆驼城市工业园区举行。

3 日　市委书记巴音朝鲁，市委副书记、市长毛光烈等市领导和参加全市重大基础设施项目推进现场会的有关部门、各县（市）区党政主要领导，到镇海区实地考察绕城高速东段与舟山大陆连岛工程连接线互通工程和“五路四桥”东外环—宁镇公路立交工程建设情况。

同日　骆驼公交中心站项目主体工程完工并通过区质检站验收。骆驼公交中心位于南二西线和金华北路交叉口西南侧，总用地面积 2660 平方米，总投资 866 万元。

5 日　省委书记、省人大常委会主任赵洪祝到镇海区考察中科院宁波材料所。省委常委、省委秘书长李强、副省长金德水参加考察。中纪委驻院纪检组组长、中科院党组成员王廷大，市领导巴音朝鲁、毛光烈、余红艺，以及区领导马卫光、陈召华等陪同考察。

同日　首届“福彩杯”老年人运动会举行，此次运动会共有来自区属福利院、敬老院、老年公寓等 9 家养老机构的 400 名运动员参加。

6 日　《光明日报》在第 4 版《人文地理摄影》栏目整版刊登《镇海古城赋新韵》，共 14 张照片，由李浙东等拍摄，全方位展示镇海这个古老的东方港城在历史的打磨下散发出的现代气息。

9 日　上午，区渔政执法快艇“中国渔政 33209”经过 800 海里航行，到达镇海码头正式上岗。

11 日　市委常委、市公安局局长王惠敏前往宁波大学医学院附属医院亲切看望拼死徒手擒贼的九龙湖镇河头村保安周东海。区领导马卫光、陈召华一同前往探视。9 月 8 号 1 时多，周东海在河头村巡逻时，接到村民林某家进贼的报警，在抓捕小偷时头部被砍 5 刀，但他仍然奋勇擒凶将凶手王某制服。

同日　区委副书记、代区长陈召华会见宁波北欧工业园区投资商挪威杰拓有限公司总裁 Torecjedebo 一行，双方就园区开发建设、新项目合作意向情况进行了交流。

同日　区总工会在浙江省暨宁波市首届职工科技成果展示中夺得一等奖。

12 日　镇海首家时尚百货商场——国贸百货举行开业仪式，副区长王兆波出席。

18 日　上海市原副市长、上海宁波商会会长庄晓天率部分在沪甬商代表到区参观考察。区委副书记、代区长陈召华会见庄晓天一行。

19 日　招宝山街道社区民间组织联合会成立，联合会共吸纳会员 150 名，包括各社区分会和民办企业分会。

同日　区工商部门给 20 家“消费信得过”单位授牌。这 20 家“消费者信得过”单位是区消保委通过资料核查、现场考核、常委会评审等流程后精挑细选的。

20 日　12 名宁波籍省级著名医学专家专程到骆驼街道社区卫生服务中心，为家乡人民提供义诊服务。

9 月中旬　浙江省 2007 年度科技进步统计监测报告显示，镇海科技进步水平综合评价居第九位，连续 5 年居全省 90 个县（市、区）十强。

9 月中旬　区 2008 年廉租房住房补贴金共计 140. 504 万元，已全部拨付到各镇、街道，由镇、街道社会救助机构与廉租住房保障家庭签订租金补贴发放协议，按月发放到户。截至当日，区廉租房住房家庭总计为 476 户，比 2007 年增加 268 户，其中 22 户享受公房租金减免，454 户给予廉租租金补贴。

9 月中旬　区文物普查队在贵驷里洞桥发现一处已有近百年历史的民国时期校舍——驷桥小学（原称保善学堂）。该校舍保存完善，且建筑特异，这一发现为研究宁波商帮文化提供了实物史料。

22 日　“镇海杯”第三届国际工业设计大赛举行颁奖典礼，中国工业设计协会理事长朱焘、宁波市副市长徐晓夫、中国机械工程学会工业设计分会常务副理事长胡志勇、区领导马卫光、陈召华、董国安、王耀军、张惠诚等出席颁奖典礼。本次大赛自 9 月启动后，收到有效作品 1276 件，其中 60 件获奖。

24 日　宁波（镇海）大宗货物海铁联运物流枢纽港空间布局规划获专家评审会上通过。

25 日　区十三届人大常委会第十一次会议召开。会议听取和审议了区发改局关于镇海区 2008 年国民经济和社会发展计划 1—8 月执行情况的报告；区财政局关于镇海区 2008 年财政预算 1—8 月执行情况；区检察院关于侦查监督和审判监督工作情况的报告；区府办关于区域环境安全工作情况的报告。

26 日　招宝山街道《激情活力》登上央视舞台，在“重阳欢歌首届全国老年文化艺术节”闭幕式晚会上获得老年风采大赛健身类铜奖，10 月 7 日在央视一套、三套播出。

28 日　2010 年上海世博会吉祥物“海宝”正式落户招宝山风景区。

9 月下旬　省、市重点工程——宁波北区污水处理厂配套总管工程通过综合验收，进入常态化运行。

9 月下旬　镇海小伙徐春伟历时两年建立方言网站。输入 www. nbcsxf. com/ninghua，映入眼帘的是“宁波闲话”页面。它是浙江省第一个民间宁波话教学网站。

9 月下旬　区科技创业大厦已顺利通过省科技厅评审，被认定为省级综合性科技企业孵化器，成为宁波市 3 家省级科技企业孵化器中的一家。

9 月下旬　在市抗震救灾工作大会上，区公安局分局巡特警大队等获得抗震救灾模范荣誉称号，区公安分局赴川抗震救灾队和区疾病预防控制中心获得先进集体荣誉称号。巡特警大队民警王宏亮等获得抗震救灾劳动模范荣誉称号；龙赛医院妇科临床医生陈红莉、区建筑工程质量监督站工程师盛双庆等获得先进个人荣誉称号。

9 月下旬　2008 年浙江省“优秀园林工程”评选结果揭晓，镇海区沿江大道三大目标化景观工程获金奖；庄市街道鑫隆花园园林景观、九龙湖旅游区进区道路景观绿化工程获铜奖。

10 月

7 日　“百名干部进基层、服务一线创业绩”第三阶段集中行动动员会召开。从 10 月 8 日开始到 12 月初，区部分机关干部将深入基层，帮助镇（街道）

和村搞好重点项目推进落实工作，进一步深化拓展“树形象，创新业绩”主题实践活动和“项目推进落实年”活动。

8 日　329 国道镇海段路面专项整治工程顺利通过由省、市公路局组织的竣工验收。

9 日　新华社刊发了《浙江镇海：“履约保证金”促进土地高效利用》一文，对镇海区在土地使用权出让合同中，增设工程开竣工“履约保证金”内容，走高效利用土地之路的创新做法，给予了充分肯定。

10 月上旬　宁波氧森饮品有限公司投产面市，标志着区有了矿泉水生产企业，打破了以前只有纯净水和天然水生产的格局。

12 日　区领导马卫光、王兆波率科技等相关部门负责人参加第十一届中国国际高交会。

13 日至 22 日　区委副书记、代区长陈召华率领区发改、外经贸、财政和经济开发区等部门对挪威、西班牙进行商务考察，旨在进一步推介镇海，推动在 2008 年浙洽会上相关签约项目的落户进度。

14 日　劳模李雅是日赴京，出席于 10 月 17 日至 21 日在北京召开的中国工会第十五次全国代表大会。

15 日　市重点工程北外环路镇海段工程竣工。

同日　九龙湖公交首末站开工。

16 日　镇海区从当日起取缔正三轮非法营运。10 月 20 日至 24 日上午开始残疾人代步车置换工作。

18 日　镇海龙鼓参加全国中华经典鼓舞邀请赛，获得中国群众文化协会颁发的中华经典鼓舞邀请赛金奖。

20 日　由中央电视台、《人民日报》、《光明日报》、《文汇报》、中央人民广播电台、新华社等 10 余家媒体组成的“第三次全国文物普查”实地采访团到镇海采风。

同日　区第十一届运动会在镇海中学体育场隆重开幕。31 日下午，区第十一届运动会落下帷幕，第十一届运动会从 3 月 15 日开始，历时 7 个多月，全区各镇、街道、系统、学校及驻镇海部分企业组成的共 49 个代表团 3262 名运动员参加。

21日　在北京举行的第25届全国物理竞赛决赛成绩公布，镇海中学史朵寒、杨起帆获得全国第一名和第八名的优异成绩，双双获得金奖，入选国家集训队，并均被保送到北京大学物理学院深造，开创了镇海区同时两位同学获得国家金奖并入选国家集训队的先河。11月29日，第25届全国中学生物理竞赛浙江赛区颁奖大会在镇海中学举行。

23日　为期4天的首届全国社区健身舞蹈会演落下帷幕，庄市兴庄路社区的《荷花球舞》一举夺得本次会演的2个奖项——中年组金奖和优秀组织奖。

24日　2008镇海第21届金秋花卉展正式开幕。

同日　市重点工程北外环路镇海工程经过一年多的通车试运行，通过由市级相关部门组织的竣工验收。

25日　镇海老年书画诗词协会举行成立二十周年庆祝会。财政部部长谢旭人为镇海老年书画诗词协会送来亲笔贺词——“惠风和畅”。

27日　第二届“经贸文化月”开幕式暨2008浙江省群星奖广场舞蹈比赛在明越车客渡广场举行。

同日　宁波天翼石化重型设备制造有限公司与中石化上海工程公司，在镇海举行65万吨/年环氧乙烯、乙二醇装置大型设备制造合同签约仪式。

10月下旬　宁波康兴电缆有限公司利用悬链式生产试制出275KV/2000mm^{2}通过测试，据悉，康兴公司此项技术为国内首创。

30日　阿克苏乙烯胺项目获得国家发改委核准批复。乙烯胺项目是阿克苏诺贝尔化学品（宁波）有限公司主要项目之一，计划年产3.5吨，占地9.23公顷，总投资15.075亿元，其中外汇3250万美元，预计2010年投产。

10月　镇海区创建成省示范文明城区，这是继2004年底创建成省文明城区之后，全区文明创建工作又迈上一个新台阶。

11月

7日　区委书记、宁波帮博物馆筹建办公室主任马卫光率宁波帮博物馆赴港代表团在香港举行“宁波帮博物馆建设情况通报会”。李达三、包玉书、马临、包从兴、包陪庆、严信才、金董建平等旅港浙江省爱乡楷模、宁波市荣誉市民和宁波旅港同乡会、香港甬港联谊会60余名嘉宾出席。

10日　为期4天的2008年中国食品博览会落下帷幕，宁波飞洪生态农业发展有限公司等5家参展企业拿到1500多万元订单。

11日　镇海中医院迁建工程通过竣工验收。

12日　由新华网、人民网、中国新闻网、央视国际、腾讯网、东方网、浙江在线等10家全国重点网站共同组成的采访团“连线浙江公安”大型活动走进镇海，围绕“金国民追逃法”展开专题采访。

13日　区召开“彩虹之路”——海内外新生代议辉煌·谋发展30年座谈会，来自海内外嘉宾围绕30年的发展历程，畅谈自身感受。

同日　镇海籍书画艺术家艺术传承基地成立仪式在镇海美术馆举行，知名书画家林仲兴参加并举办书画展览。

15日　由市科协和镇海中学共同承办的第14届全国青少年信息与奥林匹克联赛浙江赛区决赛在镇海中学圆满结束，来自全省的初高中参赛选手400余人参加决赛。自2001年浙江省正式加盟全国信息学联赛以来的7年中，镇海中学4次荣获“全国优秀参赛学校”称号。

16日　宁波市举办包玉刚90周年诞辰纪念活动，包玉刚长女、国务院港事顾问、浙江省爱乡楷模、宁波市荣誉市民包陪庆率包氏家族成员及亲属70余人到镇海，展开了寻根之旅。浙江省爱乡楷模、宁波市荣誉市民、香港宁波旅港同乡会永远名誉会长李达三陪行。

17日　从当日开始，镇海区每一辆省际和市际客运班车将更新安装GPS车辆卫星定位报警调度系统，为乘客的安全“保驾护航”。

18日　总投资2998万美元的宁波麦肯森太阳能有限公司正式落户镇海经济技术开发区。区领导马卫光、宋济青、王耀军、周晓芳出席奠基典礼。

19日　秋粮收购工作开始，中等质量标准晚粳谷订单收购价为112元/50千克，订单外收购价为97元/50千克，另对一年售5000千克的售粮大户予以2元/50千克的运费补贴。2008年镇海区晚稻种植面积为3.9万亩。

21日　市自行车运动训练基地在骆驼中学挂牌成立。

24日　宁波市第四届终身学习宣传周总结会表彰先进单位和个人，并对宁波市首批社区教育示范乡镇（街道）授牌。镇海区获市“第四届终身学习宣传周”活动优秀组织奖，镇海社区学院常务副院长徐明刚、九龙湖成人学校校长顾宏伦获得2008年度宁波成人教育先进工作者称号；庄市街道、澥浦镇被授予宁波市首批社区教育示范街道（镇）称号。

25日　由宁波天马有限责任公司和招宝山旅游风景区共同开发的宁波七里屿度假岛项目正式签约，一期投资5000万元。

28日　市公布2008年第一批高新技术企业名单。镇海区宁波龙欣精细化工有限公司、宁波德泰化学有限公司、宁波市海达塑料机械有限公司、宁波金海电子有限公司、宁波绅乐电子有限公司、宁波新容电器有限公司、百隆东方有限公司等13家企业榜上有名。

29日　在玉环县举行的省摄影艺术颁奖活动上，区摄影家李浙东获省首届德艺双馨摄影家称号。李浙东是宁波市唯一获此殊荣的摄影家。

11月下旬　在科技部下达的“2008—2009年国家有关科技计划项目的通知”中，镇海区8个科技项目名列其中，7个项目列入国家火炬计划，1个项目列入国家重点新产品计划。

11月下旬　镇海中学被省委宣传部命名为“浙江省文化建设示范点”。

12月

4日　余汶线、石澥线、庄俞线40个港湾式公交候车亭通过竣工验收。至2008年，累计完成公交候车亭建设120个。

5日　北区污水处理厂排海管工程通过验收。

该工程总投资3262万元，于2007年11月开工，2008年11月10日顺利完成通水。

同日　江山市参加宁波中鑫毛纺集团江山有限公司奠基暨一期项目开工典礼举行，区领导马卫光、陈召华、林瑶、王悦、张江华等参加。

6日　区委书记马卫光率区党政代表团赴常山县参加常山“镇海创业园”项目奠基仪式。

7 日　区心理咨询者工作协会成立并举行第一次会员代表大会。29 名持国家二级职业资格证书的心理师及 36 名热心心理保健事业人士加入协会。

8 日至 9 日　区工会第十二次代表大会召开。来自各条战线的 201 名代表和 20 名列席代表出席会议。胡文耀当选为区总工会主席。

10 日　成立区气象局（站）。翌年 1 月，气象服务中心启动。

12 日　宁波市法制教育基地在镇海区海防历史纪念馆揭牌。

15 日　区委书记马卫光接受意大利芒瑞夫传媒投资集团国际部主管罗伯特·巴尔蒂尼采访，就经济与环境如何实现双赢等问题回答了记者提问。

17 日　区隆重举行改革开放 30 周年庆祝大会。会上，由区政协文史委编辑出版的《镇海改革开放 30 年》举行了首发仪式。

同日　宁波化工区基础设施及乙烯下游系列项目举行开工典礼。

18 日　镇海污水处理厂配套管网滨海快速道污水管道土建工程顺利完成竣工验收，标志着世行贷款项目重点工程镇海污水处理厂及其配套管网工程建设全部完成。

同日　“金色的航程”庆祝改革开放 30 周年镇海歌会在海员俱乐部上演。

21 日　由光明日报社主办，宁波市委宣传部和镇海区委承办的 2008 中国国际新闻论坛年会在镇海开幕。

25 日　区委书记马卫光，区委常委、宣传部部长王宏德，副区长翁雪莲一行在台北市举行宁波帮博物馆建设台北乡贤垂询会。台北市宁波同乡会理事长毛葆庆等近 20 名在宁波帮人士出席了垂询会。

28 日　天一燃料有限公司大楼落成暨“天一 2”号轮首航庆典仪式举行。市人大常委会副主任崔秀玲，市政协副主席张明华，区领导陈召华、林瑶、王悦、宋济青等参加了庆典仪式。

31 日　镇海中医院大楼落成典礼举行。

同日　区举行仿宋“航济亭”工程开工暨“神舟”工程落成仪式。

同日　2009 年镇海新年音乐会举行。来自瑞典乌普萨拉皇家学院交响乐团到镇海演出，80 余名出色的乐手和镇海区观众共同度过一个难忘的音乐之夜。

12 月下旬　宁波中科绿色电力有限公司污泥焚烧项目投入试运行。该垃圾焚烧发电站占地71.04亩，总投资2.1亿元，日处理生活垃圾能力800吨，年发电能力1亿千瓦时。

2008年　区属生产总值180亿元，同比增长15%，财政一般预算收入39.05亿元，同比增长15%；全社会固定资产投资总额158亿元，同比增长18.8%，其中固定资产投资总额86亿元，同比下降5.5%。城镇登记失业率2.97%，城镇居民年人均可支配收入25400元，农民年人均纯收入11910元，同比分别增长13.9%、14%。

2008年　区水路运输能力突破58万载重吨，位居全市第一、全省第三。

2009年

1月

1日　按照《国务院关于实施成品油价格和税费改革的通知》和财政部等5部委文件精神，自2009年1月1日起，镇海区航管所不再征收航道养护费、水路运输管理费、水运客货运附加费。

同日起　镇海区实行排污权有偿使用，为宁波市首个试点县（市）区。2009年至2010年，区环保局根据区政府《宁波市镇海区污染物排放总量有偿使用管理办法（试行）的通知》及具体规定，对全区89家企业的排污总量进行核定和公示，其中51家企业领取排污许可证并缴纳有偿使用费，有偿使用排放化学需氧量670吨、二氧化硫998吨、酸洗和电镀废水58万吨。到2010年末，有偿使用费总计683万元。

同日起　镇海区城镇居民最低生活保障标准由人均350元/月，提高至400元/月。农村居民最低生活保障标准由人均245元/月，提高到300元/月。

2010年7月1日起，城镇居民低保标准提高至440元/月，农村居民低保标准提高至355元/月。

4日　数字镇海——社会治安视频监控系统开通。

5日至8日　政协区八届三次会议在庄市一串红大酒店召开。

区委书记马卫光到会讲话，区政协主席王悦，副主席周晓芳、张惠诚、胡文安、石勇和秘书长顾其龙出席会议，陈召华、林瑶、宋济青、张江华、徐方、王雅宁、陈瑜、王宏德、胡祖友、邓惠民、翁雪莲、王耀军、王兆波、柴鹏飞等区领导和在镇省、市政协委员应邀列席会议。大会应到委员174人，实到委员165人。会议听取并审议区政协主席王悦所作的常委会工作报告和区政协副主席张惠诚所作的常委会提案工作报告，选举王惠奋、郑志强、高国勇为区政协第八届委员会常务委员。会议收到委员以提案形式提交的意见建议172件，经审查立案124件。会议审议通过区政协八届三次会议决议。

6日至9日　区十三届人大三次会议召开。

会议听取和审议区人民政府工作报告，审议镇海区2008年国民经济和社会发展计划执行情况与2009年国民经济和社会发展计划、镇海区2008年财政预算执行情况和2009年财政预算，听取和审议区人大常委会工作报告、区人民法院工作报告、区人民检察院工作报告。会议批准上述报告并作出相应决议。会议收到代表10人以上联名提出议案8件，建议、批评、意见182件，同时决定将8件议案作为代表建议、批评和意见处理。会议选举陈召华为镇海区区长。

11日　镇海籍人士新春团拜会在北京举行。

新华社新闻中心原主任庄凯勋当选为新一任宁波经济建设促进会北京联谊会镇海分会会长，林殷才任联谊会名誉会长。

同日　在中央电视台录制的2009“第十一届大世界基尼斯颁证晚会”上，镇海区“十里红妆”再获殊荣，被上海大世界基尼斯总部授予2009年度大世界基尼斯最佳项目奖，并被上海大世界基尼斯总部评为数量最多的风俗打击乐器——“十里红妆社区婚俗活动”。

10日至14日　区贸粮局举办第七届迎新春名优“菜篮子”商品展销会。设120个展位，吸引包括中国台湾地区和马来西亚等16个地方的40多家企业（商户）参展，经销商品1000余种。吸引进场购物近10万人次，5天成交额400多万元。

18日　全区首家小额贷款公司——本盛小额贷款股份有限公司正式开业运营。

该公司是由镇海区11家民营企业联合发起设立的小额贷款公司。公司注册资本为 2 亿元，根据银监会和中国人民银行推出的试点政策，由镇海石化海达发展有限公司为主发起人成立。

30 日至 2 月 9 日　招宝山景区举行“祈福 2009”首届招宝旅游文化周，以“招财进宝”为主题，开展“以聚为招”“以理为招”“以善为招”“以散为招”四项活动，开幕当天游客超过万人。游客可在欣赏景区风景同时，观摩京剧、“跳财神”等民俗文化表演，参加“招财童子”选拔赛等。

1 月　庄市街道光明村荣获“全国创建文明村镇工作先进村镇”称号。镇海中学蝉联“全国文明单位”称号。镇海区被评为“全省养老服务社会化示范区”。镇海工商分局注册窗口被评为省工商系统“四星级文明规范窗口”。总浦桥社区荣获浙江省文化示范社区称号。

1 月　宁波首钢浙金钢材有限公司一期钢材剪切加工配送项目投产运行，这是物流枢纽港管委会成立以来引进的首个项目。厂区占地面积 3 万多平方米，仓储能力 3 万吨，配备有一纵两横 3 条剪切线，月产量可达 0.8 万吨，预计年产值 4 亿元。

1 月　位于骆驼街道腾峰双龙汽车销售服务有限公司开业，拥有 500 平方米展示中心和超 3000 平方米维修车间，为全市规模最大的双龙汽车专营店。

1 月　省卫生厅、省民政厅公布省级社区卫生服务示范区（先进区）复评考核结果，在 20 个获得“省级社区卫生服务示范区（先进区）”称号的县（市、区）中，镇海区名列第五。镇海区于 2005 年获“省社区卫生服务示范区”称号，此次复评受到省复评组“社区卫生服务工作有力度、有创新、成效显著、群众满意度高”的肯定。

1 月　镇海区气象局成立，实行局站合一，站址在骆驼街道南二西路 555 号。气象局在成立后的两年内，相继建成计算机网络、自动气象站、可视会商系统、卫星资料接收站、“96121”气象电话自动答询系统、有主持人的电视天气预报播出系统、卫星云图接收站、大气电场监测站、农业大棚小气候观测站、镇海气象网、气象信息显示屏等设备设施。同时建立决策服务短信平台，发布每日天气、一周天气及各类预警短信。

区气象站

2月

1日　宁波（镇海）大宗货物海铁联运物流枢纽港首个落户项目——宁波首钢浙金钢材有限公司举行开工奠基仪式。

同日　棉丰村拆迁安置房项目丰屿家园一期工程开工；宁波绕城高速连接线北外环东延一期工程开工；汶骆路拓宽改造工程开工。

4日　区委十二届九次全体会议召开。与会区委委员和候补委员对区2008年干部选拔任用工作和区委书记、组织部部长在干部工作履行职责情况进行民主评议。

6日　镇海港区5号泊位接卸从丹东港始发的“新华兴6”轮86标准箱，标志丹东至镇海内贸集装箱航线开通，港区内贸集装箱航线延伸至东北。

7日至9日　招宝山街道举办以生肖“牛”为主题的元宵灯会，在南大街、文化公园、招宝山景区、古塘公园望海楼两侧布置13组灯展，举行“乐在招宝山”民间文艺演出和“激情之夜”焰火晚会。

2009 年元宵灯会演出

10 日　镇海区成立全市首个法律援助法院联络点。

区司法局与区法院联合发文“设立镇海区法律援助法院联络点暨法律援助法院受理窗口”，并制定印发了《关于建立镇海区司法救助与法律援助快速通道的工作规定》，建立了“法律援助、司法救助、人民调解榜上相衔接”的三条快速通道。

2 月上旬　姚江东排镇海段整治工程三期完工。工程西起化子闸，东至澥浦大闸，全长 23.4 千米。

23 日　“生命之光”——镇海籍青年画家胡怡闻画展在区美术馆开展，为期 8 天，共展出油画、黑白线描作品 30 件。

胡怡闻祖籍镇海，8 岁时作品《我和马蒂斯都爱剪纸》获中法美术展一等奖，其创作的“生命之光”被余秋雨称为“不含杂质的生命艺术”。

26 日　区纪委召开十二届四次全体会议。

28 日　举行“暖春之旅 · 畅游镇海”活动，拉开镇海人游镇海的序幕。

2 月　区委办出台《镇海区农村改革发展三年规划》，提出农村改革发展目标：到 2011 年，农村经济体制更加健全，农业发展方式明显转变，农村基础设施更加完善，城乡基本公共服务均等化步伐加快，农村生态环境明显改善，农村劳动力就业更加充分，农村基层组织建设切实加强，农村文化进一步繁荣。

主要任务是推进现代都市农业、建设农村新社区、加强农村基础设施建设、发展农村社会事业、深化农村配套改革。

2月　镇海港区4号泊位载有16955吨煤的“天一”轮卸煤作业，创造10小时卸空新纪录。

2月　宁波边防检查站镇海分站连续3年荣获全国公安边防部队“基层建设标兵单位”称号。

2月　省卫生厅授予镇海区2006—2007年度“浙江省无偿献血先进县（市、区）”匾额，这是本区自2004—2005年度首次获无偿献血先进以来再次蝉联此荣誉。2006—2007年度，全区无偿献血4058人次，献血量135.8万毫升，自愿无偿献血率及临床用血自给率均保持在100%。

3月

3日　区委出台《关于开展深入学习实践科学发展观活动的实施意见》，决定从3月开始，用一年左右时间，以区管领导班子和党员领导干部为重点，开展深入学习实践科学发展观活动。

同日　召开镇海区第十四次妇女代表大会，170多名妇女代表出席大会。大会总结过去5年取得的主要成绩和不足，提出之后5年奋斗目标，选举产生第十四届妇女联合会执行委员会23名委员。

4日　召开第二批、第三批深入学习实践科学发展观活动动员大会。

7日　镇海区产业帮扶项目贵州省普安九龙水泥厂举行开工点火仪式。

11日　区委办、区政府办印发《关于镇海区领导干部定期接待群众来访的实施意见》，明确区委书记、区长每月安排一天接待群众来访，其他区级领导每周二、四轮流到信访局接访；各镇（街道）和区属部门主要负责人每月安排一天接访，其他领导干部随时接待群众来访。2009年，区领导共接访596批1326人次，解决各类信访问题560余件。其中区委书记接待群众34批48人次，信访问题全部办结。

区委书记马卫光接待来访群众

19 日　镇海区与舟山市定海区就两地“无障碍旅游工程”签订了旅游合作框架协议，这标志着两地“一小时旅游资源共享圈”建设有了实质性进展。

28 日　招宝山画院在招宝山风景区成立。

新修复的望海楼将成为招宝山画院艺术家创作、交流、展览的基地。

31 日　18 艘国际航行船舶停泊、离开镇海港区码头，创单日船舶出入最高纪录。

3 月　全区 65 家单位、6100 余名党员开展第二批深入学习实践科学发展观活动，九龙湖镇同步开展第三批学习实践活动试点。参加单位按照统一部署，组织实施并完成学习调研、分析检查、整改落实三个阶段的活动，结合实际开展自选活动，解决一批影响和制约发展的实际问题。全区举办报告讲座 200 余场、座谈 150 多次，收集群众意见建议 2000 多条，解决突出问题 252 个，兴办实事 400 余件。经测评，群众对学习实践活动满意的占 95.5%，比较满意的占 4.5%。8 月下旬，省委指导检查组对镇海区的学习实践活动给予“紧贴实际、成效明显”的评价。

3 月　市政府常务会议原则通过《宁波（镇海）大宗货物海铁联运物流枢纽港空间布局规划》。

3月　第19届中国华东进出口商品交易会，有17家企业参展的镇海交易团成交额（含意向）2350万美元，比上届减少15.2%。

3月　新城北区镇海首个商业综合体银亿海尚广场开工建设。该项目用地9.6万平方米，建筑面积27万平方米，由大型超市（欧尚）、商业步行街、酒店、商务办公楼、文化娱乐区块、住宅公寓等组成，总投资概算10亿元。

3月起　区环保局向公众发布本地大气特殊污染因子月报。

镇海区从2008年开始对大气特殊污染因子信息公报的可行性进行了调研，在国内尚无先例的情况下，根据本区域化工企业的特点确定了5种较为突出的特殊污染因子予以发布，分别为硫化氢、苯乙烯、苯、二甲苯、丙烯腈。发布采用月报的形式，即每月初发布上个月5种因子的平均监测值和达标率，同时提供国家和行业有关标准进行比较。有关信息在城区LED环境信息屏连续发布一星期。

3月　全区首家外来务工人员服务会所成立。

首家外来务工人员服务会所在蛟川街道俞范村成立。该会所由区外来务工办联合蛟川街道、人口计生、劳动保障、民政、卫生、教育、文化、司法、妇联等共同参与，是一个集管理、服务、教育、救助、娱乐于一体的服务会所，办公地点设在俞范村村民服务中心，办公面积达800多平方米，其功能可辐射周边石塘下村、棉丰村、陈家村及蛟川临俞工业区内的万余名外来务工人员。该会所的成立，将有效提升镇海区外来务工人员服务水平。

3月　镇海飞洪公司九龙湖基地获中国科协、财政部联合评选的“全国农村科普示范基地”荣誉称号。

4月

1日　宁波市液化石油气全部实行市场定价，延续了十几年“计划气”退出历史舞台。

同日　区47家一级预算单位实行国库集中支付。

9日　区委副书记、区长陈召华会见荷兰阿克苏诺贝尔公司董事罗伯·佛罗一行，就公司在宁波化工区建立生产基地、乙烯储罐建设等事项进行商讨。

11日　13时，澥浦镇沿山村沿山发生一起等级为“一般火灾”的森林火灾，持续2小时，过火面积0.5公顷，受害森林面积0.4公顷。灭火出动50余人，于当日15时扑灭。

2009年7月17日9时49分，澥浦镇余严村发生等级为“较大火灾”的森林火灾，持续7小时51分，过火面积2.8公顷，受害森林面积2公顷。灭火出动100余人，于当日17时40分扑灭。

4月中旬　500千伏北仑电厂至观城变线路工程，500千伏北河5401线、北姆5403线整合改造镇海区Ⅰ段前期配合工作完工，共立塔架线26基。2010年6月19日，500千伏北仑电厂至观城变线路工程通过验收，投入试运行。

20日　由镇海区主办的中国（宁波）商业机遇研讨会在宁波东港喜来登酒店举行。

本次研讨会旨在推介宁波和镇海区的投资环境，加强宁波与北欧交流，促进双方合作，为北欧投资者了解中国、了解宁波提供有价值的信息。挪威驻上海总领事诺姆，副区长王耀军出席论坛并致辞。出席论坛的还有挪威斯塔万格市政府高级顾问汉森，北欧工业园区管理有限公司主席兼首席执行官欧佛·罗德兰。

21日　北欧工业园孵化基地和研发中心（一期）举行开业典礼。挪威驻上海总领事诺姆、丹麦驻上海总领事海德兰等北欧客人出席典礼。

同日　宁波天盛海运有限公司载重97728吨的“天盛17”轮投入营运，为省内最大的民营散货船。该公司总运力达33.1万吨，成为省内第2家运力破30万吨的民营航运企业。

“天盛17”轮

28 日　镇海区庆祝“五一”国际劳动节暨先进表彰大会召开。

王宏亮等 10 名劳动模范，国税局办税服务大厅等 6 个模范集体，中平粉末等 24 家和谐企业受到表彰。

同日　镇海区首家五星级酒店——九龙湖开元度假村酒店落成。

镇海区首家白金五星级酒店九龙湖开元度假村酒店工程顺利通过竣工验收。该工程建筑面积 63435 平方米，总投资约 5 亿元，框架结构包括会议中心、客房、停车库、商业用房等 10 个区域。工程获得了专家组一致好评并顺利通过验收。

九龙湖开元度假村酒店示意图

同日　在北京人民大会堂举行的“庆祝五一国际劳动节暨保增长促发展劳动竞赛推进大会”上，镇海炼化被全国总工会授予 2009 年度全国“五一劳动奖状”。这是镇海炼化继 1997 年以来第二次获此殊荣。

29 日　举行区首届企业文化艺术节开幕式暨“雄镇大舞台走进百隆”活动。在为期 4 个月的艺术节里，开展文艺精品进企业展演、流动书屋进企业挂牌、优秀电影进企业汇映、企业之歌创作比赛和企业文化先进评选五大系列活动。8 月 31 日，艺术节闭幕式暨“企业之歌”演唱比赛在宁波中意液压马达有限公司举行。

同日　太平保险有限公司镇海支公司成立，不久更名为太平财产保险有限公司镇海支公司，主要开展车险业务。当年实现保费收入 1150 万元，其中车险保费收入 1099 万元。

4 月 30 日　镇海区与常山县“山海协作”项目——常山“镇海创业园”标准厂房动工。

4 月　区政府门户网站获工业和信息化部颁发的“2008 年度中国政府网站优秀奖”。

4 月　共青团省委书记周柳军一行到镇海区调研团省委“服务基层年”电视电话会议精神落实情况，参观镇海中学并听取校团委工作汇报。

4 月　区外经贸局组织实施 2008 年度外商投资企业联合年报。全区外资企业应报 531 家，参报 515 家，参报率 96.99%。参加年报外商投资企业总投资 34.53 亿美元，注册资本 17.16 亿美元，累计出资 16.22 亿美元，出资率 94.52%。其中外方累计出资 12.29 亿美元，出资率 93.18%。

4 月　镇海入选省唯一一条“世博主题体验之旅”。至 2010 年，长三角首个“世博主题体验之旅”示范点——后大街“世博之家”建成开放，并入选 20 个“最受欢迎的长三角世博主题体验之旅示范点”和 10 条“最受欢迎的世博主题体验之旅线路”。招宝山街道后大街社区于 2008 年获“海宝”落户和首个世博主题体验之旅示范点后，投入 1500 万元实施改造提升，2009 年至 2010 年，共吸引游客 5000 余人。

4 月　九龙湖游客服务中心启用。中心分为两层，一楼游客服务中心设游客休息室、医疗室、景区办公室，负责游客咨询投诉、团队接待、导游服务等。二楼为度假区管委会办公场所。项目总投资 260 万元，建筑面积 903 平方米。

4 月　工商银行镇海支行小企业金融服务中心揭牌。中心重点发展产品有市场、交易量大或贴近终端消费市场的小企业客户，年底新增小企业贷款 3.58 亿元。

4 月　启动老城区 4.8 平方千米数字城管一期建设，完成实施范围内主要道路、地段 20 个探头安装及数字城管指挥中心设施改造、装修。是年，数字城管上报案件 7623 起，立案 7304 起，结案数 7242 起。

4 月　宁波九龙紧固件制造有限公司主持制订的国际标准 ISO 725-2009《ISO

英寸螺纹——基本尺寸》颁布，实现本区企业主持国际标准制订“零”的突破。

4月　区出台《外来务工人员子女教育奖励补助资金管理办法》，将外来务工人员子女教育奖励补助经费列入区财政性教育经费预算。补助资金用于改善民办外来务工人员子女学校办学条件、提升教学水平、困难学生补助及中等职业教育助学金等。

4月　区举办首届企业文化艺术节：“雄镇大舞台”精品节目进企业专场演出8场；扶持7家企业建立流动书屋，免费配送图书3500册，免费为职工放映优秀影片60场；组织举办“企业之歌”制作评选和合唱比赛，评选出文化建设示范企业10家、优秀企业文艺团队10支。

九龙湖游客服务中心

2009年4月，首届企业文化艺术节开幕式

4月起　全区开展甲型H1N1流感防控工作：4月底至7月下旬，共随访入境人员253人；制订实施浙洽会暨消博会防控方案，在中考、高考期间开展防控工作，其间未发现疑似和确诊病例。8月下旬至12月底，开展以学校、养老院为重点、注重病人发现和救治的“医院—学校—社区—家庭”防控体系构筑。至年末，全区报告甲型H1N1流感确诊病例46例，首例发现并确诊病例为7月5日庄市诗龄幼儿园学生，为输入性病例。

4月至9月　骆费公路3224米路面改造竣工，工程总投资1627万元。同期，起于庄市千岁桥、终点与舟山连岛工程宁波连接线相邻的庄俞公路路面改造竣工，工程总投资1797万元。两条道路均按二级公路标准改造，设计行车时速60千米。

5月

4日　海军装备部原部长、少将郑明带队的在京将军题词专题顾问组一行到镇海，与镇海区就做好在京将军为镇海口海防历史纪念馆题词的后续工作进行交流。

同日　全省首家互动式社区健康教育馆——后大街社区“相约健康吧”正式对社区居民开放。

该馆总投入18万元，占地100平方米，包括健康交流场所、健康教育课堂、健康教育展馆和医生义务诊堂。

5日　区出租车运价根据市有关规定全面上调，包括起步价、车千米价、等候费、空驶费、夜间行车补贴费等。起步价由现行3千米8元调整为3.5千米10元，同时取消每车次1元的燃油附加费；车千米价由1.80元调整为2元；等候费5分钟内不收费，超过5分钟等候费为每30秒钟0.20元；超过10千米可计收空驶费，由每车千米0.54元调整为0.80元；夜间23时至次日5时行车补贴费由每车千米0.20元调整为0.40元。

同日　骆驼街道团桥村民林萍将48%肝脏无偿捐献给生命垂危的同村8岁女孩。9月20日，林萍参加第二届全国道德模范评选表彰颁奖典礼。9月25日，林萍当选首届省道德模范。11 月，林萍入选中华十大慈孝人物。

15 日　市民主法治示范村检查组到镇海区检查工作。

镇海区民主法治村（社区）星级创建始于 2005 年，截至当日，全区 83 个村（社区）达标率 100%，其中，五星级 3 个，四星级 25 个，名列宁波市前茅。

25 日至 26 日　第二届生物芯片应用大会在镇海区举行。

来自国家农业、食品等领域的 30 多名专家齐聚宁波大学科技园创 e 慧谷，就国内外生物芯片最新研究应用动态和发展方向，如何提高国内生物芯片成果应用转化率等进行探讨交流。农业部中国动物卫生与流行病学中心副主任王树双等专家出席大会。

29 日　第九届中国广播剧评比活动在镇海区举行。

镇海电台的《青春轨道》等 24 部广播剧进入金奖行列。

同日　镇海区土地整理、复耕、开发项目通过国土资源部审核并备案

镇海区报送的土地整理、复耕、开发项目于 2009 年 6 月 4 日通过国土资源部审核并备案，涉及土地面积 4030 亩，其中涉及土地整理项目 15 个，合计土地面积 3950 多亩；涉及土地复垦项目 4 个，合计土地面积近 80 亩。这为镇海区下一步经济社会发展提供了“补充耕地”保障。

5 月　区建交局出台《关于进一步加强建设工程安全生产管理工作的通知》，对新建项目使用毛竹脚手架做出限制规定。2009 年年末，全区建筑工地质监项目全面禁止使用毛竹脚手架。

5 月　炼澥公路改造完工，工程总投资 1364 万元。该工程始于 2008 年 10 月，北起汇源桥，南至贵郑线，长 0.46 千米。

5 月　全球甲型 H1N1 流感暴发后，区应急办采取一系列应对措施：制订防控方案，启动疫情监测，对病例发现、报告、诊断、隔离、治疗等作出应急处置流程规定；建立联防联控和预警机制，监控从疫情高发国家（地区）归国人员，严把入境关；部署交通入口、宾馆饭店、社区、学校、幼儿园及公共场所防控工作；加强医疗机构和药店对流感疑似人的甄别，发现病症及时上报；采购、储备口罩、防护服、消毒药品等防护用品，在关键区域配置救护车；开展防控甲型 H1NI 流感宣传教育，普及预防、识别有关知识。

5 月　镇电公司油改气工程通过省发改委竣工验收。油改气工程总投资 21.33 亿元，于 2005 年 3 月 23 日动工兴建。2007 年 6 月 9 日、7 月 28 日，11、

12号机组分别完成168小时满负荷试运，转入商业运行。

5月　宁波开元华城置业有限公司投资的九龙湖开元华城度假村开业，为区规模最大的度假酒店。度假村以开元大酒店为主体，按照白金五星级酒店标准建造，总建筑面积6万平方米，拥有客房353套、可接待1200人的国际会议中心1个、中小型会议室6个、1000多个餐位的大小餐厅和20多个康体娱乐设施。

5月　郑氏十七房修缮工程竣工。工程总投资1.4亿元，于2008年12月30日动工，修缮建筑面积1.5万平方米。十七房景区形成鼎丰房、兴房、后堂楼、典当房、立房、粮铺等景点。

5月　用地3.73万平方米、建筑面积8.11万平方米的锦绣曙光一期安置房项目开工。2009年12月，用地4万平方米，建筑面积10.65万平方米的骆驼B2-1地块安置房项目开工；用地面积1.29万平方米、建筑面积2.80万平方米的汤家池安置小区开工。

5月　位于庄市街道长安马自达4S店开业，占地1万平方米，展厅、车间合计建筑面积3300平方米。

5月　龙赛医院开设市内首家县（区）级医疗机构PICC（经外周插入的中心静脉导管）护理门诊。由取得PICC资格证书并具有临床护理经验的静脉输液专科护士坐诊，为无条件长期住院的慢性病患者进行病房之外的连续性护理和专业指导。PICC护理可防止药物对血管的刺激，减少静脉炎的发生，减轻患者疼痛，提高患者的生活质量。

6月

8日　镇海区24个项目在第十一届浙江投资贸易洽谈会分团签约仪式上签约。

9日　宁波（镇海）大宗生产资料交易中心揭牌暨奠基仪式举行。

同日　举行镇海大学生创业园授牌暨项目签约仪式，共有14个入驻项目签约。

同日　第十一届浙洽会宁波市重大外商投资项目签约仪式在南苑饭店举行。

镇海区的大安化学增资项目参加签约。该项目总投资约 1 亿美元，年产二醋酸纤维素 3 万吨。

10 日　镇海新城核心区地下公建设施动工。

同日　镇海新城规划展示中心举行落成开馆仪式。

11 日　区政府实事工程之一古海塘文化休闲提升工程正式开工。

同日　招宝山书画院落成。招宝山书画院落成典礼暨《威远雄风》画集首发仪式在望海楼举行，省美术协会副主席张浩、上海华东师大美术系教授、博士生导师周斌、市美术家协会主席何业琦等应邀出席。

15 日　举行区科学技术协会第九次代表大会。

区科协聘请陈明德、翁史烈、倪维斗、杨雄里、倪光南、吴聚芳等 6 名镇海籍院士专家为区科协第九届名誉主席。

同日　全国政协常委、民建中央原副主席陈明德应邀出席镇海区区域人才合作发展论坛，作了题为《我国经济形势及展望》的专题讲座。

23 日　区委、区政府出台《镇海区关于进一步加强拓市场促调整保增长工作的实施意见》，在鼓励企业开拓市场、推进制造企业二、三产分离发展、加强企业融资支持、加大招商引资力度、加大企业科技创新等五个方面政策扶持力度，明确奖励措施。要求着力推进工业经济增长点培育，推进在建项目建设，加快服务业发展。

24 日　镇海炼化 5 家改制分流企业党组织和群团组织移交镇海区实行属地管理。

同日　国家安监总局宣教中心主任金磊夫率领的“安全生产万里行”采访团到镇海采访危险化学品安全生产工作。

28 日　庄市街道摩士集团区域服务中心落成。

该中心是镇海区非公有制企业中建成的第一家面向区域开放的服务中心，共投入 400 万元装修改造，整个中心建筑面积 2100 平方米，设有党员服务中心和文体活动中心。

30 日　推出镇海廉政文化旅游专线。

镇海区推出以招宝山文化为核心，以立志气、争骨气、怀清气、戒娇气、添勇气、求和气、凝浩气、祛邪气、扬豪气、养大气“修身十气”为主题的“海天清风、修身之旅”特色廉政文化旅游专线。整条游线包括镇海中学、镇海口海防历史纪念馆、集珍湖莲池、威远古城、招宝文化苑、千年古塘、招宝碑廊、古塘公园、七里屿海景等景点。

6 月　区侨办、侨联和招宝山街道联合开展侨界人士同庆中华人民共和国成立 60 周年系列活动：“同庆祖国华诞、共游家乡新貌”活动邀请 30 多名镇海籍海外侨胞到家乡观光参观，以中华人民共和国成立 60 周年为主题的“招宝杯”赛诗会、书画比赛吸引 80 多人参加，组织 50 多名侨界群众参观舟山连岛工程。活动持续到年底。

6 月　宁波国际会展中心举行中国（宁波）节能环保技术与产品博览会，镇海区 33 家企业参展，总展位 72 个。其中，镇海炼化和德贝里克电器以特装展位亮相。参展企业分节能环保设备制造商、重点用能企业和新能源应用企业几种类型，展示自制节能环保产品性能、自身节能环保技术应用成果。参展企业还参加中国节能挑战、经济转型与减排高层论坛。

6 月　省政府新闻办开展第十一届浙洽会、第八届消博会的前期宣传，《人民日报》、中新社、《文汇报》、《大公报》、《香港商报》和《浙江日报》、浙江电视台、浙江电台等 30 多家境内外媒体联合到宁波化工区采访，扩大了化工区知名度和影响力。

6 月　区政府与浙江物产集团公司签订关于宁波大宗货物海铁联运物流枢纽港战略合作框架协议，协议双方达成合力推进钢材交易中心、物流服务中心、港口配煤基地等合作意向。

6 月　联合发电公司启动燃油改气工程，制定工作目标和规划，委托编制完成可行性研究报告。2009 年 12 月，与美国通用电气能源公司签订油改气主设备订货合同。2010 年，项目前期工作获省发改委同意，《工程环境影响报告表》完成审批手续。

6 月　煤炭交易市场与镇海新闻网合作，开通宁波煤炭网，提供华东地区煤炭市场供求信息，成为省内有一定知名度的煤炭专业网站。2009 年，进场企业 67 家，实现销售额 83.7 亿元，同比增长 58.9%。

6 月　第十一届浙洽会镇海区签约外资项目 18 个，协议利用外资 6873 万美元，总投资2.06亿美元。

6月 根据《浙江省村经济合作社证明书管理办法》关于具备《浙江省村经济合作社组织条例》规定条件的村经济合作社必须申领浙江省村经济合作社证明书的精神，区布置申领工作。是年，区政府向提出申领的62个村经济合作社核准颁发村经济合作社证明书。

6月 全区开展以“关爱生命、安全发展”为主题的“安全生产月”活动：在企业开展“职工找事故隐患，我为安全献一计”活动，在村、社区开展“送安全知识到万家”活动，在校园开展“小手拉大手”“我把安全带回家”等活动。

6月 龙赛中学搬迁。新校址为原万里国际学校，占地16万余平方米，建筑面积9万余平方米，标准教室（实验室）近100间。新校区规划60个教学班分步实施。2009年，秋季招收的20班高一新生在新校区上学，高二、高三学生仍在原校区上学。

6月 区政府出台《关于全面推进居家养老服务工作的意见》，提出以孤老或病残、经济困难、子女不在本辖区居住的困难老人和高龄独居老人为主要服务对象，对特殊困难老人由政府提供无偿或低偿服务，高龄独居老人由政府提供补贴或优惠服务。服务内容以家政服务、生活照料为主，提供老年食堂、日托服务等为辅。该意见要求利用现有的服务资源和设施为全区老年人提供各种无偿、低偿或有偿的服务，鼓励和倡导有经济支付能力的老年人实施自费居家养老服务。

6月 全区开展宁波市城乡星级社区卫生服务站创建活动。社区卫生服务站通过提高设施设备和医务人员素质、发挥责任医师团队作用、健全绩效考核和“费随事走”的分配机制，提升医疗服务水平。全区首批创建成星级社区卫生服务站25家，其中三星级17家、四星级6家、五星级2家，创建成功率100%。

6月至9月 区卫生局对全区存在涉粉尘、有机溶剂和铅等危害因素、易产生职业病的224家企业进行监督检查，督促企业落实职业健康监护、职业病诊治、职业禁忌人员调离、新建项目职业病危害控制等工作，完成职业健康检查3211人，签订职业健康检查协议企业73家，被查企业疑似职业病诊治率、职业禁忌人员调离率均达100%。对问题较严重的41家企业提出卫生监督意见，责令限期整改。

7 月

5 日　镇海区发现首例输入性甲型 H1N1 流感确诊病例，为全市确诊第 5 例。15 日，该患者治愈出院。

7 日至 8 日　4 时，公安部门集中 423 名警力，重点打击盗窃和诈骗等刑事犯罪和整治治安复杂区域。

行动期间共查处治安案件 4 起，抓获“两抢”犯罪嫌疑人 16 名，破获刑事案件 11 起，摧毁犯罪团伙 1 个。

9 日　罗仕明、金海君、张学如等 10 名种粮大户因 2008 年履行订单合同情况良好，被评为“守合同重信用”订单粮食户。

13 日至 14 日　通过省级“四害”灭杀先进城区复查。

16 日　宁波化工区园区总工会成立暨工会第一次会员代表大会召开。

20 日　庄市街道行政服务中心挂牌服务。至此，全区镇、街道都建立了行政服务中心。

7 月 22 日　镇海中学学生史寒朵在第 40 届国际物理奥林匹克竞赛中以总分及实验第一名的成绩摘取金牌，并获最佳女生奖，这是镇海中学学生自 2006 年以来第三次获得国际中学生学科奥林匹克竞赛金牌。诺贝尔物理学奖获得者、美国普林斯顿大学 Taylor 教授为史寒朵颁发单项奖。

史寒朵（中）在第 40 届国际物理奥林匹克竞赛中夺金

23 日　区委十二届十次全体（扩大）会议召开。会议贯彻落实科学发展观，按照区委十二届八次全会和区委工作会议精神，总结上半年工作，部署下半年工作，动员全区上下统一思想，奋发进取，狠抓落实，完成全年各项目标任务，为科学发展先行城区和更高水平小康社会建设打下基础。

25日　夏粮收购工作开始，早稻订单收购价为98元/50千克，价外补贴为14元/50千克。

同日　警方破获一起特大贩毒案。缴获冰毒150克、麻古片500粒、毒资7.45万元，抓获贩毒嫌疑人2名。

同日　区看守所作为全国首批10个试点看守所，按照“人性化管理、规范化建设”要求向社会开放。至年底，先后有16批次394人次参观看守所，其中省、市、区三级新闻媒体10多家30余人次。

28日　区十三届人大常委会举行第16次会议。会议经过投票表决，决定任命陈凌彬为区人民政府副区长。

29日　区政府召开2009年第一次全体（扩大）会议。

7月　姚江东排镇海段北支线最后标段化子闸至马家桥段治理工程完工。工程于2005年动工，共完成河道治理长度6.2千米，河道宽度由20米拓宽至40—60米，两岸绿化景观配套，累计完成投资约1.8亿元。

7月　天衡制药有限公司研发的盐酸吉西他滨原料药获市政府科技进步三等奖，并被列为国家火炬计划项目。盐酸吉西他滨是人工合成新型二氟核苷类抗代谢抗肿瘤药，经检验达到国家药品监督管理局药品标准，具有同类进口药物同质效用。

7月　市委副书记、市长毛光烈一行到镇海港埠公司考察。在听取公司关于港区生产与建设工作汇报后，毛光烈对宁波港和镇海区开展大宗货物海铁联运物流枢纽港建设表示肯定，要求抓紧推进煤炭码头搬迁改造，加快大宗商品交易市场培育，推进港口和铁路优化整合，打响大宗货物海铁联运枢纽港品牌，适时启动液化品保税物流中心申报。

8月

5日　王宽诚家属向宁波帮博物馆捐赠史料、史物仪式举行。

7日　由镇海新闻网和镇海煤炭交易市场联合主办的宁波煤炭网开通，为宁波市首家煤炭信息网站。

8 日　教育部副部长郝平一行到镇海中学考察，对镇海中学教育品牌发挥的龙头作用表示肯定，提出“积极实施素质教育，切实提高学生的思想道德素质、科学文化素质和社会适应能力”的要求。

12 日　镇海港区铁路装车线 4 号泊位投入试运行，结束了港区煤炭专列分批装车的历史。煤炭装车线设备共 4 条轨道，其中 2 条为装车线，2 条为存车线，一次可存放车 86 节。设计装车 3 分钟/节，装车效率大幅提升。

13 日　安诚财险镇海支公司开业，主要发展银行抵押财产基本险、货运险、意外险、责任险等业务。保费收入从 2009 年的 545.83 万元增长到 2010 年的 768.70 万元。

16 日　镇海区首个 26 万平方米城市综合体项目——海尚国际，在原物资局地块正式启动，举行开工仪式。

17 日　总投资 200 万元的后大街垃圾中转站投入试运行。

18 日　市“81890”求助服务中心镇海分中心成立，区“21890”市民服务中心与之并轨。

19 日　《镇海区老城次分区临江片区控制性详细规划》通过会审。

24 日　“洒满阳光的土地”——镇海区林萍爱心基金成立大型文艺演出在宁波港海员文化中心举行。通过情景剧、诗歌朗诵、歌舞曲艺等艺术形式，再现捐肝救女童的爱心故事，激励群众接力爱心。当天演出还特别邀请中央电视台主持人张泉灵对林萍、徐洁、林萍丈夫和同事进行现场采访。现场共募得善款 58600 元。

同日　宁波天盛海运有限公司 9.8 万吨“天盛 15”轮靠泊乌克兰尤日内港，为宁波民营航运企业参与的首条国际远洋航线。

25 日　美籍华人、世界著名数学家林芳华到澥浦镇十七房寻根。

27 日　区委出台《关于进一步加强和改进人大工作的若干意见》，提出进一步加强和改进党对人大工作的领导、坚持和完善人民代表大会制度的四项内容。

8 月　区党外知识分子联谊会成立。59 名会员由区各界中高级党外知识分子为主组成。首届联谊会制定《镇海区党外知识分子联谊会章程》，选举产生理事 18 人。

8 月　在全省艾滋病防治工作经验交流会暨第二轮艾滋病综合防治示范区启动会上，镇海区被授予省艾滋病综合防治优秀示范区称号，成为全省获奖的 4 家单位之一。经省卫生厅推荐，镇海区参加卫生部组织的第二轮全国艾滋病综合防治示范区创建。

9 月

1 日　龙赛中学新校区开学。新校区位于庄市街道，占地 241 亩，建筑面积 9 万余平方米，标准教室和实验室共 147 个。

同日　启绪小学投入使用。启绪小学位于镇海新城，与骆驼中心小学一体化办学，属于骆驼中心小学的启绪校区。

3 日　镇海区建立网络发言人制度。37 个政府部门网络发言人进驻镇海新闻网。政府发言人在镇海新闻网“民声快递”平台发布政府及其部门的信息，解答群众提出的问题，成为政府联结群众的桥梁。是年，新闻网开展 4 场“领导与网民对话”活动，区委书记、区长等领导参与。“民生快递”受理群众咨询、求助、投诉件 1200 件，办结率 98%以上。

同日　宁波帮博物馆通过竣工验收。该项目于 2008 年 3 月 7 日开工，建筑面积 24718 平方米，投资金额 2.8 亿元。

7 日至 8 日　单重 1150 吨的 2 台“环氧乙烷反应器”在五里牌大件码头上岸，经公路运输至镇海炼化分公司。2 台大乙烯设备装卸运输创宁波市公路运输单件重量之最。

15 日　为期 5 天的 2009 年镇海人才科技周活动正式拉开帷幕。活动以牵手镇海、创新创业为主题，以海外人才及项目引进、高科技创新创业创意成果转化和高等教育服务经济社会发展为重点，通过深化政府与高校、大工程单位、镇海籍高层次人才的“3+1”区域人才科技合作开发机制，推动企业与科研院所之间的人才智力、科技成果共享。活动主会场设在宁波市大学科技园科创大厦。

18 日 区政府与浙江大学、上海交通大学、哈尔滨工业大学、香港理工大学、湖南大学、上海大学、浙江工业大学、宁波大学、宁波工程学院、浙江纺织服装学院 10 所高等院校签订战略合作框架协议，和中科院沈阳自动化研究所、中科院长春应用化学研究所、中科院兰州化学物理研究所、中科院宁波材料技术与工程研究所、中国工程物理研究院、中国北方车辆研究所、中国兵器科学研究院宁波分院、中国船舶重工集团公司第七研究所、湖北省机电研究设计院、中科院计算技术研究所宁波分部 10 所科研院所开展战略合作。初步建立"一府十校十所"科技合作平台。

"一府十校十所"多边科技与人才战略合作恳谈会

19 日 太保产险镇海支公司 3G 车险移动视频查勘试运行。查勘人员利用 3G 移动定损工具，实现事故现场查勘过程与后台监控中心实时数据传输，有效解决定损与核损价格差异，提高理赔效率。

20 日 郑氏十七房景区开游。全国政协常委、中国作家协会名誉副主席王蒙敲响开游大锣。全国最大明清民居建筑群之一、保存完好并经保护性开发建设的郑氏十七房景区，正式开门迎客。

21 日 "九月情怀"镇海区庆祝中华人民共和国成立 60 周年暨镇海广播电视台成立 15 周年大型文艺演出在海员文化中心举行。中国广播电视协会副会长张振华、省市文化广电新闻出版系统领导应邀出席。演出回顾了镇海广播电视台 15 年的奋进历程，董文华、阿桂、高原红等国内知名歌手与镇海广播电视台主持人、记者同台献歌。

同日 全省首个客运渡轮电子扫描检票系统在镇海客运中心启用。

22 日 宁波帮博物馆建成开馆。

投入3亿元建设的宁波帮博物馆

23日　区委副书记、区长陈召华会见挪威王国驻上海总领事馆商务领事何艾琳女士和Styrbjorn公司总裁、北欧工业园区投资者脱·耶德博就建设北欧工业园区、引进高水平研发机构及扩大合作领域等进行商谈。

24日　区委、区政府出台《关于进一步加强旅游工作的若干意见》，提出全区旅游业发展的定位和目标：利用“双桥”建成通车，按照“四个重点区块、一条乡村旅游线”的总体发展布局，深度开发九龙湖区块、招宝山泛景区（含镇海老城）区块、新城区块、十七房区块和横溪村、光明村区块的住宿、餐饮、购物、娱乐、会议等旅游服务设施，将镇海建设成为宁波重要的旅游目的地、旅游集散中心和服务接待基地。预计至2012年，全区年游客量达到500万人次，景区门票收入突破3000万元，旅游直接收入达5亿元以上。

26日　镇海儿童乐园一期项目建成投用。

29日　2009镇海第二十二届金秋花卉展暨第三届金秋旅游节开幕。

9月　骆费公路3224米路面改造竣工，工程总投资1627万元。同时期，起于庄市千岁桥，终点与舟山连岛工程宁波连接线相邻的庄俞公路路面改造竣工，总投资1797万元。两条路均按二级公路标准改造，设计行车时速60千米。

9月　总投资6878万元110千伏田野变电站竣工，新增主变容量10万千伏安，新建 110 千伏地埋电缆线路 1.55 千米。

9 月　区残联与社区学院合作，利用西南科技大学网络教育资源，举办残疾人网络大专班。高中以上、40 周岁以下残疾人，测试合格者可参加学制两年半的行政管理专业学习。35 名残疾人参加测试后全部录取，区残联对就读残疾人学习费用实行全额补助。

9 月　九龙湖旅游度假区联合未来作家广告公司举办“九龙湖杯”首届宁波高校街舞邀请赛在游客服务中心广场举行。来自宁波各大院校 80 余名选手参加预选赛和决赛，比赛中穿插游戏和歌唱节目。活动当日景区接待游客 1000 余人。

9 月　2009 中国（镇海）传统节庆文化论坛在郑氏十七房景区举行。中国作协名誉副主席王蒙出席论坛并主题发言，人文学家李汉秋等百余名专家、学者围绕中华传统节庆文化的传承与发展进行研讨。会议发表《2009 中国（镇海）传统节庆文化论坛·镇海宣言》，郑氏十七房景区成为中华文化促进会首个“中华传统节庆文化传承基地”。

9 月　区出台《关于进一步完善居家养老服务工作的补充通知》，将政府购买服务对象年龄由 70 周岁放宽到 65 周岁，政府优惠服务对象的年龄由 80 周岁放宽到 78 周岁。将 75 周岁以上持有残疾证三级以上人员、“三老”人员及劳动模范纳入政府优惠服务范围。

9 月　市政府发文批准《镇海老城次分区顺隆地段（ZH02-06）控制性详细规划》。隶属于招宝山街道的顺隆社区地段，规划范围北至中大河、东到苗圃路、西到聪园路、南至甬江，面积 38.4 公顷。定位为商业商务、生活居住为主的城市复合功能区和滨江特色功能区。至 2020 年，规划城市建设用地 35.42 公顷、人口 9000 人。

9 月　宁波市“清风和韵”廉政曲艺比赛在宁波港海员文化中心举行，全市 62 个曲艺节目参赛。镇海代表队选送的小品《都是纽扣惹的祸》、蛟川走书《大爱无边》、相声《点炮》分获一、二、三等奖。

9 月　在亚洲赛艇锦标赛中，镇海籍运动员朱自强代表中国队参加四人艇、八人艇赛，均获金牌，创区籍运动员历史最佳成绩。省体育局来信祝贺。同年 10 月，在十一届全运会上，朱自强为浙江省夺得 1 枚金牌、1 枚铜牌。

10 月 20 日，朱自强与队友合作获全运会男子 2000 米八人单桨有舵手项目金牌

10 月

1 日前后　镇海电台、电视台、新闻网络中心开展中华人民共和国成立 60 周年系列宣传报道：镇海电台完成“浙江之声庆祝中华人民共和国成立 60 周年 60 市县 60 小时大型直播活动”，区委书记及有关部门负责人走进浙江之声直播室与听众互动交流，介绍 60 年来镇海经济社会发展成就。镇海电视台在《镇海新闻》中推出“中华人民共和国 60 年”“镇海英烈”“记忆 60 年”等栏目，并在《周末连线》开设“记忆 60 周年”栏目，用百姓生活中的细节和自身感悟讲述 60 年来变迁；《民生快递》推出“局长访谈录”，邀请职能部门负责人畅谈各领域 60 年来的发展变化。镇海新闻网络中心举办庆祝中华人民共和国成立 60 周年“新城杯”头条新闻大赛和“共和国记忆”有奖征文。

1 日至 8 日　举办郑氏十七房中秋嘉年华系列活动，其间举行首届中秋传统祭月、第 21 届世界超级模特环球大赛浙江赛区总决赛。

9 日　根据《中共中央关于加强人民政协工作的意见》和省委、市委相关文件，区委出台《关于加强和完善人民政协政治协商的意见》，提出五项意见：

坚持人民政协政治协商的基本原则，明确人民政协政治协商的主要内容，完善人民政协政治协商的主要形式，规范人民政协政治协商的主要程序，加强和改善党对人民政协政治协商的组织领导。

同日　区文联李浙东创作的彩色摄影作品《晨间协奏曲》在浙江省“群星奖”美术、书法、摄影主题创作展评选中荣获金奖。

摄影作品《晨间协奏曲》

10 日　区委召开庆祝人民政协成立 60 周年大会暨全区政协工作会议，区委书记马卫光作题为《凝心聚力　推进政协工作再上新台阶》的讲话，对充分发挥政协作用、为政协工作创造良好条件、把全区政协工作推向更高水平提出要求。

同日　凌晨，国家二级保护动物江豚误入澥浦镇村民笼网，被村民送至汇源市场暂养，并上报区农业局。该江豚体长 128 厘米，体重 35 千克，年龄在两岁左右，经市水生野生动物救护中心简单处理、建档和健康鉴定后，于当日 11 时在灰鳖洋放生。

江豚放生

19日　招宝山街道荣获“全国和谐社区建设示范街道”称号。

20日　九龙湖镇11个村开展财务信息电视公开试点。2010年1月起，全区各村财务信息实行电视公开。其中，财务收支表每季度首月18日公开，涉及土地征用补偿及分配、村内“一事一议”、筹资筹劳等关系农民切身利益的事项及时公开。

2009年10月21日，开笔礼200名学生诵读三字经

21日　宁波帮文化旅游区开游。当天，举行宁波帮文化旅游区开游典礼、宁波帮博物馆开馆庆典和“江南第一学堂”开笔礼三项活动。文化旅游区地处侨乡庄市

街道，由叶氏中兴学校、包玉刚故居、邵逸夫旧居和宁波帮博物馆、宁波帮文化公园、江南渔家乐园、明星湾生态农庄等景点组成。

同日　叶氏中兴学校对外开放。叶氏中兴学校地处庄市叶家，落成于清光绪二十九年（1903），前身为叶氏义庄。经投资 1100 万元修缮扩建，成为占地面积 2500 平方米的景点，主体由叶氏中兴学校和中心广场组成。景点设 12 个展厅，分叶公兴学、百年中兴、商帮摇篮、情系教育 4 个部分，以文字图片、史料文物再现叶氏中兴学校百年历史。

叶氏中兴学校

22 日　宁波帮博物馆正式开馆。馆内分序厅、筚路蓝缕、建功立业、赤子情怀、群星璀璨、薪火永传 6 个章节，除图片、文字介绍外，陈列海内外征集的史料、实物 1000 余件。翌年 10 月，增设宁波帮人士“荣誉墙”，117 名宁波帮人士“上墙”。宁波帮博物馆于 2007 年 6 月动工兴建，总投资 2.8 亿元，占地 4.7 万平方米，建筑面积 24000 平方米。

28 日　物流枢纽港管委会签订联动多方合作协议：与宁波港股份有限公司签署开发建设框架协议；与宁波工程学院签署物流信息化课题研究和物流专业人才培养合作协议；与深圳发展银行宁波分行签署企业供应链融资服务合作协议。

29 日　镇海籍院士贝时璋逝世。

10 月　由镇海炼化和美国利安德巴赛尔公司香港子公司利安德亚洲控股有限公司共同投资组建的中外合资企业“宁波镇海炼化利安德化工销售有限公司”领取营业执照，公司注册资本 400 万美元，镇海炼化与利安德公司各出资 50%。利安德公司建有 28.5 万吨/年环氧丙烷和 62 万吨/年苯乙烯装置，是镇海炼化 100 万吨/年乙烯工程的重要项目，建成投产后，可实现年销售收入超过 100 亿元。

10 月　位于新城南区的金色商业广场开工建设。该项目总用地 3.13 万平方米，建筑面积约 7.4 万平方米，由酒店、商业区块、服务式公寓组成。

10 月　庄市街道、九龙湖镇社区卫生服务中心通过专家组验收，获省级规范化社区卫生服务中心称号。至此，全区省级规范化社区卫生服务中心 4 家，规范化率 67%。

10 月　区炼化医院在“医疗质量万里行——骨质疏松症专题活动”启动仪式上，被卫生部医政司和中国医师协会授予“骨质疏松症诊疗技术协作基地”称号，成为全国首批 68 家基地之一。炼化医院自 2005 年起开展骨质疏松症临床干预和健康促进工作，对社区人群进行骨密度初筛，定期开展社区健康教育。

11 月

9 日　舟山大陆连岛工程宁波连接线项目在镇海境内的主线工程通过交工验收。

13 日　招宝广场一期开业。

16 日　北京大学公布的 2010 年“中学校长实名推荐”资质 39 所中学中，镇海中学成为全市唯一、全省仅有三所中学之一。翌年 11 月，镇海中学再获北京大学“中学校长实名推荐”资质，能向北京大学实名推荐 1—4 名优秀学生。

17 日　区委书记马卫光在开罗同埃及国家石油公司代表就加强其和宁波化

工区合作举行会谈，达成原则意见。

25 日　全国人大常委会副委员长、中科院院长路甬祥调研中科院宁波材料所。

26 日　在杭州召开的全省水利工作会议上，镇海区首获省政府水利建设最高成就奖——“大禹杯”金奖。

11 月　镇海港区大气特殊污染因子在线监控系统投入使用，并与镇海区环保局监控中心联网。该套装置可对苯、二甲苯等 23 种有机气体在空气中的浓度进行自动监测。

11 月　九龙湖“香山缘”婚庆主题广场竣工，总投资 1100 万元，占地面积 2 万平方米。场内婚礼主题公园 1.3 万平方米，建有配套婚礼教堂，休闲养身屋，游步道、停车场及小型景点。

11 月　宁波同乡会副会长李德麟、美国纽约宁波同乡会会长王心仁、美国三江公所理事长胡运熹等 30 余名来自美国和中国香港的华侨参观郑氏十七房。

11 月　在江西婺源举行的第九届中国民间文艺“山花奖”全国民间鼓舞鼓乐大赛上，招宝山街道后大街社区大型民间婚俗打击乐《十里红妆》代表浙江省与来自全国各地的 15 支民间文艺队伍同台竞技，最终捧得“山花奖”。“山花奖”是经中宣部批准，由中国文联和中国民间文艺家协会共同颁发的国家级民间文艺大奖。同时，《十里红妆》婚俗打击乐器表演还成功申报上海大世界基尼斯中国之最——人数最多的婚俗打击乐器表演。

11 月　区第二福利院改建工程完成，投入资金 78 万元，装修面积 753.5 平方米，改造床位 56 张。是年 12 月，市重点工程九龙福利院改建工程完成，投入资金 240 万元，改造建设面积 884 平方米，改造床位 87 张，新增床位 31 张。至 2010 年底，两个福利院的床位数分别为 120 张、331 张。

11 月至 12 月　区卫生局启动两批甲型 H1N1 流感疫苗接种，接种对象为医疗卫生单位一线医护人员、公安民警、公交司乘人员、公共事业和商业服务人员、福利机构工作人员、学校师生和慢性病患者等，累计接种 1.3 万人次，无严重不良反应发生。

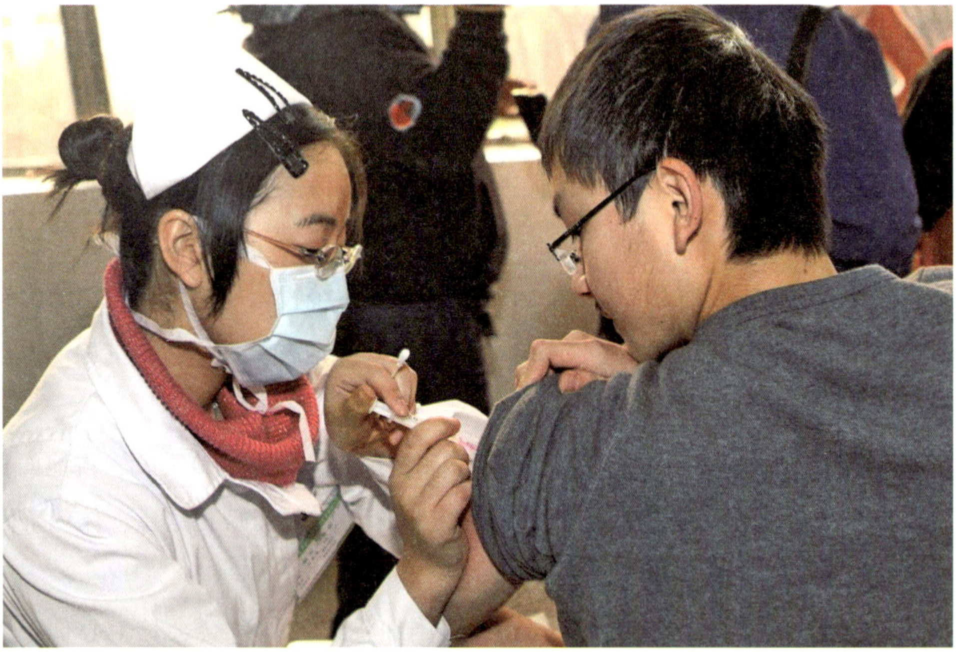

2009 年 12 月 1 日，镇海中学学生接受甲型 H1N1 流感疫苗接种

12 月

1 日　总投资约 3.3 亿元的镇海电厂脱硫装置全面投运。

5 日至 6 日　“华通电器杯”省青少年蹦床技巧冠军赛在区业余蹦床技巧运动学校举行。该校 42 名运动员夺得金牌 22 枚。

11 日　由中国石化主办的“走进中国石化——媒体记者、投资者浙江行”活动在镇海举行。《人民日报》、新华社、中央电视台、中央人民广播电台、新浪网、路透新闻社等 50 多家国内外主流媒体及 20 多家机构投资者应邀参加活动。石化股份公司董秘局主任、办公厅副主任黄文生，镇海炼化总经理、党委书记江正洪，浙江石油党委书记吴玲凤等，分别介绍中国石化、镇海炼化和浙江石油的发展情况。媒体记者、投资者就成品油价格、节能减排、环境保护、天然气供应等问题现场提问，并参观采访镇海炼化。

“走进中国石化——媒体记者、投资者浙江行”活动现场

17 日　宁波化工区举行乙烯下游系列项目开工仪式，省委常委、市委书记、市人大常委会主任巴音朝鲁出席。阿克苏诺贝尔乙烯胺及生物污水预处理、宁波金海德旗化工有限公司碳五分离、宁波瑞福特气体储运有限公司低温乙烯储罐等一批镇海炼化乙烯产品产业链延伸项目开工建设。

同日　全省老龄工作交流会在镇海区召开，来自全省各地级市以及部分县（市、区）的老龄办主任参加会议。与会人员交流了老龄工作及居家养老服务工作的开展情况，并参观澥浦镇居家养老“守望中心”。

19 日　镇海炼化 150 万吨/年催化汽油吸附脱硫装置（S-Zorb）开车一次成功，生产出硫含量 10ppm 左右合格产品。标志公司已能生产符合国际、国内高标准车用汽油，为汽油质量升级到国Ⅳ标准、欧Ⅴ标准打下基础。S-Zorb 装置于 4 月开工建设，11 月建成中交。

23 日　公交九龙湖首末站投入运营。场站占地面积 5160 平方米，建筑面积 140 平方米。至此，全区公交首末站达 13 个。

24 日　区委十二届十一次全体（扩大）会议举行。会议听取、讨论区委常委会工作报告和区委、区政府 2010 年工作要点。区委书记马卫光和副书记、区长陈召华进行年度述职述廉，两位镇（街道）党委（党工委）书记就落实党建责任制情况进行述职。会议通过《中共宁波市镇海区委关于认真贯彻落实党的十七届四中全会和省市委全会精神　加强和改进新形势下党的建设的实施意见》《中共宁波市镇海区委关于贯彻落实市委十一届八次全会精神　扎实推进新一轮全国文明城市创建工作的实施意见》。

同日　镇海港区 7 号、8 号泊位交工验收获得通过。两个泊位以原杂货、沥青作业趸船码头为基础，于 2008 年 10 月开始建设，总投资 2.7 亿元。改造后泊位长度 279 米（合计长度），为 1 万吨级（兼靠 2 万吨特殊船型）多用途泊位。码头前沿水深 9 米，配置专用装卸桥 3 台，前后方堆场 3.47 万平方米，年吞吐能力由原 26 万吨提高到 160 万吨。

25 日　23 时 58 分，舟山跨海大桥正式通车。又称舟山大陆连岛工程的大桥，是国家高速公路网甬舟高速的主要组成部分，全长 48.16 千米，其中镇海境内长 4 千米。整个工程由金塘、西堠门、桃夭门、响礁门和岑港 5 座跨海桥及接线公路组成。大桥到达宁波的第一个出口为蛟川收费站。

28 日　区委颁发《关于认真贯彻落实党的十七届四中全会和省市委全会精神加强和改进新形势下党的建设的实施意见》，明确加强和改进新形势下党的建设的重大意义和总体要求，提出具体工作：围绕建设马克思主义学习型党组织，提高党员干部思想政治水平；围绕坚持和完善民主集中制，推进党内民主建设；围绕建设高素质干部队伍，深化干部人事制度改革；围绕构建统筹城乡基层党建新格局，加强基层组织建设；围绕保持党同人民群众血肉联系，推进作风建设；围绕打造清廉高效镇海，推进反腐倡廉建设；围绕提高党的建设科学化水平，强化党建工作责任制。

同日　区委出台《关于贯彻落实市委十一届八次全会精神　扎实推进新一轮全国文明城市创建工作的实施意见》，提出八方面行动：着眼推动科学发展，实施文明创建支撑力提升行动；着眼提升城市品位，实施城市建设与管理优化行动；着眼促进全面发展，实施市民素质提升行动；着眼生态环境建设，实施生态文明推进行动；着眼公平公信，实施城市信用环境优化行动；着眼为民惠民，实施文明成果普惠行动；着眼社会和谐稳定，实施平安镇海行动；着眼协调发展，实施城乡文明一体化行动。实施时间从 2009 年 10 月到 2011 年 12 月，历时2年零3个月，分三个阶段进行。

同日　镇海直达金塘跨海客运班线正式开通。班线起镇海客运中心至金塘客运中心，途经金塘大桥，全长50千米。日双向运营24班，单程运营时间50分钟，中途不停靠。发班时间从7时10分至16时50分，票价18元。

同日　中石化镇海炼化100万吨/年乙烯工程中间交接仪式举行。

30日　位于新城北区核心区的壹号商务楼项目（镇海大厦）开工建设。该项目总占地面积2.33万平方米，建筑面积8.78万平方米，楼高148.6米，初定功能有金融、通信、商贸商务与公共服务等。建成后将成为镇海区第一座超高层地标性建筑。

12月　区委办、区政府办出台《关于进一步推进城乡社区建设的意见》，提出推进城乡社区建设的指导思想、基本原则、目标任务、保障措施。要求到2011年，全区90%以上城市社区达到现代化和谐社区标准，农村社区建设覆盖面达到100%，建成10个以上农村社区建设示范村。该意见作出在归并各项社区补助经费基础上，由区、镇（街道）各半承担城市社区事业保障经费和农村社区服务管理补助经费的规定。

12月　区海外联谊会四届一次理事大会召开，会议总结第三届理事会五年来重点工作，提出本届理事会后五年主要任务，选举产生区海外联谊会第四届理事会理事47人。

12月　市林业局组织市森林风景资源评价委员会等专家召开评审会议，通过九龙湖森林公园总体规划。森林公园总面积295公顷，其中森林面积222公顷，森林覆盖率75.5%。规划以禅意空间为轴线，“人生境界”“人生七雅”及“森林度假”为组团，入口区、“人生七雅”区和人生境界区为功能区块的“一轴三组团三区块”总体布局，建设集观光旅游、休憩度假、生态保护于一体的城郊生态型森林公园。

12月　宁波（镇海）大宗生产资料中心一期动工建设。中心总用地18.67万平方米，分市场交易区、仓储物流区、配套服务区三期开发建设。其中一期市场交易区，占地3.3万平方米，总建筑面积5万余平方米，投资概算2.8亿元。

12月　环湖景区全程5千米的沿湖路167盏路灯启用。路灯沿湖单侧设置，间距30—50米，为夜观九龙湖风景游客提供照明，投资200万元。

12月　庄市街道永旺村、蛟川街道迎周村、骆驼街道清水湖村，经市“百千工程”工作协调小组办公室审核，认定为市全面小康建设示范村。

12月　蛟川街道渡驾桥村，骆驼街道沙河村、骆兴村，九龙湖镇长宏村，通过市级环境整治合格村验收，其中骆兴村、长宏村同时通过省级验收。

12月底　全区6个镇、街道及62个建制村全部设立服务中心。基层服务中心可向所在地居民提供社会保障、就业服务、民政救助、计生服务、农村私人建房、土地证办理及农技、企业咨询等10余项服务。

2009年　区民政局会同北仑、鄞州、慈溪民政局，开展县级行政区域界线联合检查。对照双方政府签署的“行政区域界线协议书”内容，对边界线走向及其两侧地物地貌、界桩及其方位物等变化情况进行校准，对移位界桩重新测绘，完成北镇、镇鄞、镇慈线界线联检任务。

2009年　区委、区政府出台《镇海区反腐倡廉建设和作风建设组织领导和责任分工》，明确48项重点工作。向区级领导发出《落实责任制建议书》16份，向区级机关发出《牵头任务函告书》86份。年底，由16名区级领导带队，对26个单位推进惩防体系和落实党风廉政建设责任制情况进行检查，对发现的问题及时反馈。

2009年　区纪委制定《关于进一步加强政府投资项目保廉工作的意见》，建立政府投资项目廉情预警机制。试行参与项目建设的工程单位作出投标保廉承诺书、项目实施单位设立重大项目保廉监督员等措施。全年共发出《廉情告知书》36份，整改问题64个，对2名区管干部实施廉情预警。

2009年　招宝山街道对老住宅小区实施维修改造、绿化养护。投资550万元，用于白龙小区、西门小区、茗园一区、茗园二区、张鑑碶小区等33幢老住宅的屋顶平台、外墙粉刷、楼道美化、雨污管道和小区道路修缮；投资35万元，用于茗园一区、鼓西小区18549平方米的绿地改造；投资50万元，用于后大街、西门、胜利路、城东等社区老住宅小区的道路、污水管道、绿地花坛维修；投资73万元，用于顺隆、胜利路、城东、西门、车站路、后大街、总浦桥、白龙、张鑑碶社区合计33.29万平方米和后海塘区域38630平方米的绿化养护。

2009 年　区建交局投入经费 1334.96 万元，对刘家弄、仓基弄、武宁桥、白龙 4 个老住宅小区实施屋面防水、外墙立面、小区道路、天然气入户整治改造。

2009 年　镇海区援助舟山市定海区政府帮扶项目 5 个：册子乡册北社区敬老院、白泉镇平湖社区杨梅基地、金塘镇金塘中学机房设备、环南街道千岛社区文化公园及双桥镇紫微社区花木基地，总帮扶资金 70 万元。落实“山海协作工程·百村经济促进计划”，与定海区确定社区结对项目 3 个：长白乡前湾社区出租房、双桥镇紫微社区老年活动中心和马岙社区白马街住宅新区及村庄排污工程，总帮扶资金 36 万元。

2009 年　在实施 2008—2009 年的妇女健康促进工程中，共检查妇女病 22073 人，查出乳腺癌 3 例、宫颈癌 1 例。是年末，全区共有 39126 人参加两年一轮的常见妇科疾病检查，普查率 85.33%，共查出恶性肿瘤 14 例。

2009 年　撤销政协澥浦镇、九龙湖镇、招宝山街道、蛟川街道、骆驼街道、庄市街道工作委员会，建立澥浦镇、九龙湖镇、招宝山街道、蛟川街道、骆驼街道、庄市街道政协工作联络委员会。

2009 年　区 3 个规模养殖场改扩建项目通过市级验收：南洪生猪畜牧小区扩建用地 7334 平方米，投资 170 万元，用于猪舍和污水处理设施建设，建成后可出栏生猪增加到 5000 头。江南家禽育种有限公司占地 6800 平方米，投资 60 万元，用于污水排放和病死鸭无害化处理。巨高兔业改扩建项目，对兔舍、饮水设备、喂料设备、笼门、环保设施、饲料加工设施进行改扩建。

2009 年　区 4 个作业队 31 台收割机赴河北、江苏、慈溪、宁海、台州等地跨区作业，作业面积 800 公顷以上，毛收入 108 万元，净收入 70 万元，台均纯收入 2.2 万元。

2009 年　全区 7 家汽车 4S 店销售汽车 997 辆，销售额 21.07 亿元，同比增长 43.9%，占零售业总额的 43.9%。

2009 年　骆驼禽蛋产销专业合作社种鸭养殖项目列入国家星火计划。合作社全年向各地提供良种蛋鸭幼苗近 250 万羽，其加工生产“奔强”牌系列鸭蛋制品年度销售量达到 6 万多箱，计 7.5 万千克。

2009 年　九龙湖镇获评浙江省旅游强镇；九龙湖村获评宁波市农家乐特

色村。

2009年　区委办公室、区政府办公室出台《关于加快新城开发建设的若干意见》。

2009年　上半年区安排资金700万元，对秦山、安基墩等7座山塘水库除险加固，安装水雨情自动遥测系统。下半年，安排资金1000万元，对浦沙岙和息云寺等15座山塘，横溪、汶溪2条小溪和郎家坪副坝加固。

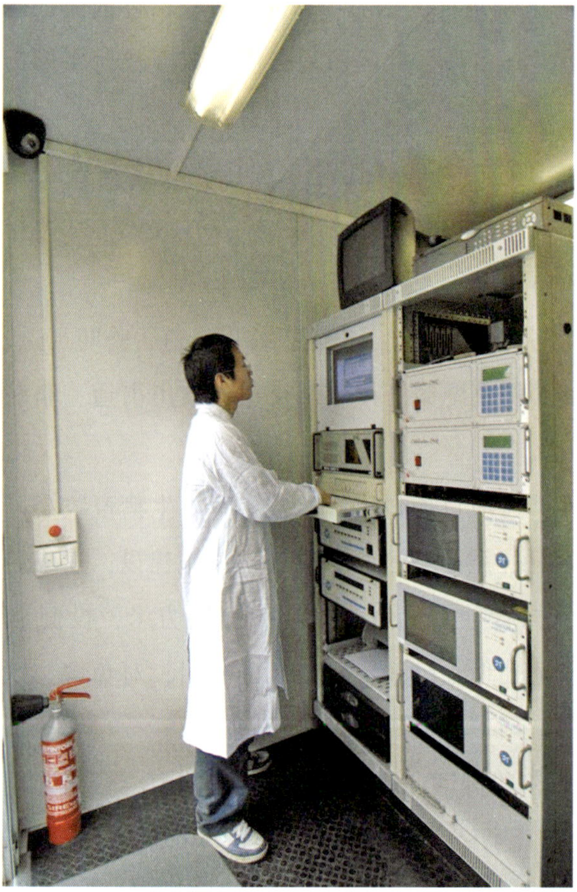

调试中的空气质量监测设备

2009年　总投资600余万元的两套大气特殊污染因子在线自动监测系统在镇海中学和澥浦镇派出所设立，分别用于监测老城区和化工区的特殊污染因子浓度。同年，镇海港埠公司、镇海炼化在各自所在地安装一套特殊污染因子在线监控系统。加上原设置在围垦局一套，全区自动监测系统达到5套，对化工有机污染物排放的监测能力得到加强。

2009年　区档案馆搜集、筛选馆藏资源，编纂《镇海解放60周年大事记》，记录自1949年5月26日镇海解放至2009年6月镇海县（区）内发生的大事。

2009年　全区普通高考录取1476人，录取率96.60%，比2008年提高7.21%，高出全省平均录取率14个百分点，再创历史新高。其中，重点大学录取人数525人，录取率34.36%，比上年高出10个百分点，居全市第一；被清华、北大录取学生25人。高等职业技术学校单招单考录取69人，录取率75.82%，也创历年新高。

2009 年　区投资 450 万元，采用地埋式厌氧净化和绿地过滤吸收两种处理方式，建造污水处理池 1400 平方米和配套绿地 2000 平方米，完成 10 个自然村的生态化设施建设，可收集、处理 1100 户农户排放的生活污水。2010 年新增"微动力湿地"污水处理方式，效果更好。是年，投资 1500 万元完成 18 个自然村生活污水生态化处理，涉及 2800 多户农户，污水收集率 80%以上。

2009 年　投入资金 1500 万元的姚江东排镇海段一期河道绿化工程竣工。工程起于马家桥，至化子闸，全长 6.2 千米，两岸种植香樟、湿地松、女贞、桉树、四季桂等乔灌木 20 余万株，绿化面积达 20 公顷。

2009 年，姚江东排镇海段一期河道绿化工程

2009 年至 2010 年　区供电局推进 8 个输变电项目的前期工作。其中 220 千伏田胡变和 110 千伏盘棋变、海塘变（合计容量 82 万千伏安）完成项目的可研编制、选址意见审批、环评审批、土地审批工作，并列入省电力公司第十一批建设项目，具备核准和开工条件；220 千伏沿海变和 110 千伏邵家变、清泉变、贵驷变、长石变（合计储备容量 92 万千伏安）作为储备项目。

2009 年至 2010 年　全区建成农村联网公路 16 条，合计长 10.43 千米。其中，2009 年 12 条，为庄市街道范市堰—大市堰菜场，骆驼街道耕渔路—贵妙线、九龙大道—祝家村、骆慈线—林周村、骆霞线—里洞桥，蛟川街道贵镇线—隧道北路、贵镇线—骆霞线，澥浦镇炼澥线—通德路、广源路—北大路，九龙湖镇田顾—田顾工业区、西河—长石、骆慈线—西河薛家；2010 年 4 条，为骆驼街道耕渔北路，澥浦镇楼蒲路、金袁路、潘王路。

2009年至2010年　九龙湖镇对史家岙、水牛池等8座山塘实施除险加固。至2010年底，全区所有山塘、水库均采取除险加固措施，率先成为宁波市全面完成水库、山塘除险加固任务区。

2009年至2010年　区接受海外及港澳人士捐赠项目18个，捐赠金额525.77万元。其中，包景表、董包秀云兄妹捐赠40万美元（折合人民币272.8万元）为区中医院购买医疗器材；省优秀侨资企业百隆东方有限公司捐资100万元人民币，为里洞桥村建造敬老院。

2009年至2010年　区农业局分别安排资金20万元、50万元，用于河道鱼苗生态放养，改善河道水质。两年中分别投放鲢鱼、鳙鱼、鲫鱼及其他鱼苗400万余尾、1275万余尾，放养水面300公顷、387公顷。

2009年至2010年　区投入建设资金734万元，对6条县道公路和1座桥梁实施大中修。其中，2009年对常镇线辅道沥青路、余汶线和骆慈线水泥路、岚山桥维修改造；2010年对老长邱线和余汶线水泥路、常镇线辅道沥青路维修。

2009年至2010年　在第105届至108届4次广交会上，镇海区分别有36家、45家、45家、68家企业参展，订单成交和意向成交额分别为0.94亿美元、1.1亿美元、1.3亿美元和1.39亿美元。

2009年，镇海区第二轮经济适用房骆驼片区摇号现场

2009年至2010年　镇海区实施第二轮经济适用房、解困房安置，房源在金丰阳光、金邑水岸、骆兴家园等住宅小区。其中，2009年销售经济适用房167套，基准价2550元/平方米，销售面积1.25万平方米；销售解困房

2套，基准价790元/平方米，销售面积100平方米；廉租住房货币补贴1476户次，发放租金补贴226.1万元。2010年，销售限价房315套，基准价4000元/平方米，销售面积2.4万平方米；廉租住房货币补贴2856户次，发放租金补贴382.6万元。

2010 年

1 月

3 日　区轮渡公司启用旅客过渡投币或刷 IC 卡的智能化系统。

5 日　区政府召开 2010 年第一次全体（扩大）会议。

6 日　区第三次全国文物普查实地调查阶段通过省级验收。

10 日　中国防空博览园举行奠基仪式。该项目总投资 1.8 亿元，占地 4 万平方米。2011 年国庆节竣工开放。

12 日　保利箭湖文化广场项目签约。

2010 年，区人民医院一期工程

1 月 15 日　镇海区人民医院（宁波市第七医院）开诊。作为区医疗卫生基础设施建设“3+3”工程项目，该院一期工程投资 1.96 亿元，建筑面积 3.52 万平方米，设床位 300 张。人民医院的建成，均衡了全区城乡医疗资源布局。

同日　新开通骆驼至庄市公交386路，配置公交6辆。起始站点为骆驼中心站至公交庄市站。沿途双向停靠骆驼小学、骆驼工业区、团桥、老鹰湾、康宁医院、聚兴路等20余站。

17日　科技部和教育部联合发文确认宁波市大学科技园晋级国家级大学科技园。

17日至19日　中国人民政治协商会议第八届宁波市镇海区委员会第四次会议召开。

18日至20日　宁波市镇海区第十三届人民代表大会第四次会议召开。

29日至31日　镇海区分别在北京、上海、杭州举行镇海籍人士新春团拜会。

29日至2月2日　举办第八届“菜篮子”商品展销会，130个展位由国内15个省（市）、46个商户参展，经销商品千余种，吸引进场10.8万人次，5天成交额420多万元。

1月　宁波市第四建筑工程公司获房屋建筑工程施工总承包一级资质，成为区属首家一级建筑施工企业。2010年，中亿建业集团有限公司、浙江泰阳建设有限公司也晋升为一级资质。一年内有3家二级施工总承包企业晋升为一级，建筑业企业资质提升取得突破性进展。

1月　区房管处数字房产交易、登记信息系统投入运行。以地理信息为基础、以图文管理为切点，以房地产交易、房屋登记、档案管理为主要内容，按照“以图管房，以图管档，图文一体化”要求，达到管理信息化和交易快捷、发证准确、房地产信息资源共享的目标。

1月　《宁波市物业管理条例》开始实施，市出台住宅小区物业管理、物业服务纠纷处理、物业项目服务退出、前期物业服务费管理、物业管理招投标、业主委员会指导规则等一系列文件，物业管理有了法律法规的保障而逐步规范。

1月　航济亭暨“海上丝绸之路”陈列馆落成。陈列馆由2009年1月落成的仿宋“神舟”和由LG甬兴化工有限公司出资160万元助建的仿宋“航济亭”组成。

1月　在省科技厅举办的“科技新浙商”评选活动中，宁波天衡制药有限公司董事长黄道飞名列其中。

2月

2日　工业和信息化部部长李毅中为宁波化工区授“国家新型工业化工产品示范基地”牌匾。

5日　镇海港埠分公司18号泊位首次成功接卸3500吨乙烯，成为国内功能等级最高的液体化工专用泊位。

6日至8日　镇海应行久外语实验学校学生在浙江理工大学参加首届国际英语大赛文化交流大使选拔赛浙江省组比赛，取得优异成绩。

9日　镇海区航运企业家成立联合会。

10日　沿海北线镇海段威海路至新泓口段建成通车。该段工程于2008年11月15日启动建设。

20日　骆驼街道利时百货、镇海国际大酒店、镇海东排南线工程等六大项目举行开工典礼。

21日至28日　招宝山街道举行以“虎”为主题的元宵灯会，布置灯展15组。

22日　区纪委十二届五次全会召开。

23日　全区经济工作会议召开。会议提出，2010年全区将以保持经济平稳较快发展为首要任务，以结构调整和转型升级为主线，以再造发展新优势为主攻方向，深入推进“改革创新突破年”“项目推进落实年”“城市管理服务年”活动，努力实现全区经济社会又好又快发展。

24日　全区建筑业发展大会召开。会议出台了加快建筑业发展的鼓励扶持政策，明确把建筑业作为主导产业之一发展壮大的政策导向。

28日　镇海老城区一年一度的元宵佳节以“滨海古城和谐家园”为主题的第九届招宝灯会文化活动正式亮相。此次元宵灯会共设22组灯景，80万只满天星彩灯。

同日　23 时 58 分，按照省政府取消政府还贷二级公路收费统一令，镇海区撤销 329 国道镇海澥浦慈镇收费站，停止收费。同日，非镇海区管辖的甬江隧道收费站和招宝山大桥收费站也被撤销。

撤销前的 329 国道慈镇收费站

2 月　古海塘文化休闲提升工程完工并向公众开放。工程总投资 2800 万元，于 2009 年 7 月启动。工程分两部分：后海塘巾子亭至建城碑亭 1300 米城塘合一段保护性修复、开发，并在海塘北侧进行水体整治、绿化景观整治和直立驳岸改造；在保护寿昌公园原貌基础上，建设儿童游乐园，填补老城区儿童游乐园空白。

2010 年，整修后的后海塘夜景（李浙东/摄）

2月　镇海港区18号泊位首次接卸装载乙烯的“气运莫塞尔”轮，在保持-104℃低温的情况下，将3500吨乙烯通过7.8千米长的管道直接输往镇海炼化乙烯工程原料储罐。

3月

8日　区委印发《中国共产党党员领导干部廉洁从政若干准则》并提出五方面要求：统一思想，提高认识，保障“廉政准则”学习教育到位；广泛宣传，积极发动，营造学习贯彻“廉政准则”良好氛围到位；创新制度，强化考核，落实学习贯彻“廉政准则”制度到位；严格自律，率先垂范，做到领导干部作风建设到位；加强领导，明确职责，确保学习贯彻“廉政准则”执行到位。

9日　宁波市镇海区与上海市静安区举行缔结友好城区签约仪式。

10日　市区公共交通车斑马线礼让行人规定推出。

17日　在省科学技术奖励大会上，镇海区被省委、省政府评为2008年度市县党政领导科技目标责任制考核优秀单位。

3月中旬　国内首家商业原油保税仓库在镇海投入运营。来自阿曼的13.7万吨原油通过宁波港输油管道，存入中石化镇海石油商业储备油库。

30日　招商银行镇海支行开业，为镇海区第14家银行。地址在招宝山街道城河东路552号，营业厅面积2500平方米，员工35人。

3月下旬　区法院陆芳燕办案工作方法被市总工会命名为“陆芳燕办案法”。

31日　镇海炼化职工傅海波成功为杭州19岁白血病小伙捐献造血干细胞，成为浙江省第50例、镇海区首例造血干细胞捐献志愿者。

3月　九龙湖镇葡萄协会“九龙凰”商标被国家工商总局核准注册为农产品集体商标，填补本区农业领域集体商标空白。

3月　舟山市金塘大浦口至镇海航线“舟海晶Ⅰ”号轮停航。

3月　镇海区房屋拆迁事务所更名镇海区城镇拆迁办公室。同年9月，区城镇拆迁办从区建交局划出，归属于招宝山街道办事处。

3月　市政府批复《滨海产业次分区临俞片区（ZH04）控制性详细规划》。

片区范围南至镇骆路，北至镇浦路，东至规划二路，西至庄俞公路，规划用地面积约 490 公顷。功能定位宁波滨海产业次分区的重要配套服务区和产业发展区块。至 2020 年，规划城市建设用地 275. 3 公顷、人口 2. 06 万人。

3 月　市政府批复《宁波市镇海区老城次分区临江片区（ZH03）控制性详细规划》。片区范围北至北外环路，南至甬江，西至绕城高速，东至大运路，规划用地面积约 502 公顷。功能定位为生态型滨水特色的宜居宜业城市综合发展片区、蛟川街道公共中心。至 2020 年，规划城市建设用地 472 公顷、人口 4. 11 万人。

3 月　从城管、公安、工商、建设交通、卫生、环保、文广、新闻中心和招宝山街道抽调 16 名人员，公开招聘 10 名协管员，组建城市管理联合执法大队。

3 月　龙赛医院被省卫生厅授予“浙江省万名医师支援农村卫生工程先进集体”称号。自 2007 年以来，医院先后与区内 5 个社区卫生服务中心签订支援协议，妇产科、外一科等 16 个临床科室共 66 名骨干医师“牵手”5 个社区卫生服务中心的 23 个社区卫生服务站。支援医师每周安排 2 个半天到社区卫生服务站坐诊，平均每月门诊 500 人次，每 1—2 周开展一次业务讲课。医院共接受社区医护人员进修、学习 31 人次。

4 月

1 日起　镇海职工最低工资标准和最低小时工资标准分别上调为 1100 元和 9 元，这是继 1994 年开始的第 12 次最低工资调整。

7 日　全国知名连环画家线描大师贺友直，应区政协书画院邀请到镇海举办艺术讲座。

8 日　镇海区取消城区范围内所有公共停车位收费。取消收费的停车位共 1339 个，其中占道收费停车位 889 个，公共停车场车位 450 个。

同日　全国主流都市报发展趋势总编辑论坛在镇海区开幕。来自《新华每日电讯》《中国青年报》《新闻晚报》等全国 30 多家主流都市报总编齐聚镇海。宁波市副市长成岳冲在开幕式上致辞，区委副书记、区长陈召华参加论坛。

9日　区政府召开2010年第二次全体（扩大）会议。

15日　贝时璋院士塑像在沿江景观带揭幕。贝时璋（1903—2009）出生于贵驷憩桥，2009年10月29日去世。

同日　中央委员、国务院侨办主任李海峰一行到镇海区考察宁波帮博物馆。

17日　区委书记马卫光率团参加欧洲·宁波周活动，在德国比勒费尔德参加石化、新材料产业对接推介会分项活动，在瑞士伯尔尼参加石化产业对接洽谈会分项活动，在瑞士日内瓦与中国商会洽谈化工领域合作事宜，在意大利佛罗伦萨与TAZZETTI公司洽谈化工项目安全环保服务事宜。

同日　上海世博会主题体验后大街示范点开游。该项目为宁波市第一个世博主题体验点。核心地块总占地面积4320平方米，总投资2000万元。

4月20日　镇海炼化100万吨/年乙烯工程龙头装置——乙烯裂解装置产出合格乙烯，标志着国内规模最大、技术最先进、国产化率最高的乙烯工程一次开车成功。

4月中旬　由区地理信息中心编制的镇海老城三维地图面世，是为镇海区首张自行编制的纸质三维地图。

4月23日　宁波航标处举行航标抛设仪式。两艘“海标”船在金塘大桥附近水域成功抛设名为“金塘大桥501号”灯浮的第1000座航标。

4月　镇海炼化100万吨乙烯工程投产后，其公路承运的产品70%以上依赖外省（市）车辆运输。区公路运输管理所开辟窗口，实施外省（市）充装危化品的运输车辆备案登记。至年末，在宁波化工区、镇海炼化、镇海港区充装承运危化品的外省（市）籍备案车辆达600余辆。

4月　区公布第二批非物质文化遗产名录：民间舞蹈《九龙柱》、民间文学《镇海口海防历史故事》和传统手工技艺“庄市长面”为非物质文化遗产；镇海区骆驼中学、镇海口海防历史纪念馆、镇海区宁波帮文化旅游投资公司为非物质文化遗产传承基地；蔡泉根、沈志远、陈明方为代表性传承人。

4月　镇海区建成全省首家世博体验之旅中医健康养生馆。地处招宝山街道的中医养生馆占地2126平方米，分中医养生展览馆、中医诊疗区、针灸推拿区、中医足疗区四个部分，以传统中医特色服务为游客与居民提供中医健康养生服务，让人们感受“城市，让生活更美好”的世博主题。

4月　区启动医疗卫生资源统筹配置“2+X”改革的省级试点：实行镇（街道）和村（社区）卫生系统一体化管理，人员、机构、业务、财务、药品“五统一”；落实社区卫生服务中心定性定编，新增编制179个，完善社区卫生服务预防、保健、医疗、康复、健康教育及计划生育技术指导的“六位一体”服务功能；筹建区域医学临检中心，完善消毒中心，实现资源共享；建立人才流动机制，扩大专家下基层服务的辐射面；建立卫生信息城乡一体化的共享机制；启用电子病历，完善双向转诊，强化慢病管理，加快形成“区院带乡镇”“镇（街道）带村（社区）”的医疗卫生统筹发展新机制。

5月

5月3日　“宁波镇海·后世博DEVNET国际园”授牌及高新技术对接会在上海世博会国际信息发展网馆举行。

5月5日　全区首个村工会联合会在澥浦镇十七房成立。

5月上旬　省政府公布全省第一批2597个无居民海岛名称，镇海区一个无居民海岛正式定名为“七里屿”。

5月8日　镇海区第二届农民文化艺术节开幕式暨“雄镇大舞台”走进团桥活动在骆驼街道团桥村举行。历时3个月的文化艺术节以“讴歌新农村农民新生活，展示新时代农民新风采”为主题，突出送文化、种文化、评文化，通过精品展演、才艺竞赛、先进评选，展示农村文化建设成果。107支农村文艺团队、1890名文艺骨干参加表演和比赛，观摩群众3万余人次。

5月11日　第十五届全国群星奖广场舞决赛在广州增城广场举行，13支舞蹈队伍同场竞技，角逐5个群星奖，镇海代表队喜获其一，为镇海区历史上第一次获得政府社会文化最高奖。骆驼街道的《九龙柱》代表浙江参加决赛，由50名群众演员表演。舞蹈将传统的横龙改成竖龙，并加以众多小龙嬉耍烘托，演绎巨龙昂首、中华腾飞的盛世美景。

《九龙柱》在艺术节上的表演

5 月中旬　区人民法院被全国妇女联合会授予全国维护妇女儿童权益先进集体荣誉称号。

5 月 12 日　石油和化学工业“十二五”规划发展论坛在镇海区举行。

5 月 20 日　省卫生厅副厅长王国敬一行到镇海区调研基层卫生改革试点工作。作为全省 24 个试点县市区之一，镇海区积极探索基层卫生工作新思路、新方法，出台了一系列改革实施细则和相关政策。

5 月 24 日　第九届中国艺术节暨第十五届群星奖颁奖晚会在广州举行，骆驼街道《九龙柱》荣获广场舞蹈大赛群星奖。

5 月 25 日　中石化镇海炼化分公司程锡平夺得第四届全国体育大会金属地掷球单人连续抛击项目冠军。

同日　由海达塑料机械公司、开元会计服务公司等 11 家民营企业联合 9 名自然人共同投资创办的镇海开天小额贷款股份有限公司成立，注册资金 2 亿元。至年末，发生业务 287 笔，发放贷款 113157.5 万元，年末贷款余额 31031.5 万元。

5 月下旬　宁镇公路荣获浙江省县道组“最牛公路”称号。省公路局和交通旅游导报联合举办“寻找浙江最牛公路”活动，常镇线（X601）被专家评审组评定为县道组“最牛公路”，成为县道水泥路面的标杆。

5 月 31 日　由浙江联达化纤有限公司出资建设、镇海港埠分公司管理使用的浙江联达镇海港区乙二醇储运工程通过竣工验收，并投入使用。该工程位于镇海港区化工新区。工程新建 2 座 5000 立方米不锈钢储罐及配套管道、设备等附属设施。

5 月　农村截污工程一期完工，投资概算 1676 万元，铺设截污管总长 6.8 千米，9 个自然村生活污水接入市政污水管网。其中，蛟川街道五里牌、新屋俞家、渡驾桥、虹桥新村、张家、胡家、上咸田铺设口径 300—400 毫米污水管 5.2 千米；澥浦镇路沿郑、郑家铺设口径 300—500 毫米污水管 1.6 千米。

5 月　投资概算 4000 万元的城镇截污工程二期竣工，铺设截污管 13.4 千米，包括金锚泵站、临江小区、临俞工业区、贵驷老镇区、九龙湖镇田顾工业区、汶骆路污水干管、东外环路二级污水管。

5 月　镇海新华书店实行改制，注销事业法人资格，变更为宁波市镇海区新华书店有限责任公司。经清产核资和资产评估，区国资办认缴出资额 211.48 万元，对新华书店全资控股。

5 月　宁波埃美柯铜阀门有限公司荣获中国质量协会颁发的“全国实施卓越绩效模式先进企业”称号。该公司在主营业务阀门和卫浴产品研发生产中，积极推行卓越绩效管理模式，曾获首届区政府质量奖。

5 月　区疾控中心投入 90 万元建设的 PCR 实验室通过验收投用。实验室建成后，镇海区能自行开展甲型 H1N1 流感、手足口病等病毒检测，提高疾病预防控制能力。

5 月　开展“粉尘与高毒物品危害治理专项行动”，对 220 家专项整治企业进行监督检查和指导。9 月底，所有企业均建立卫生管理台账并开展职业卫生知识培训，210 家企业完成职业健康检查，205 家企业进行职业病危害因素检测与评价，对 4 家存在违法行为的企业给予警告处罚。

5 月　镇海检验检疫办事处联合镇海港埠分公司、镇海边检分站、港区消防大队和镇海急救中心 4 个单位，举办化学品突发事故应急演习。以进口废物原料卸货过程中化学气体泄漏为背景，开展人员疏散、现场隔离警戒、信息上报、预案启动、医疗救护、现场处置和善后处理等演习。参演单位措施得当，操作规范，配合默契，达到联防联控预期目标。

浙能镇海发电有限责任公司燃煤机组烟气脱硫工程通过验收

5月　浙江浙能镇海发电有限责任公司4×215兆瓦燃煤机组烟气脱硫工程通过环保竣工验收。

总投资3.3亿元脱硫工程于2007年4月开工建设，脱硫设施运行后，4台机组烟气污染物年排放量削减情况为：烟尘削减1599吨，排放量降低到771吨；二氧化硫削减23696吨，排放量降低到364吨；氮氧化物维持原状，排放量11148吨。烟尘和二氧化硫的年排放量符合环评批复的污染物排放要求。2010年，镇海炼化三号电站炉外脱硫工程完工，年削减二氧化硫2500吨。宁波久丰热电有限公司完成炉外脱硫工程，脱硫率达90%以上。

5月　镇海区创建充分就业区工作获市创建评价领导小组考评通过，成为全市首批3个充分就业县（市）区之一。

6月

6日至8日　2010第三届中国开放论坛在九龙湖镇举行，并决定将论坛永久会址设在宁波市镇海区九龙湖镇。国务院发展研究中心主任、党组书记张玉台，省委常委、市委书记巴音朝鲁等莅会致辞。

7日　第十二届浙洽会签约外资项目14个，协议利用外资5124万美元，总投资8114万美元。

同日起　镇海区1593名考生参加为期两天半的高考。全区1445人报考普通高校第一批上线人数579人，上线率40.07%，其中镇海中学第一批上线率97.4%，并包揽全省理科前四名。

9 日　宁波禾元化学有限公司年产 30 万吨聚丙烯及 50 万吨乙二醇项目举行奠基典礼，市委副书记、市长毛光烈出席。该公司的 30 万吨/年聚丙烯及 50 万吨/年乙二醇装置，占地 50 公顷，总投资 58.3 亿元，是 2010 年落户园区总投资最大项目。

同日　位于平海路 1188 号，总用地 18.66 万平方米的宁波镇海大宗生产资料交易中心暨浙江物产钢铁商城开业。

10 日　位于招宝广场二楼第一创业证券有限责任公司宁波镇海清川路证券营业部开业。至年末，开户数 790 户，托管资产总额 9511.29 万元，A 股、B 股、基金交易量 13.66 亿元，营业收入 56.86 万元。

同日　第一创业证券镇海营业部举行开业庆典。

18 日　香港甬港联谊会成立 30 周年庆典在香港举行。区领导陈召华，胡文安等代表镇海区出席会议。

24 日　宁波化工区管委会在德国工业城市科隆举办宁波—科隆石化和新材料产业对接推介会，重点推出 11 个化工新材料项目寻求合作，来自欧洲各国石油和化工企业的 50 余名客人到会。

26 日　宁波市第三届农民（农村外来务工人员）电影节暨宁波电影百年纪念活动在镇海举行开幕式，《十里红妆》《澥浦船鼓》《水秀江南》《荷塘春色》等反映镇海地方特色的文艺节目精彩亮相。

市第三届农民（农村外来务工人员）电影节暨宁波电影百年纪念活动开幕式

6月下旬　叶澄衷铜像在江南第一学堂开笔广场落成。

6月　《宁波（镇海）大宗货物海铁联运物流枢纽港控制性详细规划》通过会审。该规划将后海塘片区总体定位为以海铁联运枢纽港为支撑的华东及中西部大宗货物物流、贸易和信息管理中心，阐明物流园区的发展策略和港区一体化战略。

6月　开展“迎世博、查隐患、提建议、保安全，十万职工大行动”，组织安全生产广场咨询、“社区学院杯”安全生产网络知识竞赛、安全生产电影周等活动。

6月　区政府与省建设投资集团有限公司签订《镇海区新农村建设战略合作框架协议》，商定三年内浙江二建集团公司通过ECP1、BT2、代建等模式为镇海区建造200万平方米左右的农房及其他农村工程。

6月　新城核心区东侧商务楼群6个地块开工，项目总用地4.06万平方米，建筑面积16.25万平方米。

6月　镇海区新闻中心成立，为区政府直属事业单位。对原各家新闻机构进行整合之后成立的新闻中心，下设镇海电视台、镇海广播电台、《今日镇海》编委会和镇海新闻网4家非独立法人机构，5个镇、街道广电站为中心派出机构。

6月起　启动孕前和孕早期增补叶酸、预防胎儿神经管缺陷项目。镇海区户籍或婚嫁本地的妇女，可到区妇幼保健院、社区卫生服务中心免费领取叶酸片，签署知情同意书，服用叶酸并记录、接受随访。2010年，共向1073人免费发放叶酸，叶酸服用率90.3%、依从率63%。

7月

13日　镇海港区新建5座储罐工程通过宁波市交通工程质量监督站竣工验收。工程由3座5000立方米储罐、1座2000立方米储罐、1座700立方米储罐及配套工艺管道、消防设施等组成。

25日　区委十二届十二次全体（扩大）会议召开，区委书记马卫光向全会作上半年工作报告。会议贯彻落实科学发展观，围绕“重塑新优势、实现新跨越”要求，研究部署加快推进生态文明建设和下半年工作。会议审议通过《关于贯彻省市委全会精神扎实推进生态文明建设的意见》，提出“十二五”初建成国家级生态区、并用十年时间力争达到全国生态文明示范区建设标准。

同日　镇海海事处为“海港特 001”轮进出港全程护航。该轮为宁波港史上进出的最大驳船，总长 118 米，型宽 28 米，为无动力大型平底船，需要拖船拖带航行。海巡 01102 艇为驳船护航 25 千米，保障其安全进港、停泊和驶离港口。

27 日　按照省、市统一部署，全区 6 个社区卫生服务中心、47 家社区卫生服务站、12 个社区医疗服务点，实施基本药物制度，统一配备和使用国家基本药物，统一实行零差价销售，药品价格下降 29.6%。10 月 25 日，经上级批准，区自选 50 种品牌药品纳入基本药物范畴。至年末，社区卫生服务机构平均处方额 64.22 元，同比降低 11.8%，药品收入比上年降低 32.5%，直接让利 1654 万元。

同日　宁波天翼石化重型设备制造有限公司为福建腾龙 PX 项目生产的大型反应塔 3 件从五里牌大件码头装船出发，总重 2057.35 吨，创镇海港区码头滚装装船下海设备最重纪录。

28 日　329 国道至老长邱线汶骆路拓宽改造工程完工。工程于 2009 年 3 月开工，全长 3.1 千米，投资概算 11436 万元，全线铺设集雨和污水管道，安装路灯。其中 329 国道至九龙大道段 2.3 千米，路宽 36 米，沥青混凝土路面，改造桥梁 4 座；九龙大道至老长邱线 0.8 千米，主车道混凝土板重新浇筑，整修桥梁 1 座。

同日　区政府 2010 年第三次全体（扩大）会议召开。

31 日　“十里红妆——镇海社区文化走进世博·走进静安专场文艺演出”在上海静安寺广场举行，298 名社区文艺骨干参加演出，这是镇海社区文化首次进沪献艺。演出分为序、民俗篇、新风篇、尾声四部分，婚俗打击乐《十里红妆》、广场舞蹈《镇海龙鼓》《九龙柱》等具有镇海浓郁地方特色的文艺节目获得沪上观众和游客的好评。

上海静安寺广场演出的镇海龙鼓

7月　镇海区荣获市委、市政府颁发的2009年度生态市建设先进集体称号。

7月　招宝山街道被省委，省政府命名为省级文明街道。

7月　投资概算6550万元的城镇截污三期工程动工，铺设污水管15千米。子项目组成：沿规划化工区外围路、规划世纪大道北延铺设口径1000—1200毫米主干管4026米，沿广源路铺设口径500毫米污水管164米、300毫米支管553米，建澥浦污水提升泵站1座；沿骆费路英雄河铺设口径600毫米倒虹管59米，沿盛兴路和长骆路铺设口径400毫米管673米，沿大庆南路北延铺设口径400毫米管810米；庄市工业A区铺设口径500毫米三级截污管528米，光明工业区铺设口径500毫米三级截污管1087米；澥浦镇广源工业区铺设口径400毫米三级截污管2745米；沿庄市大道铺设口径400—500毫米二级截污管2177米。至2010年末，完成全部工程量约50%。

7月　镇海港区新建的5座储罐通过市交通工程质量监督站竣工验收。工程由3座5000立方米储罐、1座2000立方米储罐、1座700立方米储罐及配套工艺管道、消防设施等组成。

7月　区人民医院推出伤口护理门诊，专门治疗各种难愈伤口（如压疮，皮肤溃疡，糖尿病足）及造口并发症，这是宁波市首家县（区）级伤口护理门诊。

伤口护理门诊由专职伤口护士坐诊，以湿性疗法（给伤口营造一定的湿润度）为主要治疗手段处理伤口，减轻患者治疗过程中的疼痛和不适，加速伤口造口愈合。

8 月

6 日　瑞士西部应用科技大学 24 名机械工程设计专业学生到耀升工具实业有限公司考察研发制造情况。

13 日　区政府又一次向镇海中学颁发“教育成就奖”，区长陈召华给在当年高考中取得优秀成绩的李乐等 39 名同学授奖。

16 日　2010 第三届九龙湖休闲文化旅游节暨葡萄品尝周开幕。

同日　塔吉克斯坦总统办公室农业与土地垦殖部主任萨发罗夫率领塔吉克斯坦农业访问团一行到镇海访问。

31 日　2010 甬港经济合作论坛十大专题论坛之一的甬港动漫游戏合作论坛在镇海举行。论坛以“融智、创新”为主题，分圆桌会议和专家论坛两种形式进行。浙江宣逸网络科技有限公司、香港玉郎动画有限公司等介绍即将推出的动漫、游戏产品，文化部文化产业司动漫处、香港动漫画联会、香港数码娱乐协会等单位的代表作主题演讲。动漫游戏制作企业就动漫游戏市场现状及行业发展前景进行探讨和交流。

同日　镇海区新闻中心成立暨镇海网络问政平台开通仪式在海员文化中心举行，中央新闻纪录电影制片厂、中央电视台、省广播电影电视局、省电台及市文广新闻等部门领导应邀出席。当日，由区纪委、区委宣传部联合主办、区新闻中心承办的镇海网络问政平台启用，是为全省首个网络问政平台。平台由首页“镇海网络问政平台”和“民声快递”“雄镇论坛”“在线交流”“网上发言”“记者追踪”等 5 个板块组成。

镇海区新闻中心成立暨镇海网络问政平台开通文艺演出

8月　宁波顺泽橡胶有限公司丁腈橡胶项目获科技部科技合作补助资金1018万元，成为区内企业获科技补助额度最大项目。

8月　投资概算4390万元的农村截污二期工程开工，23个自然村铺设污水管11.5千米。其中，蛟川街道俞家、范家、河里周、新河里周、矮巴俞家、张陈傅、陈家、蔡家、王隘铺设口径300—400毫米污水管3千米；庄市街道蒋家、阮家、菱漕铺设口径300—400毫米污水管1.8千米；骆驼街道胡家、秦家、刘杜、新洪家、憩桥、半江周、庙跟、林周、刘家铺设口径300—500毫米污水管5千米；澥浦镇殿跟铺设口径400毫米污水管1.4千米；九龙湖镇马家桥铺设口径400毫米污水管0.3千米。至年末，完成工程量约50%。

8月　区建交局实施的中大河静德桥—甬江段整治工程开工，计划建设期6个月。工程全长2500米，改造内容为河岸挡墙修复、增设栏杆、河底清淤和景观绿化，投资估算893万元。

8月　区作协会员邹元辉创作的长篇小说《雄镇海战》入选2010年中国作协扶持重点作品推荐篇目，为宁波市第一部获此殊荣的文学作品。该书以19世纪末中法战争期间发生在镇海口的战役为情节发展主线，以宏大的结构和全景式描写，展示当时惨烈的战争场面。

8 月　区档案局启动数字档案建设。项目总投资 301.9 万元，分 3 年 3 期完成，主要包括硬件设施、软件系统和网络平台建设。旨在建立能提供档案信息资源利用和社会共享的服务平台。

8 月　省第三届“群星杯”古筝分级大赛在镇海实验小学举行。来自全省 11 个市的群艺馆、文化馆、社会艺术培训中心选送的 680 余名选手，角逐 10 个级别的奖项，参赛人数历届最多。镇海区有 35 名选手参赛，获 1 个金奖、3 个银奖和 9 个铜奖。

选手在古筝分级大赛上演奏

8 月起　启动农村孕妇住院分娩补助项目，对 2010 年 1 月 1 日后，在区内定点或区外二级以上医疗机构住院分娩、符合计划生育政策的镇海区农村户籍孕产妇给予 600 元的分娩补助。

8 月　澥浦镇开展农村妇女宫颈癌和乳腺癌免费检查试点，人均体检费 144 元，高出市标准 35 元。2010 年，2222 名 35—59 岁的妇女接受检查，查出乳腺癌 2 例，宫颈癌前病变 2 例。

9月

2日 宁波天盛海运有限公司总运力达33.1万吨，成为省内第二家突破30万载重吨的民营航运企业。

3日 迄今国内体积最大的石化塔器设备由镇海区出口印度。由宁波天翼石化重型设备制造有限公司为印度爱莎石油公司瓦迪纳炼油扩建项目制造的2件焦炭塔由大件码头中转出口。该设备单件重433.50吨，直径9.6米，长40米。

石化塔器设备装船启运

同日 以国家质量监督检验检疫总局计量司副司长宋伟为组长的国务院节能减排督查组到镇海区督察节能减排工作。

18日 下午，区政府和杰杰工具、埃美柯、嘉达健康科技3家企业联合主办"镇海杯"第五届国际工业设计大赛。共收到包括新加坡南洋理工大学、德国哈勒艺术与设计大学以及中国台湾树德科技大学、台湾成功大学等百余所高校师生以及西班牙法格、美的制冷、深圳浪尖等企业设计师参赛作品 1500 余件。经专家组评审，80 件作品入围。

"镇海杯" 第五届国际工业设计大赛颁奖典礼

同日　全区首个院士工作站、博士后科研工作站在宁波欧迅化学新材料有限公司揭牌。

同日　镇海区大学生创业园（二区块）开园。

20 日　镇海老城展示馆开馆。老城展示馆以保存完好、中西合璧的经典建筑傅宅为依托，耗资 1200 万元新建。

25 日　镇海新城核心区西侧商务区开工。该商务区总用地面积 10 万平方米，建筑面积 26 万平方米。

30 日　镇海发电厂 4 台 215 兆瓦机组供热改造一期工程通气仪式举行。

9 月　地处九龙湖镇，总投资 3295 万元的区应急疏散基地指挥保障中心竣工。该中心于 2009 年 7 月开工，占地 10130 平方米，由 3—5 层 12148 平方米地上建筑和 517 平方米地下建筑组成，为人员疏散指挥中心和区委党校教育培训基地。

9 月　全区开展村集体经济组织资产核资。清查时点为 2010 年 9 月底，全区 66 个村（股份）经济合作社共有货币资金 3. 02 亿元、资源性资产 8500 公顷、固定资产 6. 85 亿元、农业资产 220. 75 万元、无形资产 1578. 49 万元、长（短）期投资 1. 11 亿元。

9月　区举行《舞动的彩练——镇海文化六十年》首发座谈会。该书以报告文学形式编写，分镇海专业文化聚焦、镇海商帮文化管窥、镇海海防文化巡礼、镇海群众文化扫描、镇海校园文化撷英、文化的思考与展望等六章，记录60年镇海文化发展轨迹和群众文化生活。

9月　龙赛医院被省卫生厅确定为第二批省基层卫生适宜技术示范基地建设单位，启动为期2年的急救技术推广与应用。医院与6家社区卫生服务中心组成联合体，共同开展急救类基层卫生适宜技术示范基地建设，通过进修、培训、带教等多种形式推广适宜技术，使联合体单位卫技人员掌握多项实用技术。

10月

2日　国家国防动员委员会秘书长、解放军副总参谋长孙建国中将考察中国防空博览园项目开发建设情况。

5日　全国政协副主席、民革中央常务副主席厉无畏参观宁波帮博物馆。

同日　镇海区首届全民读书节暨2010社会科学普及月活动启动仪式举行。

9日　宁波市镇海区道路危险货物运输协会经区民政局批准成立，召开首届理事会，选举产生协会会长、副会长等。由全区从事危险货物运输企业自愿组成，并吸收相关人员参加。协会成立时有会员企业30家，其中企业理事会员11家，从业人员1200余人，有危险品运输车辆616辆，总吨位15104吨。协会办公地址车站路214号。

14日　宁波铁路枢纽货运北环线甬江特大桥开工。该桥主桥设计为909.1米的双线铁路斜拉桥，主跨468米过甬江，由中铁四局建设。

15日　区召开全国首个“敬老月”暨省第23个老人节庆祝大会，并对全区敬老助长先进集体、先进个人、优秀志愿者进行表彰。

18日　挪威王国驻上海总领事佛雷德·诺姆、挪威大使馆创新挪威商业顾问特朗雷等出席北欧工业园区产业研发孵化中心开业典礼。

19日　宁波市大学科技园管委会举行揭牌仪式。

21日　“5·12”汶川特大地震后，镇海援建青川县瓦砾乡的任务全部完成。根据省、市统一安排，镇海区与宁海县结对共同派干部参与。瓦砾乡灾后重建项目共30个，援建资金4475万元。其中，列入省、市指挥部援建计划的25个3825万元；村镇结对（当地村与本区街道、企业结对）帮扶项目5个200万元；“交支票工程”（项目由指挥部落实资金，当地负责实施和监管）450万元。实施主要工程：农房重建1061户，农房维修加固5户，建成瓦砾乡中心小学、瓦砾乡卫生院、柴王村村民服务中心、环形道路瓦砾一条街和太阳能路灯。

23日　区政府常务会议原则通过《镇海区国民经济和社会发展“十二五”规划基本思路》和《关于加快推进智慧城区建设的决定》。

24日　镇海选手李锡军在宁波逸夫剧院举行的全国越剧戏迷超级挑战赛中获最佳演唱奖。

27日至11月6日　第二届中国越剧艺术节在海员文化中心上演《花溪情歌》《西天的云彩》《倩女幽魂》《南风歌——舜的传说》4个优秀剧目。戏票全部低价出售，9天演出出票率近100%，使镇海居民享受了一次专业越剧盛宴。

28日　第四届镇海经贸文化月暨第二十三届金秋花卉展开幕。

同日　宁波大学科技学院产学研中心落户市大学科技园。

同日　最后一批新农村电气化村创建的20个建制村通过验收。这项工作自2007年启动，4年来投入资金1.8亿元，全区62个建制村各项用电指标均达到“新农村电气化村”标准体系要求。

29日　区委书记马卫光率团参加在日本名古屋举行的“东北亚宁波周”活动，并与大赛璐公司就大安二期项目投资达成一致。

同日　镇海区实验幼儿园开园。

10月下旬　镇海区在省第14届运动会青少年部10项比赛中获12.65枚金牌，奖牌总数42.5枚。

10月下旬　在北京召开的中国质量协会“第十届全国追求卓越大会”上，宁波埃美柯铜阀门有限公司获得“全国实施卓越绩效模式先进企业”奖牌。

10月下旬　汶骆路329国道至老长邱线改造工程通过竣工验收，改造路段全长3.34千米，投资概算5000万元。

10月　镇海区执行市政府办公厅《关于进一步贯彻落实国务院坚决遏制房价过快上涨文件精神的通知》，实施住房限购限贷政策。本市户籍居民家庭（含部分家庭成员为本市户籍）在本市只能新购1套住房，商业银行暂停发放居民家庭购买第三套及以上住房贷款。能提供1年以上纳税或社会保险缴费证明的非本市户籍居民能新购1套住房，不能提供的暂停在本市购房。贷款购买首套、第二套商品住房的，首付款比例分别调整到30%、50%以上；购买第二套住房贷款利率不低于基准利率1.1倍。

10月　根据国家淘汰小火电政策要求和节能减排需要，镇海热电厂整体歇业关闭。热电厂建成于1993年，注册资本780万美元，由宁波电业局和区海江公司所属全资子公司招宝实业分别出资383.2万美元（49%股权）、396.8万美元（51%股权）。区国资办拟定关停方案，经双方协商一致对热电厂实行整体关停，并启动资产处置工作。

10月　用地5.67万平方米、建筑面积14.93万平方米的书香丽景一期安置房项目开工。

10月　美国马萨诸塞州斯普林菲尔德（Baystate）医学中心（MBC）首席心脏病学专家亚伦·库马思教授参观庄市社区卫生服务中心，对社区医院硬件设施、信息化建设、慢性病管理系统和居民网上健康查询平台表示赞赏。

10月　区老龄委协同成员单位，在全国第一个“敬老月”里开展以“关爱老人，构建和谐”为主题的系列活动。期间，开展走访慰问、助老志愿服务、老年维权、老年文体比赛以及敬老助老先进评选表彰等各项活动130项次，参与活动的老年人49716人次，用于活动与慰问的资金达407.5万元。

10月　镇海区62个村社区服务中心建设全面完成。共投入资金5000多万元，新建和改建社区服务中心8.4万平方米，平均建筑面积1400平方米。服务中心服务功能覆盖28.16万名农村人口。

11月

2日　德国北威州斯维尔特综合中学师生到龙赛中学交流，区政府办公地首次向外国来宾开放。

8日　阿克苏诺贝尔宁波多元化生产基地举行开工典礼，中国石油和化学工

阿克苏诺贝尔宁波多元化生产基地揭幕仪式

业联合会会长李勇武等、阿克苏诺贝尔公司首席执行官魏思瀚出席。阿克苏诺贝尔公司为世界500强跨国公司，该生产基地是其在全球最大的投资项目，占地50公顷。主要生产螯合剂、乙烯胺、环氧乙烷以及有机过氧化物等产品，可应用于建筑装修、清洁剂生产、食品保鲜、个人护理产品及纸浆等行业。

同日　蛟川走书老艺人张亚琴从艺66周年座谈会在招宝山饭店举行，同时举行《蛟川走书》首发式。

蛟川走书是宁波地方曲艺中乡土气息浓郁、表演风格独特的曲种之一，列入省非物质文化遗产项目。张亚琴于1944年从艺，作为首位演唱蛟川走书的女艺人，以其宽厚的音域、优美的唱腔、清晰的吐词与准确的发音展现出高超的艺术水平。《飞龙传》《杨家将》《潘杨案》等一批公案、武侠、演义类长篇书目演唱作品广受区内外群众好评，并多次在省市曲艺会演及调演中获奖。

表演走书艺人张亚琴（左）

11月中旬　龙赛医院医生马苏亚获第七届“中国医师奖”。

20日　区委书记马卫光一行在土耳其伊斯坦布尔考察ADEL公司和对欧贸易市场。

22日　全省规范计生阳光行动工作现场会议在镇海区召开。省人口计生委主任章文彪、副主任宋贤能和市、区领导出席会议。

25日　国家电监委稽查局副局长潘耀龙率领九部委检查组到镇海区，对区环境保护和减排工作进行督导检查。

11月　瑞士中国学人科技协会考察团一行考察本区创业创新环境。

11月　区调整拆迁安置房建设单位结算价格和农村住房拆迁过渡补贴费：省市重点项目安置房的结算价格调整为6000元/平方米；区内建设项目安置房的结算价格分别调整为多层住宅4500/元平方米、小高层和高层住宅5500元/平方米。临时过渡补贴费按被拆迁住房合法建筑面积7.5元/平方米结算；合法建筑面积不足75平方米或超过200平方米的，分别按75平方米、200平方米计算；过渡期限超过24个月的，自第25个月起支付双倍过渡补贴费。

12月

1日　区卫生局、区教育局联合在仁爱中学、中心学校和艺术实验幼儿园开展传染病症状监测试点，实行网络日报制度。学校、幼儿园将疑有传染性疾病、被确诊传染病、因病缺课的学生人数和因病缺课天数等信息，向市卫生局应急指挥系统的症状监测子系统进行网络直报，区疾控中心根据网络监测信息分析，及时与学校沟通，必要时进行现场调查处理。

4日　镇海区单件最重石化设备启运出海。宁波天翼石化重型设备制造有限公司为福建腾龙芳烃项目制造的二甲苯分馏塔两台从五里牌大件码头装船前往漳州。该设备长92米，直径8.6米，重1200吨。

6日　宁波边检站镇海分站新型边检巡逻艇——“303艇”服役，为全省最大的边检巡逻艇。

同日　九龙湖旅游度假区御水龙都项目签约。

7 日　举行人才工作会议，部署实施《镇海区中长期人才发展规划纲要（2010—2020 年）》，动员全区各方面力量加快推进人才强区建设。

同日　位于新城北区的文化艺术中心开工。该项目占地面积 3.90 万平方米，建筑面积 5.97 万平方米，总投资约 4.6 亿元。文化艺术中心含青少年活动中心、剧场、图书馆、文化性消费（商业）四大功能区块，为镇海城市文化地标性建筑。

10 日　区政府举行常务会议，研究讨论并原则通过《镇海区“十二五”规划纲要》、2011 年《政府工作报告（征求意见稿）》。

11 日　清水浦大桥合龙，宁波绕城高速段全线贯通。共设九龙湖、沙河、蛟川、临江 4 个互通及 1 处服务区（镇海服务区）。

同日　全国高中数学联赛浙江赛区颁奖会在镇海中学举行，镇海中学子凌霄获一等奖第一名。

16 日　镇海恒兴船务运力 1.2 万吨的“宏大海 12”油轮投入运营，刷新宁波市油轮吨位纪录。

同日　13 时 30 分，镇海炼化年原油加工量突破 2000 万吨，跻身世界特大型炼油企业行列。

同日　宁波天翼石化重型设备制造有限公司制造的精丙烯塔运往大件码头。该塔是区内企业制造的最长单体设备，全长 4.75 米，重量 450.37 吨，最大直径 4.4 米。

12 月中旬　镇海区城镇数字地籍调查和地籍管理信息系统升级项目通过省专家组验收，历时 3 年的全区第二次土地调查工作全面完成。

17 日　区政府出台《关于印发宁波市镇海区城市房屋拆迁补偿安置若干规定的通知》，对城市住宅用房和非住宅用房的拆迁补偿、低限保障、拆迁搬迁奖励、地段等级、拆迁补偿安置费用及补贴、拆迁购房税收等作出规定，对拆迁补偿行为予以规范。

18 日　省重点工程泥螺山北侧围垦工程举行开工典礼。

20 日　镇海区危险品运输车辆 GPS 监控指挥中心在公路运输管理所骆驼站开工建设。

同日　镇海电台新农村有线广播开播，通过农村有线广播喇叭和数字电视机顶盒进入广播板块的两种形式，向区内农村居民广播。广播设置《镇广新闻》《绿色田野》《市民桥》《他乡人热线》《有讲没讲》《丑小鸭》等自办节目，转播中央广播电视总台中国之声“新闻和报纸摘要”、中央电视台《新闻联播》、宁波电台“新闻进行时”“点评天下”等节目。节目全天播出时间为6小时45分钟，分早、中、晚3个时间段播出，覆盖农户约3.2万户。

22日　区委十二届十三次全体（扩大）会议召开，区委书记马卫光作报告。会议学习贯彻中共十七届五中全会和省市全会精神，听取和讨论区委常委会工作报告，部署2011年工作。会议通过区委《关于制定镇海区国民经济和社会发展第十二个五年计划的建议》。

24日　区地名办编纂、严水孚主编的《宁波市镇海区地名志》（2008版）由西安地图出版社出版。全书约70万字，收录条目3097条。

28日　区政府授予阿克苏诺贝尔公司纸化学品事业部亚太总裁梅光德“镇海区人民政府特别贡献奖”。

30日　国务院办公厅下发《关于浙江宁波镇海化学工业园区升级为国家级经济技术开发区的复函》，宁波化学工业区升级为国家级经济技术开发区，定名宁波石化经济技术开发区。

同日　《镇海文物大观》首发式举行。全书共6册，记录镇海区野外不可移动文物现有面貌、分布、保护情况及地面位置、自然环境等。

31日　23时58分，编号G1501的宁波绕城高速东段镇海段通车。镇海段西起九龙湖镇长石，东至临江互通，全长13千米。主线按双向八（六）车道高速公路标准建设，设计时速120千米。

12月　投资估算6248万元的城市供水环网西延至九龙湖镇工程开工建设。计划铺设给水主干管、次干管长60千米，与宁波供水大网并网割接。工程包括：沿九龙大道铺设口径600毫米主管7.4千米，沿河横线铺设口径600毫米主管0.91千米，沿汶骆路铺设口径500毫米管7.5千米；沿长邱路铺设口径400毫米管4.2千米，沿规划二路、长邱路、规划七路铺设口径300毫米管3.2千米和口径200毫米及以下管道7.7千米；沿御都大道铺设口径400毫米管1.3千米，沿环湖西路、御景路、余汶线、三星路、规划六路铺设口径300毫米管6.5千米和口径200毫米及以下管道20.5千米；将河头水厂、汶溪水厂改造为日供水分别达 1.5 万吨和 0.5 万吨的泵站。

12 月　骆驼街道骆兴村、东钱村、澥浦镇湾塘村创建成为市全面小康建设示范村。至年末，全区省、市级小康示范村 22 个。

12 月　骆驼街道骆驼村、敬德村，蛟川街道五里牌村，九龙湖镇河头村通过市级环境整治合格村验收。至年末，全区有省、市级环境整治合格村 52 个。

12 月　在入选为“浙江省 2010 年度十大民生工程”的宁波居家养老服务体系中，总浦桥社区的“孝心车轮食堂”成为其中的亮点，至年末，有 100 余名老年人享受送餐服务。“车轮食堂”于 2007 年建立，社区筹资 22 万元，购买送餐车，配备专用保温设施、送餐盒，面向本社区和招宝山街道内有需求的老年人提供上门送餐服务，解决行动不便老人的就餐问题。

总浦桥社区“车轮食堂”送餐上门

12 月　宁波市居家养老服务机构首次等级评定，招宝山街道总浦桥社区老年护理中心、庄市街道庄市社区居家养老护理中心和庄市曙光康福苑获 AAA 级，蛟川街道棉丰村、俞范社区老年服务中心获 AA 级。

12月　省城乡社区建设领导小组发文命名第二批“浙江省和谐示范社区”，城东社区入选。至此，全区省和谐社区达到5个（城东、总浦桥、西门、兴庄路和南一社区），省“十佳和谐社区”1个（后大街社区）。镇海区被命名为全省和谐社区建设工作先进县（市、区）。

12月底　绕城高速镇海段4条连接线建成，工程按城市快速路标准建设：沙河互通连接线（世纪大道北延一期）投资概算8.7亿元，于2009年8月开工，南起聚兴路，北至沙河互通立交，全长8.26千米，双向六车道，设计时速60千米。蛟川互通连接线（东外环北延）投资概算3.1亿元，于2009年6月开工，南起北外环，北至蛟川互通立交，与舟山跨海大桥连接线相接，主线长1880米，辅道长665米连接镇骆路，双向六车道，设计时速80千米。临江互通连接线（北外环东延一期）投资概算2亿元，于2009年3月开工，西起东外环路，东至临江互通立交，主线长1160米，双向六车道，设计时速80千米。九龙湖互通连接线（大庆南路北延工程）投资概算1.1亿元，南起纬三路，北至绕城高速，跨越江北、镇海两区，其中镇海段长1千米。

12月底　历时2年的全区第二次土地调查（包括农村土地调查和城镇土地调查）工作全面结束。基本查清到2009年底全区农村土地各类用地情况：建设用地9804.25公顷；农用地11106.19公顷，其中耕地6636.99公顷；未利用地2795.22公顷。城镇土地调查完成覆盖城乡工矿建设用地103平方千米测量任务，调查宗地88087宗。对全区100.75平方千米的城镇和全部农村居民点开展1∶500数字地籍调查工作，其中60.53平方千米为新测范围，40.22平方千米为修、补测范围。数据成果上报第二次全国土地调查领导小组办公室。

2010年　沿海北线镇海段（亦称化工区主干道）基本建成。道路总投资约40300万元，起自镇海港区化工大道，终于镇海与慈溪交界处，全长14.43千米，规划断面宽28—53米，沥青混凝土路面。其中，威海路至大乙烯北门岗段北侧半幅长2.3千米，建安投资2721万元，2008年11月开工，2010年1月完工；大乙烯北门岗至庄俞公路段北侧半幅长2.03千米，建安投资2930万元，2008年11月开工，2010年1月完工；庄俞公路至岚山水库段南侧半幅长2.9千米，建安投资2249万元，2009年8月开工，2010年7月完工；岚山水库至澥浦大桥段南侧半幅长2.6千米，建安投资1764万元，2009年8月开工，2010年7

月完工；威海路至庄俞公路段南侧半幅长 4.328 千米，建安投资 6196 万元，2010 年 10 月 7 日开工，尚在建设中。

沿海北线镇海段部分地段建成

2010 年　镇海城区沿车站路、城河路、后大街、聪园路、物资局地块、苗圃路、镇远路、江塘路，新建电力排管 5 千米，5 升箱式环网站 4 只，投资估算 3959 万元。是年末，电力排管施工及路面修复全部完工。

2010 年　区建交局投入经费 1109 万元，对招宝、西门、天宝、江口 4 个老住宅小区实施屋面防水、外墙立面、小区道路、天然气入户整治改造。

2010 年　招宝山街道实施南大街改造提升项目，投入资金 512.63 万元。用于街景整治、店面改造、临街房屋外墙装修和人行道改造等，共改造外墙立面 3700 平方米，人行道 1600 平方米。

2010 年　招宝山街道对老住宅小区实施维修改造、绿化养护。投资 500 万元用于仓基弄、刘家弄、西长、三角地、银杏、鼓西、鼓东、江口、胡家弄、清川等共 33 幢老住宅小区的屋顶、外墙、楼道、管道、道路等共用部位修缮；投资 50 万元用于车站路、顺隆、后大街、张鑑碶、白龙、胜利路等社区老住宅小区的道路、污水管道、绿地花坛维修。

2010 年　全区建成农村联网公路 4 条：骆驼街道耕渔北路，澥浦镇楼蒲路、金袁路、潘王路。

2010年　区领导共接访321批969人次，当场解决问题143批，落实责任单位调处178批，逐步实现领导干部接待群众来访工作规范化、制度化。

2010年　制定“看守所执法工作规范”，提出69个业务标准，实行标准化、流程化、规范化监管。是年，区看守所被公安部授予“全国标兵看守所”称号。

2010年　镇海交易团18家企业参展第20届华交会，成交额（含意向）2960万美元。

2010年　澥浦镇创建成省旅游强镇，全区旅游强镇（含街道）达到3家，居全市第一。是年，十七房村创建成省旅游特色村，碧海云庄创建成市农家乐休闲旅游示范点，九龙湖村获评省二星级乡村旅游点，九龙湖旅游度假区获评“市十大休闲旅游基地”。招宝山风景旅游区和九龙湖旅游度假区创建成市、区两级“平安景区”。

2010年　镇海区实施第二轮经济适用房、解困房安置，房源在金丰阳光、金邑水岸、骆兴家园等住宅小区。销售限价房315套，基准价4000元/平方米，销售面积2.4万平方米；廉租住房货币补贴2856户次，发放租金补贴382.6万元。

2010年　《镇海区土地利用总体规划（2006—2020年）方案》，经省政府批准实施。方案确定全区2006—2020年城乡建设用地总规模7547公顷，其中新增建设用地2094公顷。确定耕地保护面积7661公顷，其中基本农田保护面积6080公顷。

2010年　区统计局根据区政府2009年下发的《关于在全区开展第六次人口普查的通知》，组织实施第六次全国人口普查。组建镇（街道）、村（社区）及驻镇部分省（部）市属单位的人普机构，明确职责和工作规范，落实办公场地、人员及经费。至年末，完成普查试点、划区绘图、户口整顿、清查摸底等工作，对全区9万多户居民家庭逐户逐人入户登记。

2010年　全区12家危险品运输企业的272辆危险化学品运输常压罐车，统一实施安装“新型防泄漏安全系统”呼吸阀技术改造。区政府对改造车辆给予50%资金补助。

2010年　宁波市文物考古研究所和镇海区文管办在镇海区文物普查时发现一处距今约2500多年的战国时期遗址。该遗址位于宁波镇海区九龙湖镇鱼山南坡广阔的山脚下，仍保持原始状态，未有大的破坏。从遗址中采集的陶器残片分析，主要为原始瓷、夹砂红陶和泥质灰褐陶，可见器形有鼎、罐、盆等。陶器上的印纹种类繁多，有席筛纹、回纹、方格纹、云纹、云雷纹等，且纹饰清晰、立体感强，比起此前商周遗址出土的陶器制品，纹饰更为丰富，工艺也更加先进。这一发现不仅填补了镇海区战国文化的空白，更有力地证明了早在战国时期这里就已经不是滩涂，并有人居住。

2010 年　镇海区再次获得市外来务工人员子女教育工作考核第一名，这是自 2007 年全市开展外来务工人员子女教育工作考核以来本区连续第四次获第一。镇海区在外来务工人员子女教育工作上着眼于规范化、制度化建设，区财政每年安排资金 300 万元专项经费用于学校扩建、设备设施更新、帮困助学和教师保障，每年用于外来务工人员子女接受义务教育的财政投入达 1.3 亿元，占全区义务教育经费的 48%。

2010 年　浙江省实行新课程改革后的第二次高考中，全区普通高考录取 1393 人，录取率 96.4%，高出全省平均录取率 12.6 个百分点。其中，一批录取人数 553 人，录取率 38.27%，位居全市第一；被清华、北大录取 34 人。镇海中学 7 名学生名列全省理科前十，其中李乐、吴润东、计羽、梁天雨包揽全省前四。镇海中学一批上线率达 97.4%；龙赛中学一批上线人数 127 名，其中新课程示范班上线率达 64.58%；中兴中学的一批上线 17 人；骆驼中学首届美术特色班本科上线率 90%。区职教中心在高职院校单招单考招生中，有 129 人上线，上线率近 90%。

2010 年　实施第二轮妇女健康促进工程，常见妇女病体检 19238 人，体检率 43.42%，确诊乳腺癌 3 例。

2010 年　骆驼街道、蛟川街道把除“四害”工作推向市场，宁波市宇鹰消杀公司、宁波润丰虫控有限公司在招投标中中标，分别负责两个街道的除“四害”工作。至此，全区 4 个街道全部实行除“四害”工作的市场化运作。

2010 年　区民政局将钦寸水库第一批 19 户 56 人的移民安置任务分解落实：蛟川街道迎周村 3 户 9 人，庄市街道万市徐村 7 户 21 人、光明村 4 户 11 人，骆驼街道沙河村 5 户 15 人。安置移民任务的街道、村开始移民安置各项工作。

2010年　由骆驼街道和九龙湖镇开展创建。骆驼街道对各村新（改）建老年活动场地和设施进行补助，鼓励老年门球运动发展，创建成为首批“浙江省老年体育特色项目（门球）之乡”。九龙湖镇普及老年健身球操，实现村村有队伍、经常有活动，创建成为首批“浙江省老年体育特色项目（健身球操）之乡”。

2010年　宁波港镇海港区吞吐量创历史新高，完成货物吞吐量3790万吨。

2010年　镇海区航运运力100.6万吨，为宁波航区首个破百万运力的县（市、区）。

2011年

1月

4日　镇海区“三校一所”科技与人才合作恳谈会举行。3所高校聘请全区17名企业高管为兼职教授，镇海区聘请高校和科研院所19名专家为企业科技顾问。

7日至30日　由省花卉协会、市林业局和区政府联合主办，区农业局、骆驼街道和宁波花木世界共同承办的2011浙江迎春花展在骆驼宁波花木世界举行。本次花展设展位200余个，由玻璃温室展示区、玻璃温室展销区、薄膜温室交易区和大树盆景园组成，200余家花卉企业参加展示展销，吸引7万市民前往观赏、购买，销售花草近10万盆，销售额60万元。

9日　宁波第五医院（宁波肿瘤医院）通过省卫生厅执业许可现场验收。该院于2010年12月26日开诊，由法籍华人、宁波荣誉市民杨璧如女士投入6亿多元建造，占地5.87公顷，建筑面积8万平方米，一期设计床位650张，按照三甲医院标准建设。

10日　电信镇海分公司与区残联合作，以世界电信日“让信息通信技术惠及残疾人”为切入点，采用业务整合的方式打造全省首家面向残疾人，集交流、咨询和服务于一体的镇海区智慧·阳光家园网络服务平台，全区6200多名残疾人从中受益。

11 日至 13 日　政协区八届五次会议在九龙山庄召开。区委书记马卫光到会讲话，大会应到委员 177 人，实到委员 170 人。会议听取并审议政协主席王悦所作的常委会工作报告和政协副主席张惠诚所作的常委会提案工作报告，选举陈利华为政协区八届委员会副主席。会议收到委员提交的意见建议 255 件，经审查立案 210 件。会议审议通过政协八届五次会议决议。

中国人民政治协商会议第八届宁波市镇海区委员会第五次会议

12 日　国土资源局镇海分局、区征地拆迁办发出《关于严格农村集体土地房屋继承、析产公证的通知》。根据通知，农村村民通过土地房屋析产、继承申请土地房屋确权登记并公证的，由国土资源镇海分局驻各镇、街道国土所对其申请进行审查，报所在地镇政府、街道办事处批准后，再依法申请公证。否则，房屋析产、继承协议不予公证，且不作为拆迁补偿的依据。

12 日至 14 日　区第十三届人民代表大会第五次会议在区人民大会堂举行。本次会议应到代表 166 人，实到 161 人。大会听取和审议政府工作报告，审议区国民经济和社会发展第十二个五年规划、区 2010 年国民经济和社会发展计划执行情况与 2011 年国民经济和社会发展计划、区 2010 年财政预算执行情况和 2011

年财政预算，听取和审议区人大常委会工作报告、区人民法院工作报告、区人民检察院工作报告。会议批准上述报告并作出相应决议。会议补选高炳华为区十三届人大常委会副主任。会议共收到人大代表 10 人以上联名的议案 4 件，大会主席团决定将该 4 件议案作为代表建议、批评和意见处理，并与 174 件代表建议、批评和意见一并交由区政府及有关部门办理。

宁波市镇海区第十三届人民代表大会第五次会议

13 日　宁波新福钛白粉有限公司宁钛商标和宁波兴怡紧固件有限公司 XYLX 商标被省工商局认定为省著名商标。

14 日　宁波大学参与完成的“大功率中速船用柴油机关键技术研究及产业化”和“面向大规模城域监控的流媒体关键技术及装备”项目，同时荣获 2010 年度国家科学技术进步二等奖。

14 日至 19 日　区商务局在沿江路粮食市场举办镇海区第 9 届迎新春名优菜篮子商品展销会。这场年货展销会设 130 余个展位，吸引包括台湾在内的全国 15 个省（市）、46 个地市的食品生产经营商参展。展销各地特色品种 500 余种。进场购买年货的市民近 9 万人，成交额 360 多万元。

18日　“镇海网络问政平台开通”入选2010年宁波市政风建设十大新事。

23日　在甬原镇海区领导及镇海籍市（市局）级领导新春团拜会举行，市政协主席王卓辉与离退休老干部齐聚一堂，共庆佳节，共谋发展。

25日至27日　镇海区在北京、上海、杭州举行镇海籍人士新春团拜会。

26日　科技部公布22家国家高新技术产业化基地名单，宁波化工区榜上有名，成为国家化工新材料高新技术产业化基地。2011年，辖内企业科技经费研发投入1.6亿元，占规上企业销售收入的比重1.8%；完成高新技术产品40亿元。

27日　省科技厅公布2010年度企业省级工程技术中心名单，镇海区7家企业榜上有名，分别是摩士轴承省级高新技术企业研发中心、德泰炭黑省级高新技术企业研发中心、新容电容器省级高新技术企业研发中心、绅乐车载多媒体省级高新技术企业研究开发中心、中意液压马达省级高新技术企业研究开发中心、百隆东方有限公司技术中心和宁波明欣化工机械有限责任公司企业技术中心。

同日　龙赛医院成功开展下腔静脉滤器植入术，有效阻止了溶栓过程中血栓脱落引起的致命性肺动脉栓塞，标志着该院血管外科的技术水平再上一个台阶。

1月起　根据省市统一部署，镇海区集中开展“书记大接访”活动。活动分三个层次进行：区委书记、区长每月一天到区信访局接待来访群众，每季一天到镇（街道）下访；各镇（街道）和区属部门党委（党工委、党组）书记每月一天在本单位接待来访群众；村（社区）书记每周一天接待群众。是年，共接待群众来访254批763人次，当场解决145批，落实责任单位调处109批。

1月起　按照省市统一部署，全区各镇（街道）和村（社区）全面建设“一个完善的信访工作组织网络、一个固定的办公场所、一支健全的信访员队伍、一套完整的信访工作机制和一笔相应的信访工作经费”的“五个一”工程。至年底，全区6个镇（街道）都建立与综治中心合署办公的信访办公室，配备专职的信访办主任和信访工作人员。80%建制村（社区）的信访室达到规范要求。信访“五个一”工程的基本建成，使群众信访诉求尽可能在基层反映和化解。

1 月　在全省卫生工作会议上，镇海区被命名为全省首批卫生强县（市、区）。

年初　镇海区与宁海县岔路镇签订《宁波市镇海区人民政府用水城区与供水库区挂钩结对 2011 年项目协议书》，项目涉及村庄绿化、自来水改造、村道河道修整、新建拦水堰坝等，镇海区提供帮扶资金 100 万元。2011 年，镇海区帮扶宁海县岔路镇实施 4 个公共基础设施和文化休闲设施建设项目，帮扶资金 40 万元。

2 月

1 日　区委、区政府下发《关于 2011 年促进全区经济转型升级的若干政策意见》文件，从推进制造业改造升级、加速现代服务业发展、推动建筑业跨越发展、增强自主创新能力、加强高层次和高技能人才建设、提高开放型经济水平 6 个方面提出促进全区经济转型升级扶持奖励意见。

9 日　区四套班子领导和区级机关干部开展义务植树活动。

10 日　宁波联展化学科技有限公司高纯度氟化镁项目、宁波威格士液压传动有限公司可实现高压制动的履带液压行走马达项目、宁波天韵天线科技有限公司 2G、3G 复合型移动通信基站天线项目和宁波创源液压有限责任公司 ZJM 系列内曲线多作用径向柱塞液压马达等 4 个项目，入选国家中小型科技企业技术创新基金项目。

11 日至 18 日　招宝山风景旅游区举办第十届招宝灯会，在沿江景观带灯景主展区布置自贡彩灯 21 组，主要包括财神赐福等民俗主题形象、梦幻花海等时尚主题形象、欢乐乐章等童趣主题形象和扬帆镇海等发展主题形象。元宵节当天，举办以“欢度元宵，快乐共享”为主题的广场文艺演出，邀请杭州杂技团与招宝山街道文艺骨干共同为观光居民献上具有镇海地方特色的节目，活跃节日气氛。

12 日　全区村级组织换届选举工作动员大会暨业务培训会议召开。

同日　百隆东方有限公司获中央财政出疆棉移库费用补贴 3745.76 万元，占全市补贴资金的 66.43%，成为区企业获金额最大的单笔国家财政补贴。百隆东方是一家集研发、生产、销售色花纱于一体的大型专业集团公司，于 2004 年被中国纺织产品开发中心定为国家棉色纺纱开发基地，在新疆设有棉花基地。根据规定，符合国家标准的出疆棉花，不分品级和长度，中央财政每吨定额补贴400元；出疆棉花移库费用补贴根据棉花生产年度进行核算，补贴期限暂定为2007年度至2010年度。

14日　象山县委书记李关定一行率团到镇海区考察，区领导马卫光等接待代表团一行。

【特殊日子结婚登记扎堆】　2月14日情人节，办理结婚登记66对；5月20日谐音“我爱你”，掀结婚小高峰，办理结婚登记43对；11月11日称“光棍节”，纪念“脱光”办理结婚登记达105对。选择特殊日子结婚登记，成为年轻人时尚。

15日　全区“三思三创”活动动员大会召开，区委书记马卫光作动员讲话。

16日　全区政法工作会议召开。

同日　全区党建工作会议召开。

同日　镇海中医院成功救治一名腹腔妊娠患者，这是该院自建院以来首次接诊腹腔内妊娠患者。

17日　全区反腐倡廉建设大会召开，区委书记马卫光讲话。区委常委，区纪委书记鲍娴萍通报2010年反腐倡廉工作情况和2011年工作任务。

同日　2011年镇海区元宵节广场文艺演出隆重举行。

18日　区委、区政府出台《关于在全区开展“思进思变思发展、创业创新创一流”主题教育实践活动的实施意见》，提出以“转型升级突破年、项目推进落实年、城市管理服务年、作风建设深化年”为载体，以争创一流为目标，着力在优化服务环境、破解发展难题、解决人民群众反映强烈的突出问题和创新体制机制上求突破，全面落实“重塑新优势、实现新跨越”战略要求，以实际行动促进全区转型发展、率先发展、绿色发展、和谐发展、共享发展，确保“十二五”开好局、起好步。要求“三思三创”主题教育实践活动中，重点抓好解放思想大讨论，开展“服务企业、服务基层、服务群众，促进转型、促进发展、促进和谐”的行动。活动从2月开始到年底结束，分动员部署、全面推进和总结提高三个阶段实施。

同日　中科院宁波材料所薛立新、李润伟、解荣军三名研究员入选第三批省海外高层次人才计划，至此，该所共有 7 人入选省“千人计划”。

23 日　中科院宁波材料所成功研制峰值推力达 17022 牛、额定推力达 10639 牛的大推力直线电机，解决了超大型先进制造装备的技术瓶颈。

24 日　中国科学院副院长江绵恒考察中科院宁波材料技术与工程研究所。

25 日　镇海区 37 名志愿者获 2008—2009 年度全国无偿献血奉献奖，其中 9 名获全国无偿献血金奖。至此，全区累计 78 人获得全国无偿献血奉献奖。

28 日　钦寸水库移民安置政府对接签约仪式在镇海举行，确定迎周等 6 个村接收第一水平年 106 名移民安置，永旺等 5 个村接收第二水平年 96 名移民安置，岚山等 4 个村接收第三水平年 73 名移民安置。10 月，钦寸水库移民安置房开始建造，第一批 37 户 106 位移民的安置工作启动。钦寸水库工程由宁波市和新昌县合作建设，建成后每年可向宁波地区供应优质饮用水 1.26 亿立方米。

同日　镇海区第三次全国文物普查工作结束，共查得不可移动文物 457 处。

2 月　威海路（雄镇路至化工区主干道）改造完成，长 1.74 千米，投资估算 3480 万元。工程于 2010 年 8 月开工，为一级公路，16 米主车道，两侧各 3 米非机动车道及 2 米人行道。

2 月　新城绿核北圈的万科城开工建设，其商住地块一期同日开盘。规划中的万科城用地 23 公顷，建筑面积约 51.9 万平方米，总投资 50 亿元，将建成以青年城邦、五星级酒店、高档公寓和大型商业等为主的新型城市综合体。

2011 年 2 月，万科城开工典礼

2月　春节期间，招宝山风景旅游区举办第三届招宝文化周暨兔年招宝大典。推出“上头香、撞头钟”祈福迎新活动，“跳财神、迎财神”招宝大典活动，戏曲联唱、二人转等民俗杂艺。历时10天的活动接待游客6万余人，其中日接待市外旅游团20多个，共2000人，影响力扩大到上海、苏州等地。

3月

3月初　区委人才办出台《关于大力引进海外高层次人才的实施办法》，加大引进海外高层次人才的力度。政策规定，海外人才到区内创业，可提供最高500万元的创业启动资金资助，3年内提供最多3000平方米办公或生产用房免费使用，提供最高1000万元的政策性贷款。

7日　镇海中学12项学生研究成果在全国首届中小学生研究性学习成果评选中获奖，其中浙东地区克氏原螯虾铜离子急性中毒研究等4项学生研究成果获一等奖。

8日　市外经贸局、市财政局公布第一批“宁波市出口基地”名单，九龙湖镇的紧固件产业基地名列其中。市级出口基地是宁波市优先扶持和着力打造的外贸转型示范基地，可享受一系列优惠政策。4月29日，市外经贸局为九龙湖镇“宁波紧固件出口基地”授牌。

9日　全区农村工作会议召开。

10日　镇海区6项科技项目荣获市科技进步奖，其中摩士集团股份有限公司的微型轴承套圈磨削加工在线质量监控仪研发项目获一等奖。

11日　省委常委、市委书记、市人大常委会主任王辉忠，市委副书记、市长刘奇率市四套班子领导到威海路海天林带，参加义务植树活动。区四套班子领导、中石化镇海炼化分公司领导及职工、驻甬部队官兵400余人参加义务植树活动。

同日　镇海职教中心师生在2011年市职业教育技能（才艺）大赛中共获得56个奖项，获奖总数列宁波市42所参赛职业学校第三。其中，一等奖10个（教师4个、学生6个），二等奖12个（教师3个、学生9个），三等奖34个

（教师 4 个、学生 30 个）。

16 日至 19 日　受日本地震引发核辐射传言影响，3 月 16 日开始，出现市民抢购食盐风波，绝大部分超市和商店食盐供应脱销。区商务局及时联系市盐业公司，紧急调运食盐 100 吨，并指导三江、加贝等超市设立食盐销售专柜，向市民限量、限价供应食盐。在多部门密切合作和舆论引导下，19 日食盐抢购风波平息。

22 日　国家级经济技术开发区授牌仪式在九龙湖镇开元度假村举行，宁波化工区正式更名为宁波石化经济技术开发区。省委常委、市委书记王辉忠，副省长龚正出席仪式。7 月，中共宁波石化经济技术开发区党工委、宁波石化经济技术开发区管委会正式挂牌。区委书记马卫光兼任党工委书记，区长陈召华兼任管委会主任，胡祖友任党工委副书记、管委会副主任，主持日常工作。8 月，管委会内设机构设立，设党政办、投资合作局、经济发展局（统计局）、建设管理局（市规划分局）、安全监督局、监察局（审计局）、财政办 7 个处级机构，14 名正副主任（局长）到位。

28 日　区第八次归侨侨眷代表大会召开。

29 日至 4 月 30 日　区农办、区农业局和区旅游局联合举办 2011 镇海快乐乡村游·踏青之旅，并在郑氏十七房景区举行启动仪式。其间，举办十七房民俗文艺表演、湾塘农庄垂钓大赛、乡村旅游摄影大赛等 6 项活动，推出九龙湖、十七房 2 条乡村游线路，共接待游客 24 万人，营业收入 1040 万元。

2011 年 3 月 29 日，快乐乡村游启动

30日　通海路正式通车，成为宁波市中心城区59条“断头路”中首条贯通的道路。通海路是沟通化工区主干道和329国道的重要口径，该段近300米小路因厂房阻隔而成“断头路”，沿海北线镇海段往来的危险化学品运输车要绕行1.7千米方能驶入329国道，大大增加货运成本。是年，东邑北路北延、南二路2条“断头路”也相继打通，镇海区全面完成市政府下达的打通3条“断头路”计划。

31日　省委、省政府授予镇海区2010年度省“平安县（市、区）”荣誉称号。这是镇海区连续第六年获此荣誉。

3月底至11月　三立控股集团公司在九龙湖镇金池村进行地下温泉钻探，钻井深度2000米，钻探出温泉泉源。该温泉水温40℃左右，经专家评估，日均出水量可达700吨。

3月　区社会矛盾联合调处中心成立，履行信访、维稳、调解“三位一体”职能。同时，相应机构和职能向镇（街道）、村（社区、规模企业）延伸。联调中心实行接待、分流、协调、督办、归档“五个统一”，通过上下级和部门之间的联动，社会矛盾联合调处化解机制进一步形成。至年末，联调中心登记接待群众5688批8487人，现场化解矛盾纠纷案件5068起。

3月　区司法行政法律服务中心建立并运行。该中心与区社会矛盾联调中心合署办公，提供法律咨询、法律援助和纠纷调解服务，形成案件接待、受理、咨询、调解、援助直至监督的“一站式”服务模式。中心全年接待来访3357人，提供免费法律服务2015人，接受咨询960件，受理矛盾纠纷562件1047人，调处矛盾纠纷512件，调解成功率91%。

3月　在上海举行的第21届中国华东进出口商品交易会上，宁波市参展团镇海区分团共15家企业参展，展位数19个。镇海参展企业在展会上推出一批具有高技术含量、高附加值的自主品牌产品，吸引日本、欧盟和美国等客商，订单成交额3250万美元，比上届增长10%。

3月　泥螺山北侧一期围垦工程全面开工。至年底，完成土工布42万平方米、碎石垫层26万立方米、塑料排水板256万米，基础处理基本完成；水下抛石76万立方米，完成总工程量的33%。泥螺山北侧围垦工程的围垦总面积1253公顷，根据用海的审批情况，工程分3期实施，一期实施南围区693公顷，投资预算 7.8 亿元。

3 月　区地名办发行全开《镇海区政区图》3000 张，追印 A3 版政区图 1 万份，向全区机关企事业单位和市民免费派送。新版政区图以行政区划为主线，详细标注了区内 2 个镇 4 个街道和 60 个建制村、29 个社区的名称与位置，以及新采集的水系、交通、地理实体、公共设施等布局。

3 月　区政府启动“清洁空气行动”，计划通过三年（2011—2013 年）行动，有机污染物排放总量比 2010 年下降 10%以上、大气环境质量优良率在 2010 年基础上提高 3%。2011 年，“清洁空气行动”投入治理资金约 2 亿元。对全区 29 家石油化工、精细化工等重点企业有机废气进行治理；对 29 个加油站、2 座储油库和 14 辆运输汽油的油罐车进行油气回收综合治理；对镇海港区和后海塘区域煤灰粉尘采取新建防尘网、增设或改造喷淋设施、运输车辆加盖等手段进行治理；对后海塘道路、停车场、堆场和空地的扬尘污染采取路面硬化、加强动态保洁、清理非法堆放等手段进行治理。2011 年，较大的治理项目如下：乐金甬兴等 4 家有机废气重点排放企业新建 RTO 废气焚烧装置 5 套；港埠公司建成 884 米防尘网（二期），并改造喷淋设施；后海塘煤场建成 1.2 千米绿化隔离带。

2011 年，镇海港区煤场防尘网

4月

4月起　根据《宁波市物业专项维修资金管理办法》，按照房屋建安造价的5%—8%，镇海区开始向4月1日以后取得预售许可证或产权分割的商品房（含经济适用房）收取物业维修资金。

4月起　全区80周岁以上的老年人开始享受高龄老人津贴，津贴标准为：80—89周岁每人每月50元，90—99岁每人每月100元，百岁（含虚岁）老人每人每月500元。其中百岁老人津贴标准高于省、市300元的标准。全年发放高龄津贴288.78万元。

2日　环保部环评司在宁波召开《宁波石化开发区总体规划（修编）环境影响报告书》专家审查会。报告书主要内容如下：识别主要资源环境制约因素，评价资源环境承载能力和可能对区域环境、人群健康等方面的影响，开展环境风险分析和公众参与工作，论证园区内产业规模、布局、结构的环境合理性，提出规划优化调整建议以及预防、减缓不良环境影响的对策措施。环保部及省市发改、环保等单位代表和9名特邀专家通过现场踏勘，听取专题汇报后，一致认为报告书基础资料翔实，评价内容较全面，技术路线与方法适当，对环境影响的预测、分析较合理，对公众意见采纳情况的说明合理，对策措施原则可行，评价结论总体可信，予以通过。

5日　由张子恩执导的电视剧《郑氏十七房》开机仪式在郑氏十七房景区举行，中国电视剧制片协会副会长杨玉冰和区领导为电视剧开机。历时3个月，完成景区内拍摄。

7日　区委书记马卫光在全区开放型经济工作会议上作讲话。区委副书记、区长陈召华作“十一五”及2010年开放型经济工作总结回顾，部署“十二五”及2011年工作。

8日至9日　由中国教育学会班主任专业化总课题组主办、龙赛中学承办的全国教育科研规划重点课题培训会议举行。

9日至12日　“班主任专业化的内涵发展和研究方向”培训会在龙赛中学举行，来自全国22个省市的600多名德育工作者参加。龙赛中学代表作

《这里的爱在传递》主题发言，另有 6 名教师和专家分别作《班主任的艺术人生》等演讲，课题实验学校苏州十中带来系列报告，提供来自一线的实践与反思。

“班主任专业化的内涵发展与研究方向”主题培训会在龙赛中学举行

9 日　区摄影家协会、《照相机》杂志社和尼康公司主办的“美丽中国·品质尼康”全国十省市影友联谊会在镇海举行，200 余名摄影爱好者参加本次活动。该会活动 2011 年度在南京、长沙、福州、南昌等 10 个城市举行，镇海是第二站，也是唯一县（区）级举办城市。

11 日　区项目推进落实年领导小组办公室发布《2011 年镇海区重大项目征地拆迁“百日清零攻坚”专项行动方案》。排定“清零”项目 21 项，其中省、市重点工程 3 项，新城项目 7 项，区重点项目 11 项，截止期限为 7 月 23 日。至 7 月 22 日，共完成项目清零 16.5 个，完成率为 79%。截至 12 月 30 日，除轻轨 2 号线项目 2 户农户、物资局地块 1 家企业外，19 个项目实现“清零”。

12 日　全区争创全国文明城市“三连冠”动员大会举行，区委书记马卫光发出创建总动员。区委副书记，区长，区文明委主任陈召华作工作部署。

13 日　德国亚琛市艾滋病防治专家 Dr. med. Heribert Knechten 到镇海考察艾滋病综合防治情况，与艾滋病干预重点人群面对面交流，对区艾滋病综合防治工作表示肯定。

14 日　宁波高等技术研究院与宁波市大学科技园共建宁波高等技术研究院分院签约仪式暨该研究院大楼开工典礼举行。

14 日至 15 日　由上海教育报刊总社、江苏教育报刊社、浙江教育报刊总社主办，镇海中学协办的 2011 年中国长三角校长高峰论坛在镇海举行。来自江浙沪三省市的 200 多名中小学校长和教育专家、学者齐聚镇海，围绕“教育现代化”的理念和行动展开深入探讨。10 名嘉宾校长和其他与会校长们围绕中外教育观、教育公平、教育国际化和本土化等方面展开现场交流。

2011 年中国长三角校长高峰论坛

16 日　镇海区香港团拜会暨香港镇海青年联谊会成立大会于香港举行，赵亨文被推举为首届会长。该联谊会是由祖籍在镇海的香港青年发起和自愿参加的联谊组织，旨在加强联络联谊，促进交流合作，为祖籍镇海的香港青年搭建交流沟通平台。知名港胞范徐丽泰、李达三、包玉书、包陪庆等应邀出席本次大会。

2011 年，宁波市镇海区香港团拜会暨香港镇海青年联谊会成立大会举行

同日　碧水莲晴大型安居工程一期 867 套安置房抽签定位，509 户拆迁户喜获新房。该住宅小区以高层、小高层为主，总投资 18.5 亿元，总建筑面积 39 万平方米。一期工程占地 4.67 公顷，建筑面积 13 万平方米。

19 日　全国政协副主席董建华及其弟董建成、妹金董建平一行参观考察宁波帮博物馆。

20 日　由交警、公管、路政等部门组成的镇海区道路运输安全稽查大队成立。至年底，大队共登记稽查危化品车 127870 辆，查处危化品等车辆超载超限 126 起，不按规定路线行驶 186 辆，无押运员 5 起，无营运证及从业资格证 22 起，外省车辆未备案 31 起。

27 日　区委书记马卫光率领区党政代表团一行前往青岛市黄岛区（青岛开发区）考察学习。

28 日　全市“建立健全社会矛盾联合解决机制项目推进现场会”在镇海召开，宁波市和各县（市、区）党委政府分管负责人、相关部门负责人等 120 余人参加。与会人员现场观摩社会矛盾联合调处中心，4 家试点单位交流发言。

29 日　召开区庆“五一”表彰大会暨全区职工“同心建功‘十二五’，创新提升促转型”大行动誓师大会，区委书记马卫光宣布大行动启动，市总工会党组副书记、常务副主席施恩庭，区长陈召华等出席会议。

同日　澥浦镇总体发展规划通过市政府批复。规划澥浦镇未来发展定位为：宁波中心城北部工业型综合城镇、宁波石化经济技术开发区配套服务基地、以历史民居为特色的镇海旅游区重要组成部分。镇域范围，总用地面积为25.4平方千米；镇区范围，东至汇源路及规划路、西至329国道、南至镇浦路、北至国道和山体，总用地面积为2.74平方千米。

同日　镇海区首届校园文化艺术节开幕式暨雄镇大舞台精品展演在区职教中心举行。

同日　九龙湖镇的紧固件制造聚集地，被宁波市对外贸易经济合作局命名为“宁波紧固件出口基地”并授牌。

同日起　郑氏十七房景区向新老镇海人免费开放，户籍居民凭身份证、外来人员凭暂住证可免票进景区。至年末，免费接待游客15万人，免门票450万元。区旅游局向新老镇海人发放《镇海旅游护照》6500余本，持照可免费游览招宝山、郑氏十七房、九龙湖、宁波帮文化旅游区等景区10次，免门票40万元。

4月　新区主干道金华河桥竣工，单跨20米，投资估算1800万元。工程于2010年6月开工。

4月起　区委组织部在已实现规模以上非公有制企业党组织基本覆盖基础上，推进规模以下企业党的组织和工作“双覆盖”。全年新建党组织的非公有制企业达1659家，比2010年底增长42.45%，至年底，已建党组织的企业2008家，企业党组织组建率51.02%。推进非公有制企业党建“全覆盖”工作，入选全国基层党建理论创新与实践案例，得到市委的肯定。

4月起　镇海区执行市公积金管委办调整宁波市个人住房公积金贷款后的新政：购买第二套商品住房的，贷款首付比例调整为不低于60%，贷款利率不低于同期首套住房公积金贷款利率的1.1倍。购买经济适用房申请纯公积金贷款的，首付比例调整为不低于20%。购第三套房暂停贷款。购买首套住房，贷款政策不变，即购买一手住房首付比例不低于30%，购买二手住房首付比例不低于40%，贷款利率执行基准利率。

4月　省创建劳动关系和谐企业活动领导小组授予宁波石化经济技术开发区

“浙江省创建和谐劳动关系先进工业园区”称号。开发区管委会坚持把劳动关系和谐创建活动作为和谐园区建设的重点，致力企业劳动关系协调机制的建立和完善。截至授奖月，园区内企业劳动合同签订率 100%，集体合同和工资集体协商合同签订率 95.6%，职代会、厂务公开建制率 100%。

4 月　全区招生工作尝试五个“最大限度”新办法：家有房产的适龄儿童，按照先区内后区外，先市内后市外的招收原则，最大限度满足“居有优读”。继续实行大学区制，即以优质学校为龙头，吸纳周边教学资源相对薄弱的普通学校，实现设施、人力、课程资源的有效共享，最大限度抑制择校热。在本地户籍适龄儿童逐年减少的情况下，公办学校起始年级不缩反扩，接纳外来务工人员子女，最大限度满足区域内外来务工人员子女在公办学校接受教育。通过控制保送生人数、保障非蛟川书院初中毕业生就读镇海中学一定人数、农村初中适当降分等措施，确保本区户籍学生在镇海中学占有一定比例，最大限度满足本地学生求读镇海中学的愿望。扩大区职教中心招生规模，最大限度满足学生入读中职学校需求。

4 月　人口和计划生育委员会颁授全国首批“阳光计生行动示范单位”称号，镇海区入榜。自 2009 年镇海区列为全国“阳光计生示范点”创建单位以来，深入开展以“阳光管理”“阳光服务”“阳光维权”为主要内容的创建活动，大幅提升了全区人口计生工作整体水平。

5 月

1 日起　上海旅游集散中心主推“镇海—普陀”“镇海—东钱湖”“镇海—溪口”等旅游产品，向镇海发旅游专车。每周有 2 辆大巴发往镇海，全年累计输送游客 5000 余人。

3 日　由教育部中学校长培训中心、宁波市教育局主办，镇海中学承办的 2011 年全国中学校长高峰论坛举行。

4 日　镇海中学举行百年校庆活动。中共中央候补委员、中国人民解放军总参谋部副总参谋长孙建国，副省长郑继伟，省政协副主席盛昌黎，省地方志编纂委员会副主任、原浙江大学党委书记张曦，市政协主席唐一军等出席大会并致贺。镇海中学海内外校友及全体师生员工近万人参加庆典活动。教育部发来贺信，希望学校以百年为契机，全面落实教育规划纲要，不断深化课程改革，创新人才培养模式，全面推进素质教育，为实施科教兴国战略和人才强国战略作出新的贡献。省委常委、市委书记、市人大常委会主任王辉忠发来贺信。活动期间还举行授牌仪式，镇海中学成为“教育部中学校长培训中心实践基地”和“浙江省中小学名师名校长工作站镇海中学培训基地”。

同日　副省长郑继伟一行到镇海实地调研卫生监督工作，了解食品安全、职业病防治、打击非法行医等监管问题。郑继伟对区卫生监督所长期以来所采取的监管措施和取得的成绩予以肯定。

5日　处镇海高教园区和宁波高新区之间，横跨甬江的明州大桥建成通车。明州大桥于2008年2月13日开工建设，工程投资概算11.35亿元，为中承式双肢钢箱拱桥。主桥跨径100+450+100米，桥面宽45.8米，按双向八车道加人非混行标准建设。桥梁总长1250米，主路设计时速80千米，辅路设计时速40千米。大桥施工融合了斜拉桥、拱桥、悬索桥三种不同工艺，设计使用年限100年。

明州大桥建成通车

11日　吉林省委副书记、省政协主席巴音朝鲁，吉林省副省长王祖继，率吉林省党政代表团到镇海区考察有关项目开发建设情况。

同日　省人民政府授予2010年参加炼化社区液化气泄漏抢险而牺牲的张汉红、张启明、蘧正杰3人“革命烈士”称号。

15日　镇海区2011年科技活动周暨科技创意文化节在宁波市大学科技园科技创业大厦广场拉开帷幕。该活动通过科普作品和科技成果展示推介，科研机构、科技园区等科技资源向社会开放，组织科普志愿者行动等，向公众传播普及科技知识，使公众了解最新科技发现和创新成果。

17日　宁波金鼎紧固件有限公司成功打破南非对中国紧固件产品10年贸易封锁，成为出口南非钢铁制螺栓享受零关税的唯一一家中国企业。南非国际贸易管理委员会对原产于中国的钢铁制螺栓螺母作出反倾销日落复审终裁，裁定宁波金鼎紧固件有限公司不存在倾销行为，将其排除在征收反倾销税行列之外，此复审终裁宣告金鼎公司胜诉。该案始于2010年5月，南非对涉案产品进行反倾销“日落复审”立案调查，决定是否对包括紧固件在内的中国制造产品征收高额反倾销税。金鼎公司主动应诉，积极做好各项应诉准备，最终成为本次反倾销案中国内唯一一家应诉成功企业。

18日至20日　镇海中学黄嬴涛同学在第二届中国卫星导航学术年会上，获得第二届“北斗杯”全国青少年科技创新大赛中学组一等奖。镇海中学获得大赛优秀组织奖，并入选联合国教科文组织“朝阳计划”基地学校。

19日　中央统战部副部长黄跃金率各省、自治区、直辖市及新疆生产建设兵团的党委统战部负责人70余人参观宁波帮博物馆，省政协副主席、省委统战部部长汤黎路等陪同参观。

20日　区委副书记、区长陈兆华一行赴青岛黄岛区考察海洋经济发展及经济转型升级工作。

20日至9月20日　区政府、中国机械工程学会工业设计分会、2011中国宁波国际工业设计博览会组委会联合主办“镇海杯”第六届国际工业设计大赛。大赛共收到来自国内和加拿大、英国、韩国等国家和地区上百所高校师生的有效作品2166件。赛后评选出一、二、三等奖作品29件，优秀奖作品71件。

“镇海杯”第六届国际工业设计大赛

21 日　镇海区与湖北省襄阳市襄城区缔结友好城区签约仪式在襄城举行。

24 日　镇海区开始对危化车辆投保新险种——危化货物承运人超额责任险，提高危化品运输业抗风险能力。

贝时璋纪念邮票首发仪式在宁波帮博物馆举行

25 日　由区政府、省邮政局、市邮政局主办，区科协、区邮政局承办的《中国现代科学家（五）》——贝时璋纪念邮票首发式活动举行。该邮票一套 4 枚，纪念贝时璋、钱学森、侯祥麟、钱三强 4 位杰出科学家，这是中国邮票史上第一套含有镇海人物的纪念邮票。

同日　为期 10 天的纪念区书画协会成立 30 周年作品展在区美术馆开展，展出书画、篆刻作品 100 多幅。该会成立于 1981 年 1 月，原名镇海县书画篆刻学习研究会，现有国家级书法、美术家协会会员5名，省级会员30名，西泠印社社员1名，中国美术学院副教授1名。30年来，书画协会举办近百次书画展，出版十余部会员书画作品集。

26日　在北京举行的2011（第一届）中国化工园区发展合作座谈会上，石化开发区管委会与来自全国各地的化工园区代表签署《中国化工园区合作发展共同宣言》，向全社会作出树立化工园区新形象、承担社会责任、协同高质发展的共同承诺。国家发改委、工信部、国家能源局、商务部、环保部、国家安监总局及国内重点化工园区的领导和专家就“十二五”国内化工园区布局与发展重点、新形势下化工园区建设发展面临的难点进行研讨。

30日　中石化镇海炼化分公司300万吨/年柴油加氢装置二合一加热炉经过7天连续的烘炉后，各项技术指标均符合要求，宣告该装置烘炉一次成功。

5月　市政府发文批准《新城南区（ZH06）控制性详细规划》《新城北区（ZH07）控制性详细规划》。新城南区规划范围为望海路（世纪大道）以东、东外环以西、雄镇路以南、中官路以北，总用地面积977公顷。功能定位高教园区北区的组成部分和公建配套服务区，为高品质城市居住新区。至2020年，规划城市建设用地923.2公顷，规划人口约14万人。新城北区规划范围为慈海路以东、望海路以西、镇骆路以南、永茂西路以北围合的范围，总用地面积670公顷。功能定位综合高品质的行政、商业、商务、居住等功能的综合性城市北部中心，宁波中心城的北门户。至2020年，规划建设用地631.2公顷，人口9万人。

5月　市政府发文批准《老城次分区老城片区（ZH02）控制性详细规划》。该片区规划范围位于镇海区东端，东至沿江路，北至环城北路，西至俞范东路西侧，南至甬江，由镇海老城和石塘下片区两部分组成，规划面积624.15公顷。功能定位为镇海港及滨海产业带生产服务中心，长三角特色旅游的重要节点，新兴产业基地，历史文化休闲区。至2020年，规划城市建设用地522.9公顷，规划人口7.5万人。

5月　市政府发文批准《滨海产业次分区镇浦路北地段（ZH14-01）控制性详细规划》。该片区规划范围东至炼化专用铁路，南至镇海炼化厂区，西至镇浦路，北至新泓口河，规划总用地面积约为35.8公顷。功能定位为以乙烯下游产业为主导的工业功能区，宁波化工区俞范片区的重要组成部分。

5月　中心网站开通用户名为“镇海区行政服务中心”、号码为“800081890”的在线咨询QQ。咨询QQ的开通，使办事群众可上网咨询行政审批应备资料和相关事项，避免不明办事要领而往返奔波。

5月　市政府发文批准《宁波（镇海）大宗货物海铁联运物流枢纽港（ZH01）控制性详细规划》。该片区规划范围北至灰库塘、东至甬江、南至环城北路，西至威海路，规划总用地面积1047公顷。功能定位以海铁联运枢纽港为支撑的华东及中西部大宗货物物流、贸易和信息管理中心。至2020年，规划城市建设用地883.76公顷，规划人口1.2万人。

5月　区地名办联合区文明办，对4个街道主干道地名标识进行检查，发现问题路牌36块，并全程监督相关责任部门整改。7月，区地名办对南熏别院、鼓楼广场等开发项目擅自悬挂个性化商铺门牌的行为进行整治，更换门牌117块。

5月　区环保局对金属园区内62家进口废旧金属企业开展以整顿拆解秩序、防止非法焚烧为主要内容的整治。对每家企业的废旧金属拆解场地予以固定，严禁私自焚烧拆解，并安装40个视频摄像头监控。金属园区管委会投资400万元购置2台热洁炉，要求企业在塑料橡胶与金属混合品拆解中，用烘烤替代明火焚烧，减轻焚烧带来的空气污染。

5月　自静德桥至甬江，长2500米的中大河城区段生态化治理项目竣工。该工程于2010年11月开工，总投资800万元，实施的项目有河底清淤、砌挡墙、沿岸绿化景观和扶栏建设。

5月　在省教科院组织的申报省课改基地学校现场答辩会上，镇海职教中心在全省33所入围中职学校中脱颖，成为省第二批课改基地学校。省中等职业教育课程改革于2009年启动，区职教中心在尔后几年里落实课改任务，提升教学质量，扩大职业教育影响力，在教学研究、师资培训、校企合作、技能提升等方面都取得一定成绩。

6 月

1 日起　全区农村低保按城镇低保标准 100%执行，城、乡低保救助由人均每月 440 元和 355 元统一提高到 525 元。至 12 月底，全区有 1185 户、1608 人享受城乡最低生活保障，全年支付最低生活保障金 839.32 万元。新增低保户 995 户 1435 人，退出 1024 户 1501 人。

4 日　第四届中国开放论坛在九龙湖度假村开幕，本届论坛以“‘十二五’中国对外开放新战略”为主题。

6 月 5 日　区人民医院与上海红房子妇产科医院建立合作关系，成立上海红房子妇产科医院宁波诊疗中心。由红房子医院全面管理人民医院妇产科，居民可就地接受国内顶级妇产科专家诊疗服务。

上海红房子妇产科医院宁波诊疗中心挂牌仪式

7 日　第十三届浙江投资贸易洽谈会镇海分团完成 24 个项目签约。

8 日　保利文化商业广场举行开工典礼。该广场位于新城核心区，计划投资 67 亿元，建设文化商业建筑 35 万平方米、住宅 63 万平方米。项目建成后，将引入“保利”旗下的艺术博物馆、拍卖中心、乡村音乐会馆、3D图书馆等拳头产品，形成集购物与娱乐于一体的新型业态。

保利文化商业广场开工典礼

9日　宁波（镇海）大宗货物海铁联运物流枢纽港招商推介会举行。口岸管理、经济服务部门和贸易、物流企业等24家单位签约，入驻宁波镇海大宗生产资料交易中心。经济、口岸管理服务部门的入驻，为进中心企业提供全方位、多功能、一站式服务。

15日　宁波市“纪念卢绪章100周年诞辰系列活动”之一——百年卢绪章特别展在宁波帮博物馆揭幕。

15日至7月15日　区委党史研究室、区新四军研究会与区档案局在宁波帮博物馆举办中国共产党成立90周年图片展。展出图片200余幅，分蛟川星火、抗日烽火、浃江红日、英灵永存等10个篇章，再现镇海地方党组织在革命、建设和改革开放各个时期的重要历史瞬间和镇海人民在党的领导下取得的成就。全区1.8万人参观。

19日　中石化镇海炼化分公司新建300万吨/年柴油加氢精制装置开车一次成功，至此，镇海炼化柴油加氢能力达到860万吨/年。该装置为中石化柴油质量升级项目之一，总投资约5.1亿元，由反应、分馏、脱硫、溶剂再生以及配套公用设施组成，可对柴油馏分进行全加氢处理，生产的车用柴油全部升级到国Ⅲ标准，每年可减少汽车尾气二氧化硫排放 1.6 万吨。该项目从开工建设到建成交付，前后历时 13 个月，为中石化 11 个在建的柴油质量升级项目中最早建成中交的项目。

300 万吨/年柴油加氢精制装置

21 日　慈溪市委副书记、市长徐华江率领的慈溪市党政代表团到镇海区考察。

22 日　2011 年全省普通高校招生一批（重点大学）录取分数线揭晓，镇海区再次取得佳绩。全区报考普通高校学生 1361 人（艺术类除外），一批上线学生 543 人（含镇海中学 8 名保送生），一批上线率 39.9%，文科比全市平均高 20 个点，理科高 17 个点，文理科一本上线率均位列全市第一。镇海中学王子宁以 734 分获得省理科第二、市理科第一名。

23 日　区委召开全区各界人士庆祝中国共产党成立 90 周年座谈会。各民主党派、工商联、无党派人士、侨眷、台属、海外留学人员家属代表及民族宗教界人士代表等 78 人参加座谈。与会人员回顾了中国共产党领导全国人民不断取得革命、建设和改革开放胜利的光辉历程，畅谈在中共镇海区委领导下，团结合作、共同奋斗的实践和体会，并联系各自实际，就区“十二五”发展提出意见建议。

24日 宁波镇洋化工发展有限公司等4家企业员工组成4支代表队，参加市第二届危化企业员工应急技能大赛暨应急队伍综合演练。镇洋化工员工表现突出，取得穿消防服堵漏和应急关闭阀门2个单项第一，并荣获团体第一名。

同日 落户大学科技园创意慧谷，建筑面积5300平方米的宁波市节能服务产业园举行开园仪式。该园将通过集聚国内外优秀节能服务机构，融节能技术与产品研发、推广、服务、展示、交易、培训等功能于一体，为全市企业及社会节能降耗提供技术支撑和服务。

同日 镇海区残疾人运动员张坚东在第八届全国残疾人运动会上，为浙江队摘得A级赛艇500米和1000米项目2枚铜牌。

30日 镇海区隆重举行中国共产党成立90周年庆祝活动。

同日 区建设与交通局更名为区住房和建设交通局，任命施宇峰为区住房和建设交通局首任局长。

同日 宁波市大学科技园通过科技部、教育部复核，被评定为国家大学科技园绩效评价B类（良好）园区。

6月 海峡两岸及香港“宁波帮”菁英故乡行活动在宁波帮博物馆开启。来自台湾、香港、上海的54名“宁波帮”人相聚一堂，畅叙乡情乡谊，传承“宁波帮”精神，参与谋划宁波发展，听取宁波大学教授作“宁波帮”历史文化讲座，参观考察宁波帮博物馆、新城南部商务区等。

6月 区审管办推出新城建设项目审批“阳光直通车”服务，由规划、国土、环保、发改、建交、消防、城管7个部门对新城的政府性投资项目和保障性住房、拆迁安置房建设项目进行并联审批。“阳光直通车”实施后，新城落户项目的建设单位不需要再跑多个审批部门重复递交材料，仅需在行政服务中心递交一份材料，立项审批时间由72个工作日缩减至35个工作日，提速51%。至年末，“阳光直通车”专门服务的项目35个。

6月 宁波镇海大宗生产资料交易中心交易大楼竣工。11月，交易大楼正式投用。该中心于2009年动工，总用地面积18.67万平方米，分中心交易区、配套服务区、现货交易区、公共仓储区4个区块。其中，中心交易区占地3.4万平方米，建筑面积近6万平方米。配套服务区一期已于2010年6月建成投用，现货交易区和公共仓储区分别于2011年7月和9月开工建设。

6月　在青岛举行的“2011青岛·宁波周”活动签约仪式上，镇海区落实项目3个，协议投资5.16亿元。其中山东淄博慧凯丰化工有限公司等3家企业共同出资，在石化经济技术开发区实施的年产5万吨丁腈橡胶项目，投资额5亿元。9月，在长春举办的“2011宁波·长春投资合作洽谈会”上，镇海区签约项目3个，协议投资8亿元。其中吉林通钢国际贸易有限公司在物流枢纽港设立大宗钢铁交易中心及华东区钢材物流加工配送中心，投资额4亿元。11月，在首届中国海洋经济投资洽谈会上，镇海区重点推介13个涉海优质招商项目，总投资18.3亿元年产10万吨非光气法聚碳酸酯项目签约。在金秋经贸人才科技文化月活动上，18个投资合作项目当场签约。其中内资项目10个，涉及石油化工、汽车销售、机械制造、科技研发以及生产性服务业等，总投资6.45亿元。

6月　区城管局对招宝山街道未实行垃圾桶装收运的地方安放200个垃圾桶，至此，老城区生活垃圾收运实现“以桶换桶”全覆盖。垃圾“以桶换桶”始于2009年，具有收运方便和避免二次污染的优点。

6月　浙洽会镇海分团签约仪式上，“利用甘蔗渣与淀粉制备全生物降解餐具的关键技术研究”等6个科技项目签约，技术交易额679万元。

6月　全市首个以“低碳”为主题的科普展览馆建成。投资185万元“低碳”展馆建在区环境监测监控中心，分主题厅、生存环境厅、低碳生活厅、绿色镇海厅4个展厅，设“低碳地球”“消失的城市”等19个展项。展馆还展示本地企业低碳技术和低碳产品。

6月　镇海区作为卫生部试点城市，启动预防艾滋病、梅毒和乙肝母婴传播免费干预项目，对医疗保健机构接受孕产期保健服务的孕产妇、新生儿（含外来人口）进行免费干预。免费内容包括艾滋病抗体筛查，梅毒筛查，乙肝三系定性检测，可疑对象确诊试验，感染个案治疗及其所生儿童预防性治疗等。全年为3200余名孕产妇提供免费服务，其中免费检测HIV 5105人次、梅毒7554人次、乙肝三系定性5099人次，免费乙肝免疫球蛋白注射143人次，免费梅毒孕产妇治疗6人次，乙肝免疫球蛋白肌注率100%，孕产妇咨询和检测率100%。免费检测与治疗金额21万余元。

7 月

1 日　招宝山至江东黄鹂新村公交 27 路开通。线路途经明州大桥，便捷了镇海与江东之间的客流往来。

4 日　九龙湖镇自来水供应接入宁波供水环网。

5 日　镇海区实施新一轮政府机构改革，撤销、合并、组建多个部门。

5 日至 8 月 31 日　区三电办组织实施《2011 年镇海区有序用电方案》，共安排错避峰负荷 15 万千瓦时。有序用电重点限制 76 家高耗能、高排放和单位用电产出低于区平均水平企业的用电，尽量满足 56 家高新技术、新兴产业和单位用电产出高于区平均水平 4 倍以上企业的用电。与 27 户专线用户签订有序用电协议，明确用户的用电负荷及错避峰时间，合理安排停产检修与生产时间，使全区用电总量得到控制情况下尽可能降低企业停产损失。启动 A、B、C 三级响应（指用电缺口 3 万千瓦以下到 9 万千瓦不同的响应等级）分别为 50 天、5 天和 3 天，合计 58 天。

8 日　全市公安消防综合应急救援体系建设现场会在镇海举行，镇海多警联勤工作机制试点经验在全市推广。

在朱枫烈士骨灰安放仪式上，朱枫的女儿手捧其母遗像

7 月 14 日　朱枫烈士骨灰安放仪式在镇海革命烈士陵园隆重举行。同日，枫园举行朱枫烈士铜像揭幕仪式，朱枫故居举行国家安全教育基地命名揭牌仪式。

15日　召开全区2011年“慈善一日捐”动员大会，部署落实活动的开展。区慈善总会在镇海新闻媒体上发布“慈善一日捐”活动公告，举行广场宣传，分发《慈善宣传手册》，营造活动氛围，引导社会各界参与捐款活动。为期3个月的“慈善一日捐”活动，共募集善款1226.4万元，占全年募集善款总数的近80%。

22日　区委、区政府出台《关于开展解难创优、改善民生，加快提升生活品质三年行动计划的实施意见》。明确三年行动的总体目标是人民群众物质生活殷实、社会保障完善、文化生活丰富、教育水平优质、身心愉悦健康、生活环境舒适、交通出行便捷、社会和谐稳定，居民幸福感普遍提升。该意见对就业增收机制更加健全、生活保障体系更加完善、优质教育体系更加均衡、卫生服务体系更加优质、精神文化生活更加丰富、居民出行更加便捷、生态环境更加优美、社会更加平安和谐8个方面，提出具体工作要求。

27日　宁波石化经济技术开发区党工委、开发区管委会正式挂牌，标志着国家级经济技术开发区正式运行。

28日至29日　自2007年启动的创建国家级生态区进入攻坚阶段，全区生态建设工作围绕迎接环保部组织的技术评估要求开展，按照国家级生态区建设五个基本条件、22项建设指标，全面推进节能减排、环境污染治理、农村环境整治、环保基础设施和环保监管能力建设。7月，环保部生态司组织专家对镇海区创建国家级生态区情况进行技术评估。经现场检查和台账核查，评估组对镇海区作出“高度重视生态环境保护与建设工作，认识到位，机制健全；组织有力，措施到位；成效显著，特点鲜明；各项工作取得明显成效，为全省乃至全国工业大区开展生态县（区）建设提供了成功的经验”的评价。

29日　世纪大道北延一期竣工。起于聚兴路，终于绕城高速，长8.26千米，北外环路以南路宽48米，以北宽44米，城市主干路标准，设计时速60千米。总投资概算87446万元。项目于2009年8月28日开工。

30日　镇海区业余蹦床技巧运动学校代表宁波市参加全省青少年蹦技锦标赛，取得17枚金牌、8枚银牌和团体总分第一的好成绩。

7月下旬　区妇联总结“镇海月嫂”十年发展之路。“镇海月嫂”创立于2002年，区妇联通过组织月子保姆专业培训、联合市民服务中心免费推介、优化售后服务、成立“镇海月嫂”俱乐部等形式，不断树立“镇海月嫂”服务品牌，并形成较大影响力。10 年来，共培训月子保姆 683 人，其中 383 人取得劳动部门颁发的职业技术培训合格证书。2011 年，有 300 余个“镇海月嫂”活跃在月子保姆市场。

镇海区首届月嫂（家政服务员）就业专场洽谈会

7 月　应高雄市河堤社区发展协会邀请，镇海基层社区访问团一行 6 人赴台湾高雄市考察基层社区。其间，后大街、西门社区与前金区新生里、鸟松区大华、田寮区西德 3 个社区签订《友好社区结对共建协议书》备忘录。

7 月　河头至西卫桥 379 路 3 辆公交车更新为空调车。至此，镇海区公交车空调覆盖率达 100%。

7 月　区政府办印发《关于“强化科技支撑，推动经济转型升级”政策意见的实施细则》。该实施细则对科技服务发展、高新技术企业群体培育、自主知识产权建设、产学研合作等各类科技创新作出奖励、扶持、补助的具体规定。

7 月起　区疾控中心将指纹采集系统应用于 HIV 高危人群和 VCT 咨询人员的 HIV 检测。用指纹信息区别个体身份，准确掌握每个人 HIV 检测时间、频率和真实身份，有效解决高危人群使用假名等给艾滋病防治工作带来的问题。

7 月起　镇海区执行《宁波市中等职业教育免费实施方案》，实行普通中专、职业高中（职业中专）、成人中专和技工学校四类学校免学费政策。免学费学生的范围是本区及大市内户籍、在区职教中心就读且为计划内招生的学生；大市外在区职教中心就读的，须满足父母（或一方）在宁波市暂住满3年、工作满1年、学生在市内参加中考三个条件。免学费政策实施后，中职奖学金、对家庭经济困难学生的资助继续按原政策执行。

7月　区卫生局评选石建宇、毕美芬、李波、岑雪英、吴国富、沈是铭、郝玲妹、柯纪定、曹群奋、傅文中10人为第四届卫生系统学科带头人，评选17人为后备学科带头人。

8月

1日　区委、区政府出台《关于加快海洋经济发展建设现代化生态型港口强区的实施意见》，明确加快海洋经济发展的总体要求是：统筹陆域经济和海洋经济发展、统筹资源开发和环境保护、统筹经济建设和改善民生，着力构建以港航服务业、临港先进制造业、海洋工程建筑业、海洋新兴产业为重点的现代海洋产业体系。该意见提出，要着力完善海洋基础设施体系，提升海洋科教研发能力，加强海洋生态文明建设。经过五年努力，把镇海建设成为海洋经济综合实力较强、辐射服务功能突出、空间资源配置合理、海洋科教文化发达、海洋生态环境优良、体制机制灵活的宁波海洋经济发展引领示范区。

同日　中共宁波市镇海区第十二届委员会第十四次全体会议通过《中共宁波市镇海区委关于深入推进社会管理创新的决定》，提出到“十二五”末基本形成较为完善的社会管理体系，使全区社会行为更加规范，社会秩序更加良好，社会服务更加完善，社会管理更加科学，社会大局更加稳定，社会关系更加和谐的目标。该决定要求建立健全保障和改善民生机制、维护群众合法权益机制、社会公共安全机制、社会管理服务机制、网络社会综合监管机制、人口服务管理机制、基层服务管理机制、社会环境建设机制和政府社会管理机制等九大机制，力争社会管理创新工作走在全省全市前列。

4日　在“2011浙江省企业领袖峰会”上，中石化镇海炼化分公司获“浙江省十大领军企业”称号，并位列浙江省制造业百强首位。

7日　聪园路改造及北延工程因下穿省级文物保护点后海塘被省文物部门叫停。该工程于2008年8月14日动工，全长839米，投资概算3293万元。至停工日，已完成大西门路—吉庆路段改造拓宽。

9日至13日　由台湾“中华两岸关系发展促进会”副主任张云翔为团长的高雄市大学生参访团一行7人到镇海考察。访问团参观了镇海中学校园、招宝山风景区海防遗址、宁波帮博物馆和溪口蒋氏故居景点。镇海中学2010届毕业生与高雄大学生开展面对面交流活动。

12日　在贵州省普安县，镇海区与普安县签订2011年度镇海对口帮扶普安项目协议。协议帮扶项目12个，涉及普安县教育培训、农业产业化、新农村建设和医疗卫生等方面。对口帮扶资金140万元，其中宁波港集团公司援助资金36万元。

15日　在北京人民大会堂召开全国创建劳动关系和谐企业与工业园区活动表彰大会，中石化镇海炼化分公司被人力资源和社会保障部、全国总工会、中国企业联合会（中国企业家协会）和全国工商业联合会授予“全国模范劳动关系和谐企业”称号。

16日　塔吉克斯坦总统办公室农业与土地垦殖部主任萨发罗夫率农业访问团一行到访镇海，了解双方农业合作可能性，并应邀出席九龙湖休闲文化旅游节暨第五届葡萄品尝周开幕式。

18日　区环保局与区财政局联合制定的《镇海区污染治理环境保护专项资金绩效评价指标体系（试行）》首次应用于第一批21个环保专项资金补助项目管理，实现污染治理环保专项资金绩效评价制度化。这在浙江省内尚属首次。

20日至9月3日　第五届葡萄品尝周活动在九龙湖镇举行。通过开展“我心中的葡萄王”评比邀请《宁波晚报》小记者体验葡萄采摘、邀请金属园区“新镇海小公民”参与“缤纷葡萄，色彩人生”、关爱“小候鸟”及葡萄展销派送等活动，吸引1万人参加，促销葡萄2.5万千克，销售额60万元。

25日　宁波市首个以公交司机命名的志愿者服务团体——“陈叶服务队”成立，30名来自公交战线的新老志愿者为首批成员。陈叶是市公交总公司镇海分公司373路驾驶员，她在一个月里9次背送老人上下车，用自己微薄的工资帮扶贫困女孩等行为感动了乘客，陈叶也因此被称作“最美女司机”。

26 日　北外环东延一期竣工。西起东外环，东至绕城高速，全长 1.16 千米，道路宽度 44 米，按城市快速路标准建设，设计时速 80 千米。总投资概算 17952 万元。项目于 2009 年 3 月 12 日开工。

26 日至 28 日　镇海区业余蹦床技巧运动学校代表浙江队在 2011 年全国青少年技巧锦标赛上获得 9 枚金牌。

31 日　区“五五”普法总结表彰暨“六五”普法动员大会召开。

8 月　东外环北延工程竣工。南起北外环，北至绕城高速，与舟山连岛工程连接线相接，长 2.545 千米，路宽 44 米，按城市快速路标准建设，总投资概算 31477 万元。于 2009 年 6 月 18 日开工。

8 月　宁波金海电子有限公司“JH607”热控计时器项目入选国家火炬计划。该型号热控计时器采用复原簧片与动簧取代陶瓷顶杆，利用杠杆原理推动触点动作，突破传统热延时继电器与温度继电器的结构，产品可靠性大大提高，产品性能在同行业中领先。

8 月　耗资 3000 余万元的西门子带大孔径滑轨 CT 机直线加速 ARTISTE ART 系统落户宁波第五医院，投入临床使用。为全省首台、全国第二台的全球最先进直线加速器，具有高精度、高剂量率、在线治疗计划修改等特点，适合患者全身各部位肿瘤的治疗，对解剖结构复杂、受运动影响较大的肿瘤的自适应治疗（ART）具有独特作用。

9 月

1 日　区首个培智学校——景和学校开学。景和学校以原李景和小学教学场地，按照国家特殊教育建设标准，设走廊扶手、康复训练室、蒙台梭利室、感统室等配套设施，改造成一个适合智障儿童教学的良好环境。该校的课程设置，除生活语文、生活数学、生活适应 3 门主课外，还开设具针对性的美术、音乐、舞蹈等课程。教学以培养学生自行购物、就医等独立生活能力为主。2011 年，在校受教育智障儿童 15 人。

3 日　国内首个系统展示防空知识的综合性文化教育基地——中国防空博览

园落成，中央军委委员、国务委员兼国防部部长梁光烈题写园名。防空博览园由序厅、人防坑道展陈和军事体验区3个部分组成，总投资1.8亿元，占地面积4万平方米。其中，利用招宝山人防坑道布展的建筑面积约18500平方米。

5日　区委、区政府出台《关于加快推进全域城市化的意见》，提出加快推进全域城市化的总体要求：基础设施全域布局、产业体系全域协调、民生保障全域统筹、社会管理全域提升、社区文化全域繁荣、体制机制全域一体，全面提高城乡一体化水平和居民生活品质。到2015年，城市化水平达到85%，基本建成现代化生态型港口强区，成为宁波市全域城市化示范区。到2030年，城市化率达95%以上，全面建成现代化生态型港口强区，成为长江三角洲全域城市化示范区。

7日　宁波乐金甬兴化工有限公司的综合防灾系统、宁波金洋化工物流有限公司的第二代GPS全球定位系统与车载3G视频监控系统列入工信部公布的全国首批两化融合促进安全生产重点推进的100个项目。

7日至9日　2011年“利时杯”全国老年人门球交流活动在骆驼街道贵驷门球场举行，来自全国20个省市的21支代表队共185名选手参加。

15日　镇海区开展“院士镇海行”活动，中国科学院院士、生理学家杨雄里，实验血液学家吴祖泽，中国工程院院士、浙江工业大学名誉校长沈寅初，动力机械工程专家倪维斗，无机陶瓷材料专家江东亮到镇海参加活动。5名院士深入科技企业和医疗卫生单位指导工作。

17日　由市政府、中国机械工程学会工业设计分会主办，市经济与信息化产业委员会和区政府承办的2011宁波国际工业设计论坛在镇海区举办。中国工程院常务副院长、中国机械工程学会工业设计分会理事长潘云鹤等3名专家做主题演讲。

9月中旬　镇海炼化Ⅰ电站2台130吨/时燃油锅炉及高100米烟囱拆除施工全部完成。Ⅰ电站于1977年建成，曾是镇海炼化创业的标志之一。锅炉和烟囱的拆除，标志镇海炼化彻底告别燃油锅炉、进入CFB锅炉时代，成为中石化系统唯一没有油锅炉的炼化一体化企业。

19日　中信银行宁波镇海支行开业。

21日　区法院借助区新闻中心视频直播平台，首次网络直播一起刑事案件的庭审全程。审判历时 78 分钟，控辩双方对被告人吴某、邵某非法经营一案进行辩论。庭审网络现场直播，是区法院在实践司法公开上所作的一次有效尝试，获得了网民的肯定。

区法院庭审网络直播

26 日　中石化镇海炼化分公司至栎社机场航煤长输线正式投用，首批 3000 吨航煤直供宁波机场。这是该公司自保税航煤直供萧山国际机场后，再次与中国航空油料集团公司合作。通过航煤长输线安全便捷的运输，镇海炼化每月可直供宁波机场航煤 1.1 万吨。

同日　宁波植物园举行开工典礼。植物园选址北外环与世纪大道交叉处，占地 322 公顷，设计由 3 个功能区块组成：以植物与健康为主题的体育休闲植物区，面积 120 公顷；以植物与科普为主题的科普观光植物区，面积 137 公顷；以植物与生活为主题的花卉园艺植物区，面积 65 公顷。计划 2016 年底基本建成一期工程并对外开放。

27 日　骆驼中学自行车队陈世杰代表浙江队参加全国青年场地自行车锦标赛，取得男子竞速赛冠军、男子争先赛季军、1 公里个人计时赛第四名的优异成绩。

29 日　新城第一个城市综合体项目——银亿·海尚广场开业。该广场已完成建筑面积 25.6 万平方米，商业经营面积 10 万平方米。

30 日　龙赛医院与浙江大学附属第二医院签约，合作成立浙医二院—镇海龙赛医院消化道疾病诊治中心和口腔疾病诊治中心。两个中心发展目标是：整体业务将在3—4年内达到市级医院水平，3—6年内取得市级重点学科。两院商定，待龙赛医院改扩建完成后，扩大合作项目，使龙赛医院管理和技术水平全面得到提升，达到三级乙等医院水平。

龙赛医院与浙江大学附属第二医院签约合作

9月　绕城高速东段跨越甬江的清水浦大桥建成。大桥于2007年11月8日开工建设，投资概算7.5亿元，全长908米，全封闭双向八车道，设计行车时速120千米，主桥面宽53.3米，主跨468米。桥塔结构设计为双菱形联塔，主塔高度146.6米。

9月　区府办印发《宁波市镇海区旅游业“十二五”发展规划》。规划以“都市近郊型旅游目的地”为总体目标，以“大桥溢出效应”和融入宁波、舟山旅游圈为契机，逐步转变观光为主的旅游模式，建立以休闲度假产品为主体、文化体验产品为特色的旅游产业体系，完善“四个重点区块、一条乡村旅游线”的“4+1”旅游产品格局。到2015年，基本建成舟山旅游配套服务基地和大桥旅游集散中心，实现游客规模500万人/年，旅游直接收入超10亿元、总收入超120亿元的目标。

9月　宁波先安化工有限公司与中国工程院院士沈寅初合作，建立院士工作站。先安化工是一家从事丙烯酰胺及聚丙烯酰胺等产品研发、生产的高新技术企业，由沈寅初院士牵线与上海农药研究所签署长期战略合作协议，三方共同开展“生物法丙烯酰胺大规模连续生产关键技术及装备的研究开发”。

9 月，院士参观镇海新城展示馆

9 月　庄市中心学校整体迁入中兴中学，学校改名为镇海区中兴中学（庄市中心学校），为全新的九年一贯制学校。两校合并后占地 6.86 公顷，建筑面积 28000 余平方米，拥有现代化的实验室、多功能教室、演播厅等 20 多间。有教学班 69 个，其中初中部 18 班，小学部 51 班。

9 月　九龙湖镇急救点建成投入运行，至此，全区 6 个镇（街道）各有 1 个急救点，在省内率先实现急救网络全覆盖。6 个急救点由区急救分中心统一规范管理，全部实行驻点 24 小时值班，对群众来电呼救实行定位、录音和统一车辆调度，并与市急救中心联动。

9 月　省等级医院评审专家组一行 19 人对龙赛医院进行为期 2 天的二级甲等综合医院评审检查。评审组专家按照《浙江省综合医院等级评审标准》，采取查台账、抽查病历、实地察看、现场考核、三级查房、夜间暗访等方法，对医院的综合管理水平、技术水平、服务水平、医疗质量进行全面考评，给予复评通过。

9 月　镇海区通过民政部专家组评估验收，成为“全国农村社区建设实验全覆盖示范单位”。镇海自2007年被民政部列入全国农村社区建设实验区以来，一直致力于农村社区化管理的实践，逐步建立起一套农村社区化管理的运行机制。2011年，全区60个建制村社区服务中心建成，为示范区验收通过奠定基础。

镇海区获“全国农村社区建设实验全覆盖示范单位”奖牌

9月　区投资6.14亿元，开工建设东邑阳光政府保障性住房。项目总用地4.96万平方米，总建筑面积13.87万平方米。其中，经济适用房3.2万平方米，公共租赁房3.5万平方米，拆迁安置房3.8万平方米。

10月

11日　《澥浦船鼓》《九龙柱》参加第八届全国残疾人运动会开幕式演出。

同日　镇海中学再获北京大学中学校长实名推荐资质，成为211所具有实名推荐资质的学校之一，可推荐入北大学生名额3名。

17日　市侨办和区政府为纪念董浩云100周年诞辰，共同主办的“浩云沧海——国际船王董浩云专题展”在宁波帮博物馆揭幕。

同日　全区建制村第一部村志《清水湖村志》公开出版发行。

18 日　挪威王国驻上海总领事佛雷德·诺姆一行出席北欧工业园区产业研发孵化中心开业典礼。

21 日　总投资 5297 万元的 110 千伏广源变竣工，新增主变容量 10 万千伏安，涉及高压线路改造 11.13 千米，地下电缆敷设 54 千米。

22 日　镇海区通过国家级生态区建设考核验收。

23 日　第七届城运会蹦床两个项目展开金牌争夺战，宁波代表队 4 名小将以总分 190.055 分获得蹦床比赛第二名，其中周权、何新宇来自镇海区业余蹦床技巧运动学校。

26 日　贵镇线雄镇路至临俞段拓宽改建完工，长 1.71 千米，投资概算 2500 万元。全线有中桥 1 座。工程于 2010 年 5 月 28 日开工。

28 日　2011 年中国菊花（宁波镇海）邀请展暨第二十四届镇海金秋花卉展开幕。

29 日　中国防空博览园正式开园，成为国内首个以人防、民防为主题的公园。景区分 360 度环幕影院、防空坑道陈列、军事体验区、室外军事武器展区等部分，有 8 个型号的退役军用飞机，另有防空炮、防空导弹、轻型坦克供游客参观操作。

中国防空博览园建成开园

同日　镇海口海防历史纪念馆提升开馆暨《情系镇海口·共和国百位将军题词集》首发仪式举行。南京军区、东海舰队、总装备部等有关领导，省文物局、省博物馆和区委、区政府领导出席仪式。

30日　沿海北线镇海段（亦称化工区主干道）全线贯通。该路起于镇海港区化工大道，止于澥浦的镇海与慈溪交界处，断面宽28—52米，全长14.43千米。自2004年10月动工，历时7年分5期建成，总投资概算40300万元。

10月　后世博国际园开工建设。该项目占地10万平方米，建筑面积31万平方米。其中，展馆面积24000平方米，配现代化办公用房34000平方米。项目建成后，将设置国际企业高新技术展示区、交易区、孵化区等。

10月　宁波禾元化工有限公司国际合作项目通过科技部评审，成为继宁波顺泽橡胶有限公司后第二家获得科技部认可的国际合作项目。该项目于2010年6月开始与美国DOW公司、SD公司、SHELL公司进行EO/EG单元技术转让谈判，并签订合作协议。

11月

11月1日　镇海区第一所公办小班化学校——立人中学举行开学式。立人中学位于龙赛中学老校区，由应行久外语实验学校初中部和炼化中学合并组建，有35个班级、126名教职工、1454名学生。学校在新一届初一年级中试行小班化教学，每班有学生40名左右。小班化教学可使学生在文化知识、思想道德、身心健康等各方面得到更充分发展。该校还将外语教学作为办学特色，致力于办成全市领先的外语特色学校。

同日　根据甬建委《关于加强房屋建筑工程用砂管理的通知》要求，自11月1日起，镇海区建筑工程全面禁止使用包括淡化海砂在内的海砂及其制品。

11月8日　宁波镇海大宗生产资料交易中心启用。

11月9日　在第七届中国商品市场峰会上，镇海区液体化工产品交易市场入选“中国商品市场百强”“浙江省十大转型示范市场”。

11 月 14 日　在第十三届中国上海国际艺术节“浦东潍坊杯”长三角地区排舞邀请赛上，区文化馆“海之韵”艺术团获得团队特等奖，选送的排舞《卓玛》获得青少年组自选曲目金奖。

11 月 18 日至 12 月 11 日　由中国电影家协会动画电影工作委员会、区政府、市教育局联合主办，科技学院等四家单位共同承办的首届中国动画艺术大展在宁波美术馆举行，国内外 30 余所知名院校 350 多部动画作品参展。展览吸引近 3 万名市民参观，国内媒体关注 50 余次。

11 月 19 日　阿克苏诺贝尔聚合物化学（宁波）有限公司在宁波石化经济技术开发区举行投产典礼。该项目于 2010 年开工，前期建设投入约 4.25 亿美元，产品为用作橡胶交联剂等的有机过氧化物，投产后年生产能力可达 8000 吨，可实现年销售收入约 15 亿元人民币。

11 月 21 日　“中化成都”轮装载 5000 吨乙二醇驶离镇海港区，向台湾麦寮港进发，首次开通镇海直航台湾的液化品班轮。

11 月 24 日　郑氏十七房景区被评为国家 AAAA 级旅游景区。郑氏十七房景区自开游以来，不断挖掘、充实景区文化内涵，先后被授予“中华传统文化节庆传承基地”“中国美术学院采风写生基地”等称号，成为浙东旅游发展新亮点。自提出创建 AAAA 级旅游景区以来，景区共投入近 1000 万元资金完善硬件设施，提升景区品质。

11 月 29 日　宁波埃美柯铜阀门有限公司的商标“埃美柯”和宁波明欣化工机械有限责任公司的商标“DF 及图”获中国驰名商标行政认定。

11 月 30 日　区十三届人大常委会举行第三十二次会议，决定接受陈召华辞去区人民政府区长职务，徐方、翁雪莲、王耀军、陈凌彬辞去副区长职务的请求，决定任命魏祖民、顾国芳、张颖为区人民政府副区长，魏祖民为代理区长。

11 月　巨高兔业发展有限公司 20 万只无公害獭兔标准化养殖示范区通过省农业标准化示范区验收。12 月，骆驼禽蛋产销专业合作社 2 万只蛋鸭标准化养殖示范区、九龙湖相依果园专业合作社 300 亩葡萄标准化种植示范区，通过市农业标准化示范区验收。年末，全区有省级农业标准化示范区 1 个、市级 10 个。

11 月　在舟山定海举行的山海协作对接会上，签约镇海帮扶舟山的 4 个政府项目和 3 个结对社区项目。4 个政府帮扶项目为白泉镇河东社区的小支四级汽车站及物业用房综合建设、岑港镇坞垢社区的基础设施建设、金塘镇仙居社区的基础设施建设、册子乡册北社区的河道修复，总帮扶资金50万元。3个社区结对项目为舟山前湾社区的综合办公楼建设，紫微社区的花木基地扩大和文体大楼建造，马岙社区的休闲公园建设。

11月　在“南昌·宁波周”活动中，镇海区企业签订2个在江西投资项目：镇海友联车业有限公司在吉安市投资1亿元设立贷款公司；浙江凯顺铸造有限公司在上饶市鄱阳县设立投资1.5亿元、年产铸件6万吨的铸造公司。在“2011青岛·宁波周”活动中，镇海区企业签约2个投资合作项目，其中宁波汉邦钢结构制造有限公司在山东威海荣成投资1500万元设立荣成汉邦钢结构制造有限公司。

11月　位于城河路与西街之间、清川路东侧的招宝广场建成开业。招宝广场占地14391平方米，建筑面积40633平方米，由商业和居民住宅两部分组成，其业态部分主要有服装、黄金饰品、电器零售、餐饮、娱乐等。广场153家商铺位，连同周围原有三江超市等商店，在西街与清川路岔口形成招宝山街道商业繁华圈，使老城的商住档次得到提升。

11月　因舟山跨海大桥建成，道路运输替代航运，镇海至岱山、大衢“仙洲7号”轮停航。至此，镇海与舟山往来航线由2008年的5条减至3条。

11月　镇海大道二期工程（亦称新区主干道）开工。二期工程西起世纪大道，东至东外环路，全长3.8千米，路基宽60米，两侧各15米绿化带。工程投资估算60344万元，计划2013年4月竣工。

11月　在全国基层科技工作会议上，镇海区荣获2009—2010年全国县（市）科技进步考核先进单位称号。全国科技进步考核由科技部组织，每两年进行一次，考核内容涵盖科技管理机构、科技经费投入、企业技术创新和产学研合作等7个方面27个具体指标。

11月　首届中国动画艺术大展高峰论坛在宁波帮博物馆召开。中国美术家协会动画艺委会常务副主任庞邦本，原迪士尼动画总监、北京电影学院动画学院客座教授凯文·盖格，香港理工大学传媒艺术与技术学院副院长马志辉，国家一级演员臧金生等多名国内外动画艺术产业的知名专家学者与会并发言。本次展览为动画艺术工作者在学术与商业两个层面上的拓展搭建了平台。

12 月

1 日　16 时左右，中鑫建设集团有限公司承建的金丰路西侧 A-1 项目，2 名职工拆除建筑物内承重支模架，拆下的钢管放在塔吊卸料平台内，准备用塔吊吊下来，卸料平台突然倾斜，2 人从平台掉落地面，送龙赛医院抢救无效死亡。

6 日　镇海区首个网上金融服务中心——镇海金融网中小企业融资平台开通运行。

8 日　郑氏十七房通过国家旅游局考评，成功创建国家 AAAA 级旅游景区。

16 日　临江“单喇叭”立交工程竣工。该工程上接绕城高速临江收费站，下接北外环东延，布置 4 条匝道，匝道宽度 8.5—15.5 米，设计行车时速 40 千米。全线有匝道桥 3 座。投资概算 8584 万元，2010 年 9 月 30 日开工建设。

17 日　郑氏十七房景区举办冬至民俗文化活动。活动中举行传统民俗谢年大典，展演、展示澥浦风情及区民俗文化，举办冬至文化节摄影邀请赛。

郑氏十七房景区举办大型冬至民俗文化活动

20 日　在北京举行的第三批全国文明城市（区）、文明村镇、文明单位表彰会上，庄市街道光明村被授予全国文明村镇、全国文明单位荣誉称号。庄市街道光明村是全市仅有的 5 个上榜村镇之一。同月，光明村荣获由省关注森林组织委员会命名的“省森林村庄”称号。

26 日　宁波第五医院（宁波肿瘤医院）举行开诊典礼。

30 日　区首个村邮站骆兴村邮站建成运营。村邮站与信报箱建设是根据区政府《关于印发镇海区村邮站和信报箱建设实施方案的通知》精神、借鉴全省试点经验的基础上开展的。年末，全区有邮政信报箱群 22 处，邮政信筒、信箱 65 个；邮政用户信箱 10 个，信报箱格口数 10.14 万个。

12 月　姚江东排综合整治的配套项目化子闸扩建工程竣工。该工程投资概算 1624 万元，新造水闸净宽 25 米（5 孔×5 米），水闸左侧布置二层管理房 1 座，跨径 10 米机耕桥 1 座。工程竣工后使江北区和镇海区平原防洪排涝标准提高到 20 年一遇。

12 月　位于骆驼街道三五路与兴骆路交会处的骆驼菜场主体工程竣工，开始进行内部装修。该菜场于 2010 年 6 月动工，占地 7058 平方米，设计为地上 3 层、地下 1 层，总建筑面积 12404 平方米。其中 6000 平方米的地上一、二层为农副产品市场，可设摊位 550 个。

12 月　澥浦镇岚山村创建成为浙江省特色旅游村。岚山村生态环境好、村容村貌整洁，乡村休闲旅游项目有草莓采摘、烧烤、垂钓等，旅游基础设施相对完善。2011 年接待游客 5 万人，旅游直接收入约 620 万元。

明星湾生态农庄开业

12 月　明星湾生态农庄、湾塘农庄创建成为省旅游特色经营点。明星湾生态农庄集采摘、垂钓、棋牌、烧烤于一体，全年接待游客 3 万人次，旅游直接收入约 500 万元。湾塘农庄是宁波最大的钓鱼比赛基地，经营垂钓、农家餐饮、住宿、棋牌、足浴、儿童游乐和水果采摘，全年接待游客 2.5 万人次，旅游直接收入约 350 万元。

12 月　九龙湖“单喇叭”立交竣工。该工程上接绕城高速九龙湖收费站，下接大庆南路北延，布置 4 条匝道和 2 条辅道，匝道宽度 8.5—15.5 米，设计行车时速 40 千米，辅道宽度 8—10 米。全线有匝道桥 4 座。投资概算 11257 万元，2010 年 11 月开工建设。

12 月　2010 年启动建设的镇海东排南线工程试验段Ⅰ标、Ⅱ标、Ⅳ标和姚江东排镇海段三期工程Ⅱ标完工。镇海东排南线工程试验段起于西大河，止于新泓口闸，全长约 10.7 千米，分 5 个标段建设，至年底除Ⅴ标在建外，其余四个标段已全部完工，当年投入 2.4 亿元，累计完成投资 6.4 亿元。姚江东排镇海段三期工程Ⅱ标段位于九龙湖镇，起于西经堂，止于上河严，全长 0.96 千米，年底完工，当年投入 6200 万元，累计完成投资 8000 万元。

中大河骆驼段景观

12 月　市发改委会同市、区有关部门及设计、监理、施工等单位，对镇海新泓口围垦工程进行验收并通过。新泓口围垦项目于 2006 年动工，2009 年上半年基本完成，总投资约 3.2 亿元。工程地处杭州湾出海口，东濒灰鳖洋，南靠新泓口水闸，西依北仑电厂二期灰库，北接澥浦滩涂围垦工程。大堤由三部分组成，总长 6377.82 米，其中东顺堤长 3547.37 米，南直堤长 1180.97 米，北直堤长 1649.48 米。该工程前期已通过环保、档案验收，竣工验收后，镇海区新增土地 493.3 公顷。

12月　蛟川街道社区卫生服务中心通过评审，创建成为省级规范化社区卫生服务中心。至此，镇海区6个镇（街道）社区卫生服务中心全部创建成为省级规范化，在全省率先实现省级规范化社区卫生服务中心全覆盖。

12月　九龙家苑一期424套安置房启动分配，首批419户拆迁户喜获新房。安置对象主要来自河头、里岙、金池、路下徐、十字路等自然村农户，安置房套型最大面积112平方米，最小66平方米。

九龙家苑一期安置房抽签分房

12月起　全区实行城乡社区“网格化管理”。按照着眼发展、便于管理的原则，城市社区以居民小区、楼幢等为基本单元划分网格，农村社区以自然村落、片组或一定数量住户为基本单元划分网格，社区辖内的机关、企事业单位、个体工商户归入相关网格。管理服务责任网格由社区工作者担任网格长，实行包片联户“一口清”工作机制。“网格化管理”使全区初步形成多方联动、源头治理、优化服务、动态管理的基层社会管理服务新模式。

12月底　区农业局基本完成全国第一次水利普查镇海区水利普查任务。水利普查于2010年8月启动，通过清查和普查两个阶段工作，基本完成全区河流湖泊、水利工程、经济社会用水、河流湖泊治理和保护、水土保持、水利行业能力建设情况等六大项普查任务。同时，还进行灌区、地下水、围垦 3 个专项普查。

12 月底　经年检登记备案的区外建筑业企业 231 家，其中建筑施工企业 197 家、监理企业 34 家。外地建筑企业中，来自市辖各县（市、区）建筑业企业 136 家、市外建筑企业 95 家。具有施工总承包特级资质企业有华丰建设集团、中达建设集团、中天建设集团、宁波建工股份、宁波建设集团、省建工、曙光控股建设集团、方远建设集团、中鑫建设集团等 15 家。

2011 年　后大街社区林家大院的镇海廉文化民间藏品展示馆被中共浙江省纪律检查委员会命名为省第三批廉政文化教育基地，成为以廉文化为主题的全省首个民间藏品展示馆。该馆于 2010 年 4 月建成并对外开放。展示馆以“激浊扬清”为主线，借助近 1000 件玉器、书画、青铜、陶瓷、邮票、钱币、火花等民间藏品中蕴含的古代、近现代“廉文化”展示，达到廉政警示与弘扬文化双重宣传目的。馆内廉苑设有廉政电教室、廉藏品集中陈列展览室、廉政读物专柜、廉政书画作品长廊等，是党员干部廉政教育基地，也是镇海“海天清风·修身之旅”廉之游景点之一。

2011 年　全区 55 个村的党组织换届全部采取“公推直选”方式。换届选举中，党员参选率达到 92.99%，选举产生党支部（党总支、党委）委员 245 名。换届选举呈现“创新亮点较多、民主氛围浓厚、选民和谐参选、整体平稳有序”等特点。

2011 年　全区接受港澳台人士捐赠项目 4 个，捐赠金额 283.36 万元。其中，包景表向区中医院捐赠 126 万元，董包秀云向区中医院捐赠 63 万元，顾兆田向河头敬老院等捐赠 15 万元，邹星炳慰问贫困老人 1 万元，富的镇中基金利息 78.36 万元。

2011 年　区总工会继续推进职工医疗互助保障。年度参加医疗互助保障人数 69426 人，其中在职职工住院互助 34866 人，退休职工住院互助 14708 人，特种重病互助 13965 人，女职工安康互助 5887 人。参加职工医疗互助保障的人数名列全市第一。是年，筹集医疗互助保障基金 361.06 万元，补助职工 4087 人 270.51 万元。

2011 年　区粮食功能区经多次调整基本定位，总面积 2.4 万亩，主要由万亩粮食基地 1.4 万亩、长石片区 0.7 万亩和沙河片区 0.3 万亩三块组成。粮食功能区是根据省市确保粮食生产要求而建立，主要种植水稻等粮食作物。

镇海区粮食基地

2011 年　新增葡萄种植面积 55 公顷，全区葡萄园面积达到 225 公顷。全年葡萄产量 3860 吨，同比增长 16%；产值 2400 万元，同比增长 64%。葡萄品种按成熟时间分 3 个时段采摘：7 月下旬至 8 月上旬早熟的有夏黑、醉金香等，8 月底中熟的有巨峰、甬优一号、巨玫瑰、藤稔、金手指等，9 月上旬迟熟的有红地球、美人指等。2006 年以来，以九龙湖镇长石村为核心的葡萄种植规模不断扩大，使葡萄成为本区水果种植业（果树水果）中的“老大”，基本形成葡萄种植、包装、采摘销售与观光休闲等于一体的产业化基地。葡萄品种多、质量好、分批成熟、上市时间长的特点，使镇海葡萄在吸引市民眼球和市场营销上具有一定优势。

2011 年　全区草莓种植面积 111 公顷，产量 2506 吨，同比增长 7.8%，成为西瓜之下果用瓜种植的第二大品种，产值达到 4162 万元。镇海种植草莓已有 30 多年历史，2007 年以后，在区农业局等有关部门的指导下，每年从农科院校陆续引进新品种试种，从 20 多个试种品种中筛选出美姬、甜宝、越丽、雪妹、梦香等特色品种，成为本地草莓种植的主品种。多年的草莓种植推广，形成多个草莓基地和草莓种植专业户。草莓上市季节，以草莓采摘为主题的农家休闲观光活动，吸引包括宁波、舟山、慈溪甚至上海等地数万名游客和购买者，不仅扩大草莓销量，还带动旅游业的发展。

2011年　镇海国伟珍禽养殖有限公司、九龙湖镇沈大养兔场、绿翔畜禽养殖场和恺丰畜禽养殖专业合作社通过市级标准化畜禽养殖场验收。4家养殖场经过生产管理软硬件等标准化改造，达到畜禽良种化、养殖设施化、生产规范化、防疫制度化、粪污处理无害化和监管常态化“六化”要求。

2011年　镇海区巨高兔业有限公司投资403万元，实施猪瘟疫苗原料兔养殖基地建设。基地新建可控温控湿封闭兔舍1500平方米，改建钟楼形兔舍12000平方米，购置相关配套设施，形成10万只原料兔的年生产能力。猪瘟疫苗原料兔是向生物医药行业提供生产猪瘟疫苗的原料，原料兔提供脾脏和淋巴结后，原来的产肉、产皮用途不变，由此取得额外附加值。

2011年　全区生猪出栏4.36万头，年末存栏2.57万头，同比分别下降155.80%、55.62%。原因是为生态环境保护而加大畜禽污染整治力度，先后关闭4家养猪场，尤其是区内最大的养猪场骆驼万头养猪场关闭，致使生猪饲养量大幅下降。

2011年　全区有10条河道实施以护岸驳坎、清淤疏浚、两岸绿化为主的综合整治，整治长度6.5千米。其中九龙湖镇3条，分别为长胜门前河、横溪溪坑上游和庶来门前河，整治长度2444米，总投资549万元；澥浦镇2条，分别为周直落河和袁家河，整治长度478米，总投资214万元；骆驼街道1条，为香山港延伸段整治，整治全长1050米，总投资237万元；庄市街道3条，分别为徐家河、王龙港和官仓港，整治长度1896米，总投资664万元；蛟川街道1条，为陈家河庙后张段整治，整治长度679米，总投资377万元。

2011年　镇海区（全社会）有9家企业入选2011年度“宁波市制造业百强”，分别是中石化镇海炼化分公司、宁波乐金甬兴化工有限公司、镇海石化工业贸易有限责任公司、浙江杭州湾腈纶有限公司、宁波埃美柯铜阀门有限公司、宁波阿尔卑斯电子有限公司、宁波中鑫毛纺集团有限公司、摩士集团股份有限公司、宁波盛发铜业有限公司。其中，镇海炼化分公司名列榜首。

2011年　在市政府授予“2011年度宁波市‘成长之星’工业企业”荣誉称号的32家企业中，镇海区有9家企业榜上有名，分别是宁波巨化化工科技有限公司、宁波招宝磁业有限公司、宁波杜亚机电技术有限公司、宁波汉博贵金属合金有限公司、宁波佳信旅游用品有限公司、宁波德泰化学有限公司、宁波金点电子有限公司、宁波甬华树脂有限公司、宁波市镇海海德生化科技有限公司。入选市“成长之星”企业均满足“2008年底之前投产、2011年工业销售收入在2亿—10亿元且增幅在40%以上、2010年工业销售收入增幅在30%以上”等条件。

2011年　区紧固件制造企业130家，其中九龙湖镇有85家。130家紧固件企业中，销售过亿企业10家，紧固件产值43亿元，同比增长29%，占全市同类产品的1/4；全年出口交货值18.2亿元，同比增长32%；技术改造投入资金2亿元。从总量、增速、出口、投入和集聚情况看，镇海区紧固件制造业已形成一定的行业优势和块状优势。

2011年　宁波康兴电缆有限公司清洁生产通过省经信委审核，创建成为省级绿色企业（清洁生产先进）。该企业按照清洁生产审核的规定要求，在杭州华安环保科技有限公司的辅导下，投入资金1069万元，实施清洁生产方案26个。康兴电缆实行清洁生产后，预计全年可节电64万千瓦时，减少固体废弃物149.23吨，万元产值综合能耗下降12.4%，产生综合经济效益1474万元。

2011年　集聚73家金属拆解、经营企业的金属园区共拆解加工国外废金属为主的再生资源100余万吨，实现销售116.26亿元。金属园区为省级循环经济试点单位。

2011年　石化开发区管委会签订投资项目5个：宁波先安化工有限公司年产5万吨丙烯酰胺和2万吨聚丙烯酰胺项目，总投资1.83亿元；韩国SK集团的乙丙橡胶项目，总投资2亿美元；浙江恒河石油化工股份有限公司石油树脂项目，总投资2.3亿元；宁波浙铁大风化工有限公司年产30万吨非光气法聚碳酸酯项目，一期总投资18亿元；德国朗盛化学7万吨无机颜料项目，总投资7500万美元。

2011年　石化开发区管委会将5项跨年度基础性工程设施建设列为重点项目，总投资13.64亿元。分别为投资4.75亿元的宁波瑞福特气体有限公司低温及压力罐区，该项目用于储存中转低温乙烯、低温丙烯等原料，当年完成投资约 1.2 亿元；投资 1.48 亿元的宁波碧海供水有限公司（自备水厂）3 万吨/天工业水迁建工程，当年土建完工，安装开始，完成投资约 0.67 亿元；投资 4.03 亿元的化工区主干道，当年完成投资约 1.0 亿元的新泓口至威海路段和澥浦大河至新泓口段建设，实现全线贯通；投资 2.98 亿元的 3 万吨/日工业污水处理一期，当年动工兴建，至年底完成投资 1.2 亿元、工程进度的 40%；投资 4000 万元建殿跟至沿海 220 千伏输电线路，总长约 6 千米，当年动工，年底建成投运。

2011 年　石化开发区有 13 个工业项目列入区以上重点工业项目建设。其中在建项目 7 个，分别为：宁波禾元化学有限公司的 40 万吨/年聚丙烯、50 万吨乙二醇项目，总投资 58 亿元，完成桩基施工，进入地上施工；阿克苏诺贝尔聚合物公司的年产 8000 吨过氧化物项目，总投资约 1.8 亿元，完成项目土建主体，进入生产装置安装；宁波镇洋新材料股份有限公司的 5 万吨/年苯乙烯项目，总投资 3.3 亿元，一期工程已完成；宁波巨化化工有限公司的 ODS 替代品原料扩建项目，总投资 1.58 亿元，完成设备安装，进入试生产阶段；宁波顺泽橡胶有限公司 5 万吨/年丁腈橡胶项目，总投资 5.76 亿元，进入试生产阶段；宁波中金石化有限公司的 90 万吨/年芳烃联合装置项目，总投资约 25 亿元，完成工艺包和基础设计，进行主要设备订货；宁波旭泫工业有限公司的工业混合 C10 精制联合装置，总投资 3.2 亿元，主体土建基本完成。前期项目 6 个，分别是：宁波江宁化工有限公司的 8 万吨/年顺酐及衍生物一体化项目；宁波金海德旗化工有限公司的 4 万吨/年氢化 DCPD 石油树脂项目；宁波新福科技有限公司的 60 万吨/年硫酸项目；宁波镇洋新材料股份有限公司的 25 万吨/年聚碳酸酯项目；宁波圣金隆实业有限公司的 40 万吨/年液化石油气生产芳烃项目和浙江泰先新材料有限公司的碳纤维项目。其中占地 17 万平方米、总投资 16 亿元的浙铁宁波江宁化工有限公司 8 万吨/年顺酐及衍生物一体化项目完成前期工作，是年 6 月动工兴建。

2011 年　石化开发区实施 8 个生态环保建设项目，总投资约 3.66 亿元。分别为湾塘片二、三期排水河道工程，湾塘片二期给水工程，湾塘片二期污水管网工程，北区污水处理厂 3 万吨/日工业污水处理项目，整体形象提升工程，岚山片污水管线（一期、二期）工程，岚山片二期给水（工业及生活）管线工程，387 公顷地块的污水压力管网改造工程。

2011年　宁波乐金甬兴化工有限公司总产值104.02亿元，成为区属工业企业中首家年产值破百亿元企业。该公司主要生产ABS、SAN树脂、SBL等产品。公司所属LG甬兴贸易公司营业额1.45亿元，市授予其典型示范贸易物流企业称号。

2011年　在第109届、110届广交会上，镇海区有158家企业参展，展位数289个。订单成交和意向成交额3亿美元，客户主要来自欧盟、中东、东南亚，北美等地区。

2011年　全年新批、增资的千万美元大项目5个，合同外资1.63亿美元，占全区合同外资金额的78.59%。其中，增资项目3个，分别是宁波保利置业有限公司6944.69万美元，阿克苏诺贝尔化学品纤维素项目2950万美元，宁波明辉再生资源有限公司1000万美元；新批项目2个，宁波旭浤工业有限公司合同外资4855万美元，宁波恒舒贸易有限公司总投资1000万美元，合同外资500万美元。

2011年　宁波甬冀贸易有限公司在印度尼西亚开办九洋（印尼）资源发展有限公司，中方投资额达2812万美元，主要从事印尼海域铁矿砂船舶吸选并回运。这是镇海区企业在国外设立的首家境外资源开发公司。

2011年　因2010年常洪隧道及招宝山大桥取消收费，实行免费通行，大量人渡客分流。是年，镇海江南渡客流量319万人，与客流峰值的1995年2500万人相比，直线下降，创历史新低。

2011年　镇海至安徽颍上、镇海至温州2条客运停开，客运班线调整为25条。其中，跨省线3条：镇海至鄱阳、六安、界首；跨市线17条：镇海至诸暨、东阳、义乌、三门、丽水、磐安、衢化、温岭、临海、常山、杭州、永康、沈家门、杜桥、四岔、金塘、杭州（行驶高速公路）；跨区线5条：余姚、石浦、宁海、慈溪（行驶线2条）。

2011年　区新闻中心实施农村广播电视数字化双向网改造。该项目是政府实事工程，总投资2700万元，涉及全区62个建制村。至年末，除两年内需拆迁的部分自然村暂缓改造外，其余光缆敷设及设备安装全部完成，惠及农村居民5万户。

2011年　区发改局对部分收费调整和核准：招宝山景区门票，从65元/人次调整到60元/人次；工业用水价格从1.80元/立方米调整到3.30元/立方米；核定餐厨垃圾收集运输费每桶（120升）5元；核定人民医院新增的4人及以上、带独立卫生间的病房收费 26 元/床·日；核定镇海中学新建学生公寓化宿舍收费 350 元/生·学期；核定 15 个住宅小区前期物业综合服务收费标准。

2011 年　骆驼街道旧城改造步伐加快，329 国道与汶骆路口中心商贸居住区拉开框架：总建筑面积 39 万平方米的大型安置小区碧水莲晴一期交付使用，二期、三期主体完工；占地 7000 平方米骆驼新菜场进入内部装饰；地标性建筑利时百货大楼完成地下室工程基础施工；东洲商城及蔬果批发、建材等专业市场全面开工建设；总用地 7.7 公顷、建筑面积 21 万平方米的盛世华庭完成土地拍卖，进入设计招投标。

2011 年　区城管局完成聪园小区、银杏小区、港城花园等 15 个老小区 1 万户住宅的天然气改造。老小区天然气改造工程自 2008 年启动，经过 4 年实施，招宝山街道已有近 22000 户居民家庭开通天然气或具备通气条件。

2011 年　镇海区继续实施“在生态带内保留改造 20 个村民集居点，在城市规划建设用地及备用地上建设 16 个集中居住区”的“2016”规划，推进农村集中居住区项目建设。全年投入资金 19.8 亿元，完成农房改建面积 51 万平方米，拆迁农房 2596 户，安置农民 3904 户。是年，区农房“两改”工作得到省委书记赵洪祝的肯定批示，镇海区又一次被评为“全省农村住房改造建设工作优秀单位”。

2011 年　继古塘丽景、银凤晓月、丰颐家园后，全区又有十七房二期、九龙新天地二期和西经堂二期等项目采用 BT 模式建造农村住房，累计融资 12.5 亿元，总建筑面积 55 万平方米。全部建成后可安置农户 4000 多户、1 万多人。用 BT 等方式建设农房，起自 2009 年 6 月，当时区政府与省建设投资集团有限公司签订《镇海区新农村建设战略合作框架协议》，约定 3 年内浙建公司通过 ECP、BT、代建等模式完成镇海区 200 万平方米农村住房改造建设。

2011 年　镇海区建成绕城高速连接线 4 条：起于聚兴路，终于绕城高速，长 8.3 千米的世纪大道北延一期，总投资 87446 万元。西起东外环，东至绕城高速，全长 1.1 千米的北外环东延一期，总投资 17952 万元。南起北外环、北至绕城高速，与舟山连岛工程连接线相接，长 2.55 千米的东外环北延工程，总投资 31477 万元。南起纬三路、北至镇海大道，长约 1 千米的大庆南路北延工程。城市快速路连接线的建成通车，标志着镇海区与宁波市快速路配套的交通路网基本形成。

2011 年　宁波铁路枢纽北环线镇海段建设全线进入铺梁。全线高架形式的铁路北环线镇海段，西起骆驼尚志，东至蛟川甬江特大桥，长约 12 千米，中置沈家站 1 个。沈家站往东，跨东外环路分两支：一支镇海支线，与原洪镇铁路接轨，到镇海港区；另一支甬江左线，跨甬江往鄞州云龙。工程总投资约 7.8 亿元，于 2009 年 12 月 30 日开工建设，预计工期 4 年。

2011 年　村庄截污工程三期先后陆续开工。该工程要在 18 个自然村铺设污水管 14 千米，投资概算 6000 万元，由以下子目组成：①蛟川街道五丰、庙后张、后施、沈家、半路汪铺设 DN300—600 污水管 4.7 千米。②蛟川街道棉丰村、南洪村、南洪养殖场、棉丰新村、炼化生活区和蛟川工业区，新泓口、碾子桥头、双跟塘、洪南、洪北铺设 DN300—700 污水管 3.9 千米。③庄市街道老鹰湾、永旺新村铺设 DN300—400 污水管 1.4 千米。④骆驼街道方严、金东铺设 DN300—400 污水管 1.9 千米。⑤九龙湖镇河头、路下徐铺设 DN400 污水管 0.7 千米。⑥澥浦镇庙戴、庙后铺设 DN400—500 污水管 1.3 千米。

2011 年　投资概算 5799 万元宁波城市供水环网北延工程基本完成。该工程有以下子目组成：1. 沿镇骆路（世纪大道—北大路）铺设 DN600 管 1.8 千米；2. 沿镇骆路（东邑路—世纪大道）、耕渔路（贵驷水厂—镇骆路）铺设 DN500 管 1.5 千米；3. 沿北大路（镇骆路—绕城高速）铺设 DN300 管 1.7 千米；4. 贵驷周边村庄 DN200 及以下管 9.1 千米。5. 沿世纪大道铺设 DN1000 主管 2.5 千米；6. 沿十七房南侧道路铺设 DN800 主管 2.4 千米；7. 沿 329 国道铺设 DN600 管 1.3 千米，DN500 管 350 米，DN300 管 4 千米；8. 澥浦镇周边村庄 DN200 及以下管 11 千米；9. 附建管理用房、清水池及 4 万吨/日加压泵房。

2011 年　借北仑电厂三期电力输送线路建设需要跨境的机会，镇海区拆除原横穿镇海城区的高压线路 12.5 千米，改造、新建 500 千伏北仑至余姚河姆渡的北河、北姆双回路输电线路镇海段约 32 千米。该工程的实施，不仅使北仑电厂输电线路建设圆满完成，还使原高压线下方 187 公顷土地被重新利用，土地使用价值大幅提升。

2011 年　区城管局根据市要求，在“数字城管”运行基础上，实施区“智慧城管”平台建设。是年，22 路高清监控探头完成市、区平台对接，124 台手机终端设备（即城管通、处置通、执法通、指挥通）、14 台单兵执法装备、3 个车载视频和 59 个车载 GPS 终端设备全部到位，并建成噪声智能化系统。硬件设施的完善，使“智慧城管”初步形成协同网络框架体系。

2011 年　招宝山街道武宁桥、朝宗坊、东河小区、西门小区、工农小区、银桂小区、刘家弄、茗园二区、镇棉小区、招宝紫荆小区、聪园小区老住宅、江口小区、张鑑碶小区、童仓小区、白龙小区获区政府物业管理补助 263. 64 万元。这 15 个老小区，总建筑面积 69. 5 万平方米。

2011 年　区环保局编制完成“智慧环保”五年规划。提出 5 年内投资 1080 万元，建成“广泛感知、海量聚集、智能处理、及时响应”的智慧型区域环境监测监控体系，实现区域环境监控的自动化、精细化、程序化。监控体系建设主要包括计算机配置、视频监控系统搭设、机房改造等硬件设施建设和软件、环境数据的开发应用。

镇海区环境在线自动监测大厅

2011 年　区环保局投入环境监测监控设施建设资金 2000 万元，新增 62 个监测监控点位，继续扩大污染源在线自动系统覆盖面。年末，区环境监控中心监控的企业端视频监控点达 180 个，高空瞭望系统达 6 个。全区重点监管区域石化经济开发区和后海塘片区、重点监管的 60 多家企业，实现污染源在线自动监测系统全覆盖。

2011 年　镇海区四项主要污染物，化学需氧量、氨氮、氮氧化物、二氧化硫排放强度（单位地域面积的污染物排放量）分别是宁波市的2.3倍、2倍、9.8倍、5.7倍，是浙江省的3倍、2.8倍、19.6倍、24.4倍。其中，镇海炼化和镇海发电厂二氧化硫、氮氧化物排放总量分别占全区排放总量的88.3%和92.3%。对27家有机废气重点企业和宁波港化学品仓储区调查显示，有机废气排放量主要来自镇海炼化、镇海港区，占全区排放总量的95%以上，区内测得的有机污染因子超过40种。

2011年　区投入280万元实施庄市清风林带绿地修复和林道建设，全区5条生态林带基本建成。海天林带：沿石化经济开发区，东起威海路，西接岚山，全长12.8千米，宽200米，造林面积232公顷，种有黄樟、女贞、珊瑚等10多个树种近38万棵，在石化开发区外侧形成一条连贯的绿色屏障。镇骆林带：沿镇骆路，东起中一村，西至董家畈村，全长11千米，造林宽度100—400米不等，面积170公顷，在公路两侧种植6000多株大香樟、桂花树。雄镇林带：沿50万伏高压线，南起蛟川街道甬江，北至骆驼329国道，全长12.4千米，造林宽度350米，面积325公顷，种植香樟、女贞等树种，建成城市休闲森林公园。清风林带：沿东外环，南起勤勇村，北至湾塘村，全长8千米，造林宽度约200米，面积148公顷，种植有女贞、香樟、杜英、黑杨、乐昌含笑等10多个品种计19万株乔木，是宁波环城生态防护林的重要组成部分。绕城林带：沿绕城高速，甬江至长石，全长14.2千米，宽60米，面积87公顷。

镇海生态林带

2011 年　投入资金 6400 万元的绕城高速沿线和舟山连岛大桥连接线绿化工程基本完成。在绕城高速道路两侧，建成全长 14.2 千米、单侧宽幅 30 米的基本林带。

2011 年　区住房和建交局负责的城市道路绿化竣工项目 5 个，绿化施工面积 31.7 万平方米。分别为：世纪大道一期绿化 8 万平方米、东外环北延一期绿化 1.2 万平方米、北外环东延一期绿化 0.9 万平方米、临江“单喇叭”立交绿化 8.6 万平方米、九龙湖“单喇叭”立交绿化 13 万平方米。道路两旁和中央隔离带种植香樟、黄山栾树、无患子、桂花、银杏、紫叶李、红叶石楠、无刺枸骨、小叶女贞、八角金盘、麦冬、马尼拉等花木。

2011 年　制定《镇海区“十二五”期间主要污染物减排方案》。减排指标除原有化学需氧量、二氧化硫外，新增氨氮、氮氧化物两种。计划明确“十二五”化学需氧量、氨氮、二氧化硫、氮氧化物比“十一五”分别削减 13%、12%、26%、33%。主要通过严控新进污染物排放量大的工业项目，新建或改造电厂（电站）脱硫脱硝设施，建设集中式生活污水处理设施，淘汰重污染、高排放企业、燃煤燃油锅炉等措施，削减污染物排放总量。

2011 年　浙能镇海发电有限责任公司启动 4×215 兆瓦燃煤发电机组烟气脱硝前期工作，确定投资 2.8 亿元新建 4 套烟气脱硝设施，在 2014 年上半年完工。镇海炼化启动 2 号、3 号自备电站烟气脱硝并制定实施方案，计划在 2014 年完成脱硝工程建设。久丰热电有限公司脱硝改造工程也在年内启动。

2011 年　区按照市统一规划，将建成区和绕城高速周边划定为“禁燃区”，启动为期 3 年（2011—2013 年）的“禁燃区”建设。主要是淘汰重点区域内的燃煤、燃油锅炉，减少锅炉排放二氧化硫、氮氧化物、烟尘等大气污染物。是年，通过技术改造、产品转型、换用清洁能源和扩大集中供热范围等手段，淘汰 67 台燃煤燃油锅炉，其中招宝山街道 24 台，其他镇、街道 43 台。

2011 年　区环保局制定新一轮电镀行业整治计划，规定全区 11 家电镀企业须在三年（2011—2013 年）内淘汰所有手工、半自动的电镀生产线 383 条，手工槽 190 个，对 38 个使用落后电镀工艺车间全部进行技改更新。是年，以蛟川电镀城（镇海创业电镀有限公司）为重点实施整治，对部分生产设备落后、环境脏乱差的车间先行改造。改造后，电镀废水全部进入废水集中处理中心，防止废水偷排及渗漏。

2011年 距城区较近、能耗高、污染大工业企业继续实施关闭、搬迁。全区关闭镇海氨基酸厂、镇海第二化工厂、镇海热电厂有限公司、镇海招宝纸业有限公司、宁波合众不锈钢有限公司、镇海洪山化工厂6家企业，搬迁并改造宁波永固化工有限公司、宁波天宝锌合金有限公司（镀锌车间）2家企业。

2011年 区实施畜禽养殖场整治和污染治理设施改造。骆驼万头养猪场及澥浦镇3家养猪场关闭。这4家养猪场长期以来缺乏有效的粪便污水处理设施，污染物直排至附近河道。关闭后，原养猪场周边河道和农田环境得到显著改善。南洪养殖场、骆驼内外贸养殖场、万市徐养殖场进行粪便污水治理设施改造，铺设排污管道，污水纳入宁波北区污水处理厂。

2011年 区农机管理站投入资金788万元，在11个自然村新建农村生活污水生态化处理设施，实行污水就地生态化处理，涉及农家1068户。这些设施日处理污水300吨，排放水质达到《城镇污水处理厂污染物排放标准》二级标准。至年底，全区建造污水生态化设施累计投入超过2600万元，涉及50个自然村2600多户农户，日处理污水近2000吨。

农村生活污水生态化处理设施

2011年 镇海、北仑两区环保局建立甬江两岸跨界污染联动处置机制，打破行政区域对环保案件调查的限制，在两地发生跨界污染时，双方可联合到污染源地界进行检查。是年，两地环保部门开展常规性联合检查3次，联合处置跨界污染事件6起。

2011 年　镇海区授权发明专利达 145 件，同比增长 145.8%，增幅位列全市第一。发明专利授权量大幅增长，企业创新积极性和创新水平不断提高，体现了区鼓励企业科技创新、优化企业专利补助的激励政策奏效。

2011 年　区本级财政用于支持科技发展、兑现各项政策的经费超过 2000 万元。其中，专利授权补助 793.45 万元，各级工程中心补助 210 万元，区重大科技计划项目补助 216 万元，区级重点新产品补助 104 万元，企业研发费补助 93.2 万元，社会发展项目 18.5 万元。

2011 年　区教育局把写字教育首次列入义务段学校质量抽测。抽测主要面向四、五、八 3 个年级段的学生，测评内容包括字体端正、笔画规范、卷面整洁、姿势端正等。写字教育的抽测结果作为考核学校教学质量的依据之一。

2011 年　区卫生局在全国率先实现村（社区）常住儿童免疫规划信息化动态管理。外来儿童“五苗”（卡介苗、乙肝、百白破、脊灰、麻疹疫苗）接种率由 2008 年的 90.9%上升到 96.7%，常住儿童麻疹和乙肝首针及时率由 2008 年的 61.7%、69.8%上升到 95.8%、99.9%。免疫规划信息化动态管理始于 2009 年 4 月，在 5 个村（社区）试点后逐渐推广应用。

2011 年　区实施第三轮经济适用房、解困房、廉租房申请。经审核，符合保障性住房申请条件的总计 1196 户。其中，申报经济适用房 1131 户，申报解困房 65 户。经本人申报和公示，当年销售经济适用房 148 套，建筑面积 1.15 万平方米，基准价格统一为 2800 元/平方米；销售解困房 40 套，建筑面积 0.26 万平方米，价格 850 元/平方米。全区 2532 户次家庭享受廉租房，廉租房租金补贴 639 万元。

2012 年

1 月

4 日　招宝山街道总浦桥社区党总支书记兼居委会主任郑时梅、城东社区党总支书记兼居委会主任周敏雅获“浙江省优秀社区工作者”称号，后大街社区高血压俱乐部获“浙江省先进社区社会组织”称号。

5 日　329 国道拓宽改造工程完工，被市交通主管部门评为优良工程。

工程投入资金 4402 万元，于 2011 年 6 月 23 日开工，北起彭王庙桥，南至常洪隧道口，长 2.45 千米，水泥路改沥青路，路面由 4 车道改为 6 车道，路基宽 34 米，主车道宽 3×3.5 米，辅车道宽 2×3.5 米。

329 国道拓宽改造工程完工

7 日至 10 日　中国共产党宁波市镇海区第十三次代表大会举行。大会正式代表 230 名，列席代表 77 名，代表全区 1.7 万余名党员，大会主席团由 33 人组成。会议听取、审议薛维海代表中共宁波市镇海区第十二届委员会作题为《解放思想争创一流奋力跨越走前列　为基本建成现代化生态型港口强区而努力奋斗》的工作报告、鲍娴萍代表中共宁波市镇海区第十二届纪律检查委员会作题为《全面提高反腐倡廉建设科学化水平　为基本建成现代化港口型强区提供坚强保障》的工作报告，作出通过报告的决议。大会选举产生中国共产党宁波市镇海区第十三届委员会，其中区委委员 42 名，候补委员 8 名。区委第一次全会选举产生薛维海、魏祖民、徐方、鲍娴萍、顾国芳、褚瑞根、李斌、张敏海、王耀军、俞泉云、洪世奕 11 名常委，选举产生 17 名区纪委委员。区纪委第一次全会选举产生区纪委常委 5 名、区纪委书记鲍娴萍。选举产生镇海区出席中国共产党宁波市第十二次代表大会代表 21 名。区委第一次全会审议通过《中共宁波市镇海区委议事规则》《中共宁波市镇海区委关于加强自身建设的意见》。本次大会第一次实行代表提案制度。

中国共产党宁波市镇海区第十三次代表大会

8 日至 16 日　招宝山街道鼓楼广场举办区第十届春节年货暨北大荒绿色食品展销会。

展销会设 240 个展位，全国各地 200 余家参展企业和经销商参展，商品种类 1000 余种，销售商品除传统年货外，还引进各地特色产品及进口食品。进场市民 10

万余人，总成交额660万元。

11日　区委、区政府召开全区经济工作会议。

11日至18日　由省花卉协会、市林业局和区政府联合主办，区农业局、骆驼街道和宁波花木世界共同承办的“2012年浙江迎春花展”在骆驼街道宁波花木世界举行。

本次花展以“花卉迎春、奏响龙年”为主题，共有200余家花卉企业参加展示展销，吸引3万名余市民观赏、购买，销售额达300余万元。

13日　镇海区新增浙江省著名商标4件。

4件著名商标分别为宁波市天衡制药有限公司的“枢瑞”、宁波杜亚机电技术有限公司的“DOOYA”、东毓（宁波）油压工业有限公司的“TONNY”和宁波中意液压马达有限公司的“ZIHYD”。

16日　镇海区分别在杭州、上海、北京举行镇海籍人士新春团拜会。

17日　撤销区县乡公路养护管理站、宁镇骆一级公路收费管理所（329国道镇海收费管理所）。

同日　区港航管理处更名为区港航管理所。

20日　区环保局宁波化工区分局更名为镇海区环境保护局石化区分局，同时升格为副处级单位。

29日　召开全区项目推进落实暨机关干部大会，区委书记薛维海讲话。

30日　全省民营经济万人大会召开。宁波石化经济技术开发区顺式聚异戊二烯橡胶项目被列入2012年浙江省民营经济重大投资项目，并现场签约。

1月起　根据省、市文件精神，区人社局对企业退休（职）人员基本养老金进行调整，19959名符合条件退休（职）人员增资，人均月增资217元。3月，对城乡居民社会养老保险、被征地人员养老保障、老年居民养老保障和农民养老保障待遇进行调整，总人数33293人，人均增发58元，并自1月起补发。其中城乡居民社会养老保险基础养老金标准从每月110元调整为每月140元，惠及24490名城乡居民。

年初　镇海廉文化民间藏品展示馆获评浙江省第三批廉政文化教育基地。

该馆以招宝山街道后大街社区林家大院原址为基础改建而成，总占地面积2946平方米，总建筑面积3189平方米，设书画、玉器、青铜器、陶瓷、票证、邮票、钱币、火花、古书、家具、日用品等 13 个系列，馆内有玉器、书画、青铜、陶瓷、邮票、钱币、火花等近 1000 件民间藏品。于 2010 年 4 月 18 日建成对外开放。

年初　位于九龙湖镇长宏村区中心粮库一期工程启动。

项目总用地 7.92 公顷，总投资 1.49 亿元。其中，一期工程概算 1.35 亿元，用地 6.8 万平方米，建筑面积 3.2 万平方米；二期以仓储规模为依托，配套建设日处理 150 吨稻谷粮食储备应急加工车间、日处理 210 吨稻谷粮食烘干车间，以及地方储备应急粮配送区。建成后将实现“业务流程智能化、仓储管理数字化、粮机作业自动化、信息集成网络化”，使镇海区粮食仓储科技水平处于华东地区前列。至年末，一期工程完成土建工程量的 71.86%。

2 月

1 日　区反腐倡廉建设大会召开，区委常委、区纪委书记鲍娴萍通报工作情况。

3 日　爱心夫妇王先生和黄女士成为镇海区首批器官捐献志愿者。

8 日　深圳发展银行宁波镇海支行开业。

10 日　镇海区获评“全国扶贫开发先进集体”荣誉称号。

中国人民政治协商会议第九届宁波市镇海区委员会第一次会议

12 日至 15 日　政协区九届一次会议在九龙山庄召开。区委书记薛维海到会讲话，区政协主席王悦，副主席汪卫国、柴鹏飞、胡文安、石勇、陈利华和秘书长顾其龙出席会议，区政府领导和在镇省、市政协委员应邀列席会议，大会应到委员 177 人，实到委员169人。会议听取并审议八届区政协主席王悦所作的常委会工作报告和八届区政协副主席陈利华所作的常委会提案工作报告。选举政协第九届宁波市镇海区委员会主席、副主席、秘书长和常务委员。会议收到委员以提案形式提交的意见建议267件，经审查立案216件。16名委员作大会发言，提出区经济社会发展中的意见建议。会议审议通过区政协九届一次会议决议。

13日　百隆东方股份有限公司总经理韩共进作为中国经贸团企业家代表，随同国家副主席习近平赴美国考察、商谈，并与美国企业签订5000吨棉花进口协议，总金额达1300多万美元。

13日至16日　镇海区十四届人民代表大会第一次会议在区人民大会堂召开。会议听取和审议区人民政府工作报告，听取和审议2011年区国民经济和社会发展计划执行情况与2012年国民经济和社会发展计划、2011年财政预算执行情况和2012年财政预算，听取和审议区人大常委会工作报告、区人民法院工作报告、区人民检察院工作报告。会议批准上述报告并作出相应决议。大会选举张江华为区十四届人大常委会主任，王宏德、高岭夏、吴国平、高炳华、俞国华为副主任，19人为委员，选举魏祖民为区长，顾国芳、王兆波、杨小平、张颖（女）、林伟明为副区长，选举邬凡敏为区人民法院院长、陈贺评为区人民检察院检察长并报经市人民检察院提请市人大常委会批准。

宁波市镇海区第十四届人民代表大会第一次会议

14日起　中石化镇海炼化分公司38套装置和系统设施进入大修改造阶段，是镇海炼化历史上规模最大的一次检修。

17日　澥浦镇区（ZH10）控制性详细规划获批。

该片区规划范围东至规划道路及汇源路，西至慈海路，南至镇浦路，北至山体，总用地面积292.1公顷。功能定位为宁波中心城北部工业型综合城镇、宁波石化经济技术开发区综合配套服务基地、以历史民居为特色的镇海旅游区重要组成部分。

同日　宁波化工区澥浦片区（ZH11）控制性详细规划获批。

该片区规划范围东至澥浦大河，西至澥浦镇与慈溪市龙山镇交界处，南至海天中路，北至规划杭甬高速复线，总用地面积约281.7公顷。功能定位为以精细化工原材料为主导产业的宁波化工区重要组成片区。

同日　宁波化工区岚山片区（ZH12）控制性详细规划获批。

该片区规划范围东至规划杭甬高速复线，南至海呈路，西至海天中路，北至规划望海路，总用地面积为359.3公顷。功能定位为以石化中下游基本有机化工产业为主导的宁波化工区重要组成片区。

17日至20日　第二十二届中国（镇海）兰花博览会在骆驼街道宁波花木世界举行。

本届兰博会以“兰花·生态·人文”为主题，来自国内21个省市，日本、韩国等国兰花协会、兰花企业及兰文化相关企业参展，展出近5000盆精品兰花，参观者达4万人，兰花交易额突破1亿元。

第二十二届中国（镇海）兰花博览会开幕式

20日　宁波镇海中银富登村镇银行开业。

该银行由中国银行与新加坡淡马锡富登金融控股有限公司联手投资组建，是全省首家中外合资村镇银行，注册资本为5000万元。

21日　《宁波非物质文化遗产大观（镇海卷）》一书由宁波出版社出版，收录73个非遗项目、16名非遗传承人。

22日　龙赛医院完成首例单孔腹腔镜胆囊切除术，填补区内该类手术空白。

同日　区侨联荣获“2011年度全省侨联系统先进集体”称号。

同日　区文化馆被文化部评为全国一级馆。

23日　宁波合众海运有限公司54000吨级的散货船“金宁18号”轮顺利下水，镇海区运力突破10万吨的水运企业增至3家。

28日　区委、区政府出台《关于在全区开展“干部进村入企一线解难创优”活动的通知》，开展以“干部进村入企一线解难创优”为主题的“服务发展、服务基层、服务群众”活动，组织广大党员干部深入农村、深入企业、深入群众，了解社情民意，破解发展难题，促进社区稳定，着力解决一批基层干部群众反映强烈的突出问题，全力破解一批经济社会发展中的重点难点问题，构建一批密切联系群众的体制机制，以优良的党风政风带民风、聚民心，形成全区上下合力推进“六大战略”的良好氛围，以崭新形象、优异业绩迎接中共十八大胜利召开。

活动从2月开始，计划集中利用5个月左右时间，重点抓好5个方面工作：进村入户办实事、走访企业促发展、联系项目破难题、接访群众化矛盾、排除问题保平安。截至7月，共帮助解决各类问题1531个。

同日　中科院宁波材料所成功研发新一代锂电池正极材料，填补国内在磷酸锰锂上的技术空白。

28日至3月1日　2012年中国老年旅游高端论坛在镇海开元九龙湖度假村举行，全国29个省市240名旅游界人士、300多家主推“银发市场”旅行社参加会议。

会议就全国老年旅游的行业现状和发展前景进行广泛探讨，区旅游形象推广中心与中国老年旅游联合体浙江分会签署“万名游客游镇海”合作协议。

2月　4个建筑工程获评2011年度“宁波市甬江建设杯”优质工程奖。

4个获评的建筑工程分别为宁波镇海大宗生产资料交易中心工程——交易中心、迁建3万吨/天工业水厂工程、古海塘树木移植及环境整治工程、镇海招宝广场二期。4个工程分别由浙江省二建建设集团有限公司、浙江省二建建设集团有限公司、宁波市镇海区园林绿化工程公司、浙江欣捷建设有限公司建造，宁波创安工程管理有限公司、宁波国际投资咨询有限公司、宁波创安工程管理有限公司、宁波创安工程管理有限公司监理。

2月　由镇海电视台创作的纪录片《托老所》被文化部中外文化交流中心选为2011年度对外文化宣传片，并被翻译成英语、法语、西班牙语、阿拉伯语等多种语言，提供中国驻世界各使领馆及海外中国文化中心宣传使用。

该纪录片讲述招宝山街道总浦桥社区日间老年护理中心的几位老人日出而聚、日落而散的特殊生活，用细腻的语言和写实的镜头展示当下老年人生存状态。

2月　宝陀禅寺举行藏经楼落成暨四面观音菩萨开光法会，参加法会信众约500人。市委统战部、市民宗局、区政府、区政协等领导，以及中国佛教协会副会长珠康·土登克珠等高僧大德到场祝贺。

3月

5日　镇海区被教育部授予“全国数字化学习先行区”称号。

6日　世界少年奥林匹克数学竞赛“2011—2012世界杯（中国）总决赛”成绩揭晓，蛟川书院学生吴雨航获七年级组金奖。

同日　宁波东来化工有限公司与中科院大连化物所合作研发新型环保增塑剂项目签约。

8日　全区领导干部暨“三思三创”主题教育实践活动大会召开，区委书记薛维海作讲话。

12日　镇海中学正式成为第三届“北斗杯”全国青少年科技创新大赛分区初赛承办单位。

同日　“宁波市百家工业行业龙头骨干企业”榜单揭晓，镇海区5家企业荣登榜单。

登榜5家企业分别为中石化镇海炼化分公司、宁波汇众粉末机械制造有限公司、宁波天衡制药有限公司、百隆东方股份有限公司、宁波埃美柯铜阀门有限公司。

13日　爱丁堡大学教授、罗斯林研究所胚胎学家 William Ritchie，美国终身教授甘霖，苏格兰科学教育协会主席 Alan Muirs 率领的考察团到大学科技园交流考察。

16日　总载重吨为50679吨煤轮“天盛18”靠上港埠分公司5万吨级通用散货泊位，经过近30小时奋战，于17日12时30分完成接卸，平均接卸效率达1500吨/小时。

这是镇海港区首次接卸5万吨级散货船，实现镇海港区由河口港向海港的历史性跨越。

17日　区委、区政府出台《关于促进全区经济发展的若干意见》，坚持先进制造业和现代服务业双轮驱动，坚持科技创新和信息化带动，促进实体经济做大做强做优，促进产业结构调整和产业层次提升，构建结构优化、技术先进、清洁安全、附加值高的现代产业体系，促进镇海区经济发展走在前列。

《意见》具体包括3个方面12项内容。经济发展重点：培育城市经济、加快发展海洋经济、提升发展创意经济、大力发展循环经济、着力推进开放经济、做强做优民营经济；落实扶持措施：加大要素保障、加大政策保障、加大服务保障；加强组织协调：加强组织领导、加强绩效评估、加强舆论宣传。

同日　镇海区农家书屋基本实现全覆盖。

农家书屋选址在人口集中、借阅方便的村文化活动中心、行政服务中心、活动广场等场所，书屋面积均达20平方米以上。

21日　《镇海区河网水系规划》通过会审。

该规划梳理全区32条主干河道、151条一般河道，最终形成“五横四纵”的防洪排涝格局。

22日　骆驼商会成立企业转贷互助基金，基金规模3000万元。

同日　中国工商银行镇海支行营业部陆君芬被中国银行业协会评为2011年度中国银行业文明规范服务“明星大堂经理”。

23日　召开全区民营经济发展大会，区委书记薛维海作讲话。

同日　区卫生局启用全市首个移动式爱心献血屋。

献血屋选址区人民大会堂广场，内部配置空气消毒设备、血液热合机、血液存储冰箱等设备，每月定期开放。

29 日至 30 日　区创建省级中医药特色社区卫生服务示范区接受省中医药管理局委托的省专家组检查评估。

5 月，评审结果公布，镇海区创建成省级中医药特色社区卫生服务示范区，招宝山街道社区卫生服务中心、庄市街道社区卫生服务中心创建成省级中医药特色社区服务示范中心。

30 日　区委办、区政府办下发《关于成立区领导小组及相关工作机构的通知》，启动全区煤炭扬尘整治专项行动。

专项行动在科学制定煤炭扬尘整治总体方案基础上，重点开展煤炭装卸船环节、煤炭堆存作业环节、道路运输环节 3 项整治，通过新建、改造、提升防尘设施及治理车辆超载、超限、密闭、违行、违停、车体冲洗等，2—3 年内达到抑尘 90%的总体要求，并形成长效管理机制。

同日　《今日镇海》创刊 20 周年座谈会在区新闻中心召开。

会上，镇海老一代办报人、《今日镇海》阅评员代表和读者代表回顾镇海办报事业发展历程。区委、区政府发贺信，充分肯定《今日镇海》创刊 20 年来为镇海经济发展和社会进步作出的突出贡献，并勉励《今日镇海》继续唱响主旋律，打好主动仗，为镇海全面建成惠及全区人民更高水平小康社会、基本建成现代化生态型港口强区再立新功。

3 月底　石化开发区管委会新成立行政服务中心和社会事务管理中心 2 个事业正处级机构，管委会直属的两办（党政办公室、财政办公室）、五局（投资合作局、经济发展局、安全生产监督局、建设规划局、审计监察局）、两个中心全部配置完成，开始正常运作。

3 月　区信访联席会议部署在全区开展“重信重访和信访突出问题专项治理”活动。

区成立由区委副书记为组长、常务副区长为副组长的领导小组，镇（街道）和职能部门成立由“一把手”任组长的专门工作机构，对信访突出问题和信访积案实行“联产到组、包干到人”的化解工作责任制。全年共化解省挂牌信访积案 1 件，化解率 100%；20 起区级信访积案实际化解 16 起，化解率 80%，“原贵驷镇 52 户住户房产权证案”“原橡胶厂职工要求享受事业退休待遇案”“原贵驷乡镇企业退休人员基本养老保障”“赵惠明户口案”等一批事关群众切身利益的信访积案得以化解。

3月　区检察院对一起非法盗卖槽罐车中液化气案提起公诉，结合2009年以来查处的一系列非法盗卖危险化工品案件，针对办案中发现的问题提出决策建议，报送《镇海区21人涉嫌非法买卖危险物品系列案件暴露出多种问题应引起高度关注》信息，经市检察院编发后，分别得到省委常委、市委书记王辉忠，市委副书记、市长刘奇等领导批示，促成区政府组织公安、安监、交通等相关部门开展打击非法经营销售偷盗危化品专项行动。

3月　净圆禅寺举行天王殿重建上梁法会，参加法会信众约500人。

净圆禅寺原天王殿因白蚁侵袭，大梁、柱子受损严重，并大墙开裂严重，经鉴定为危房，直接影响天王殿宗教活动和信众的安全。此次重新修建天王殿，得到居士信众的响应和支持。

3月　横溪自然村农居立面整治二期工程竣工。

工程总投资1600万元，于2011年3月开工，完成321户农房外立面改造，成为全区首个以旅游开发为主的生态型旅游景点村庄。

横溪自然村农居立面整治二期工程

4 月

1 日　第三次全国文物普查“百大新发现”授牌仪式在七里灯塔举行。市文广局、市文保所参加授牌仪式，宁波、舟山两地 6 家媒体参加。

2011 年 12 月，国家文物局公布“第三次全国文物普查百大新发现”，“浙东沿海近代灯塔群”作为近现代重要史迹位列其中。浙东沿海灯塔群由 10 处灯塔组成，其中宁波有 3 处，分别是位于镇海口的七里屿灯塔、象山海域的东门灯塔、渔山列岛的北渔山灯塔，其余 7 处位于舟山嵊泗列岛海域。

同日　14 时 50 分，澥浦镇澥浦村息云寺山发生森林火灾，于当日 18 时扑灭，火灾持续时间 3 个小时，过火面积 4.92 公顷，受害面积 4.79 公顷，无人员伤亡，等级为较大火灾，出动扑救人员 240 人次。

经查，火灾是村民郑某上坟烧纸不慎引发，后郑某被依法追究刑事责任。

6 日　区委书记薛维海、副区长王兆波检查轨道交通 2 号线清水浦站场、镇海大道二期、北外环东延二期、镇海公路客运中心等工程建设进度。

同日　王承天工笔花鸟画展开幕仪式在上海植物园举行，这是镇海籍书画家首次走出浙江举办个人画展。

王承天，浙江省美术家协会会员，浙江省中国花鸟画家协会会员，精于工笔花鸟。其作品曾多次在国内外画展、大赛中展出，多幅画作被收入《花鸟画技法》《中国美术家》等画册和书籍。

9 日　中官路大修工程启动，7 月 9 日竣工。

工程对中官路（庄市大道至镇骆路）全线主路口进行交通优化，破损严重路面修复并改造一条人非混行道，投资概算 993 万元。

12 日　宁波市公布 2011 年度创业创新风云榜，镇海炼化以上缴税收 191.8 亿元再度荣登“纳税 50 强”榜首。

12 日至 13 日　共青团宁波市镇海区第十六次代表大会召开，区四套班子领导出席大会。区委书记薛维海作讲话，团市委书记到会祝贺并讲话。大会听取共青团宁波市镇海区第十五届委员会工作报告，选举产生第十六届委员会及书记 1 名、副书记 2 名、常委 7 名、委员 19 名，明确今后 3 年全区共青团以建功育人为主线，以改革创新为动力，以实施“四个行动”为载体，履行共青团的基本职能，开创团工作新局面。

16日　第十届全国人大常委会副委员长兼秘书长盛华仁一行到宁波石化经济技术开发区视察临港石化产业发展情况。盛华仁指出，宁波石化经济技术开发区要加快完善发展规划，主动向走在前头的先进开发区学习，引进大项目好项目，加强环境保护，推进循环经济发展；要加大企业政策扶持，完善配套设施建设，朝着打造“国内一流、国际领先”的石化产业园区不断努力。

17日　宁波埃美柯铜阀门有限公司摘取“2011年度宁波市市长质量奖”，成为区内首家获此殊荣企业。

20日　港埠分公司20#液体化工专用泊位水工工程通过海事、引航等部门联合组织的交工验收，泊位批复口岸长度200米，借用18#泊位71米，宽22米，码头前沿水深负12.5米，设计等级为2万吨级。投产后，预计每年可为镇海港区增加75万吨的吞吐量。

5月5日，载有1万吨货物的“宁化412”轮靠上20#泊位，标志该泊位开始试运营。6月21日，19#泊位水工工程交工验收，泊位为5万吨级液化码头，设计年吞吐量为110万吨，泊位长度为345米。9月19日，装载3400吨苯乙烯的“红枫”轮成功靠泊19#泊位，标志该泊位投入试营运。

同日　区档案馆和慈溪市档案馆签署“就近受理，跨馆出证”远程协同服务项目合作协议书，两地档案利用正式迈入“同城”时代。

同日　区国土分局与镇海耀华房地产开发有限公司签订《地下空间土地使用权出让合同》，实现镇海区地下空间土地使用权出让“零”的突破。

26日　镇海区庆祝“五一”国际劳动节暨劳动模范颁奖典礼举行。

27日　第三届“北斗杯”全国青少年科技创新大赛结果揭晓，镇海中学参与科技创意、科技论文和科幻文章三大类比赛，该校14名学生分获全国一、二、三等奖和优秀奖，是获奖最多的学校，其中高二学生严天宇获得中学组科幻文章类第一名。

28日　区红十字会在区人民大会堂举行“我志愿　我奉献——红十字人道力量”广场宣传活动，现场招募造血干细胞捐献志愿者58人。

4月　全区开展“文明出行从我做起”主题活动，由“文明出行我宣传、文明出行我承诺、文明出行我服务、文明出行我监督”4 项内容组成，将每月 11 日定为“文明出行践行日”，并开展文明行车从我做起、文明乘车从我做起、文明行路从我做起等活动。

4 月　区新闻中心桂书敏获浙江省“五一劳动奖章”。

4 月　九龙湖田杨陈区片标准化建设项目通过市级专家组完工验收。

该项目投资 236.31 万元，新建钢筋混凝土进水渠长 1750 米、排水沟 600 米，硬化机耕路 4938 米，新建机埠 4 座、机坡 170 个。在基础设施不断完善的同时，该片区内的机械化作业水平全面提升，机耕、机收率达 100%，机插（机播）率达 85%，全程机械化率达 95%。

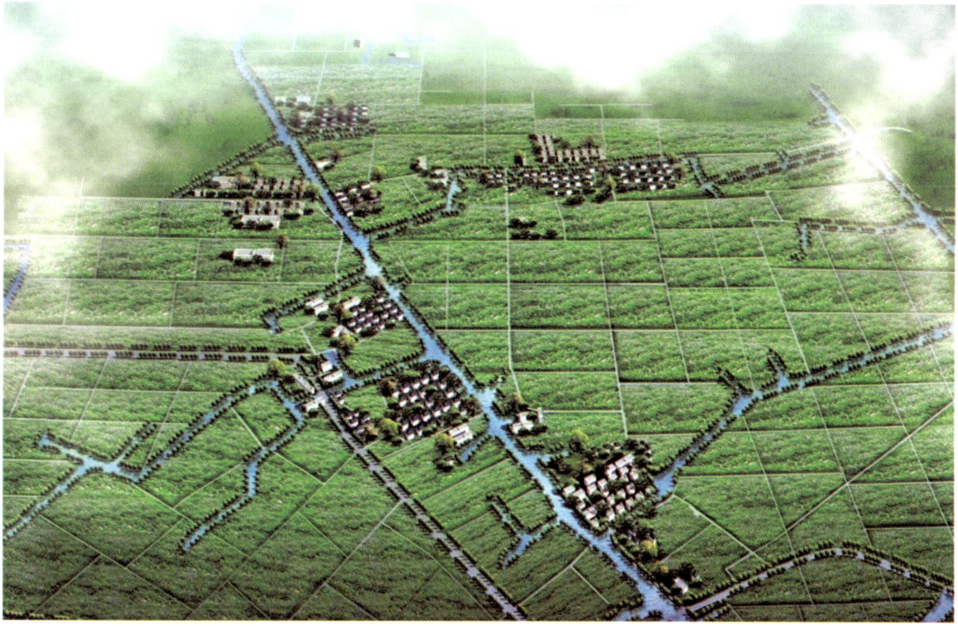

万亩粮食基地田杨陈片区鸟瞰图

5 月

2 日　区委、区政府出台《关于贯彻国家和省市教育规划纲要的实施意见》，该意见根据《国家中长期教育改革和发展规划纲要（2010—2020 年）》《浙江省中长期教育改革和发展规划纲要（2010—2020 年）》《宁波市中长期教育改革和发展规划（2010—2020年）》，结合全区实际，提出："十二五"期间在全省率先实现教育现代化，基本形成学习型社会；教育综合实力和竞争力水平居于国内同类区域前列，主要指标届时达到中等发达国家平均水平，建成高水平的现代化教育强区和高质量的基础教育名区。

3日　区纪委十三届二次全会召开。

7日　龙赛医院成功实施区内首例食道平滑肌瘤和胃底间质瘤内镜下黏膜剥离术（ESD）。该技术填补区内此类先进手术空白。

8日　在2012宁波市镇海区（上海）投资推介会上，大学科技园宁波人才金港管理有限公司项目、宁波昆园网络科技有限公司项目、宁波久丰热电有限公司2#汽轮发电机改造项目现场签约。

10日　区卫生局召开庆祝国际护士节100周年暨优质护理服务经验交流会，表彰全区5名护龄满30年的护理工作者。

至年底，全区有注册护士1093名，占全区卫技人员的37.7%，注册护士占卫技人员比例超全国平均水平。

同日　区装备制造产业协作联盟成立暨第一次会员（代表）大会召开。

15日　镇海炼化第一套PP装置（聚丙烯生产装置）成功出产，标志着历时92天的检修改造完美收官，完成涉及炼油、化工、码头三大区域，38套主体生产装置和辅助系统的4498项检修改造项目，实现"安全、环保、优质、准点、文明"的目标，创下"未发生一起事故、未报一次火警、未放一次火炬、未收到一起环保投诉、未发生一起意外跳车"的"五个为零"新纪录。

16日　国内首个3D高清电视频道落地镇海区，频道号为"150"。

17日　镇海区创建全国文明城市"三连冠"总结表彰暨新一轮全国文明城市创建动员大会召开。

21日　镇海动力中心天然气热电联产工程获省发改委核准，6月11日工程建设启动。

工程位于宁波石化经济技术开发区海祥路999号，投资概算30.46亿元，占地面积17.601公顷，建筑面积41655平方米，拟建3×350兆瓦级燃气—蒸汽联合循环供热机组，配套建设厂外热网、工业水专用支线、220千伏升压变电站、天然气调压站等辅助设施，额定对外供热为1110吨/时。截至年末，场地平整完成

95%以上，桩基工程初步设计外审通过，土建施工、安装工程招标和主辅设备采购合同签订。

建设中的镇海动力中心天然气热电联产工程

22 日　宁波植物园植物名录初编完成，共收录植物 3524 种。

22 日至 24 日　区中医医院通过省等级医院评审专家组一行 19 人的二级甲等中医医院评审检查。

专家组通过查台账、抽查病历、实地察看、现场考核、夜间暗访等多种方式对医院的综合管理水平、技术水平、服务水平、医疗质量等全面考评，最终中医医院通过评审。

24 日　《九龙湖镇总体规划》获市政府批复。

根据总体规划，在规划期内九龙湖将以山水度假旅游为主导方向，兼顾第一产业和第二产业的发展，确定总体发展目标为“宁波山水度假旅游名镇、城郊型高品质宜居城镇”。

同日　12 名国内著名作家专程到庄市，开展为期 4 天的“中国文学名家看庄市”活动。采风团由《小说选刊》杂志主编杜卫东带队。

25 日　为期 1 个月的 2012 夏季文化创意集市开幕酒会在宁波帮博物馆隆重举行。

活动由宁波市大学科技园、宁波帮博物馆和宁波大学科学技术学院共同主办。其间，举办宁波大学科技学院设计艺术学院优秀毕业设计展、当代民谣节、专家系列讲座等活动。

同日　区委副书记、区长魏祖民率区相关部门负责人，实地踏勘镇海大道二期项目建设。

27 日　区新闻中心和浙江传媒学院签约，共建实习基地。

根据合作内容，两家单位将互相借助各自优势，在业务培训、学历教育、精品创优、梯队建设等方面开展深度合作，实现互利共赢。

28 日　联合发电公司完成镇海 9E 燃机燃油改气工程，实现天然气清洁发电。

工程除实施油改气改造项目外，还同步实施三台机组的扩大性大修，其中包括 22 项重点技改项目、13 项重大特殊检修项目和 103 项一般特殊项目，参建单位达 10 余家，缩短工期 18 天，全面实现各项预期目标。

同日　区妇幼保健院由招宝山街道苗圃路搬迁至骆驼街道镇骆西路 631 号（董家畈村），建筑面积从原来的 1100 余平方米增加至 7000 余平方米，内部布局更加合理，保健环境明显改善。

5 月 29 日　台湾高雄市田寮区西德社区和鸟松区大华社区干部组成的考察团一行 18 人到镇海开展为期 5 天的考察交流。

考察交流期间，考察团参观宁波帮博物馆、台企金丰公司，在后大街、西门 2 个社区与社区干部、居民及台属进行交流，双方就社区建设、民生服务、未来发展等方面进行探讨。

台湾高雄“结对社区”考察团到镇海考察交流

5 月　团区委以纪念中国共青团建团 90 周年和五四运动 93 周年为契机，在区人民大会堂举行“传承 · 奋进——我们的红色青春印记”主题集会，启动“凝聚青年力量、助推‘六大战略’”——青春与镇海共奋进主题活动，引导团员青年树立中国特色社会主义共同理想。来自全区各条战线的 300 名青年代表参加，区委常委、组织部部长在会上作讲话，寄语全区广大团员青年开拓创新、务实进取、奋发有为。会议表彰第五届“镇海区十大杰出青年”先进集体、先进个人。

5 月　镇海百卉农场申报无公害生猪养殖基地，注册商标“甬之宝”，产地规模 0.3 万头生猪，年总销售量 230 吨，总销售额 540 万元。

5 月　全区粮食购销合同签订工作顺利推进，共签订农户数 402 户，订单粮食播种面积 1846 公顷。粮食订单总量 9350 吨，其中早稻 3300 吨，晚稻 6000 吨，小麦 50 吨。

5 月　宁波海尚大酒店开业运营。

酒店位于银亿 · 海尚广场东北角，由银亿集团投资建设，是镇海新城引进的首家四星级酒店。项目总占地面积 6620 平方米，总建筑面积 19807 平方米，共 19 层，拥有 157 间客房和 3 个功能各异的会议厅，中餐厅、西餐厅、大堂吧、美食屋一应俱全。

宁波海尚大酒店

5月　基督教城关堂新堂落成。省、市基督教协会牧师等基督教界人士应邀参加典礼，区政府、市民宗局、区委统战部等领导到场祝贺。

教堂于2009年8月由城关堂迁建招宝山街道静海路，总耗资1000多万元，建筑面积3000多平方米，占地面积1879平方米，年初竣工。

6月

1日　环线公交392路开通，由镇海客运中心（渡口）始发，途经后海塘物流枢纽港，全程9.5千米。

3日　区国税局办税服务厅获全国“工人先锋号”称号，成为全市国税系统首家获此殊荣的集体。

5日　首次公布镇海区PM2.5监测点数据。

7日　全国政协副主席、中共中央统战部部长杜青林一行到镇海视察宁波帮博物馆。省政协副主席、省委统战部部长汤黎路，中共中央统战部秘书长、办公厅主任安七一，以及市、区相关领导陪同。

7日至11日　保利国宝展在保利艺术博物馆开展。参展展品为4尊圆明园兽首铜像和14件南北朝时期石佛造像，均为重量级国宝。

8日　韩国SK集团签约入驻石化开发区，投资2.5亿美元建设年产5万吨乙丙橡胶生产项目。

同日　召开2012“慈善一日捐”动员大会，部署捐款活动。

区慈善总会首次与《今日镇海》编委会举办“慈善好新闻征文大奖赛”，引导社会各界参与捐款活动。为期3个月的“慈善一日捐”活动，共募集善款1825.62万元，占全年慈善资金募集量的43.3%，捐赠总额创历史新高。

9日　第五届中国开放论坛在区九龙湖畔开幕。国务院发展研究中心副主任韩俊、副市长洪嘉祥分别致辞。

同日　石化开发区与法国道达尔公司签订高等级聚苯乙烯项目。

9日至11日　清华校友一行40多人镇海行考察洽谈活动举行，薛维海、魏祖民、张江华、王悦等区四套班子领导陪同。

此次活动由清华大学校友总会和区政府共同主办，旨在加强镇海与清华校友的联络联谊，发挥清华校友的智慧与资源，鼓励和推动清华校友到镇海投资创业。

10 日　在开元宁波九龙湖度假村举行的第十四届浙洽会镇海分团项目签约仪式上，大学科技园信息服务建设战略合作项目、睿易教育软件开发项目、兰伯特工业设计项目、保亿建筑装潢设计项目、西安电子科技大学宁波产业园合作项目等 5 个文创类项目签订合作意向书。

11 日　石化开发区与浙大化工系签订全面战略合作协议，同时设立 50 万元的宁波石化经济技术开发区——浙江大学国际交流生奖助学金。

12 日　镇海区首家本土企业百隆东方股份有限公司在上海证券交易所上市，股票代码 601339。

百隆东方股份有限公司上市

14 日　区烟草专卖局与宁波市烟草专卖局、宁波海关、公安部门通力协作，破获一起案值 2000 万元的特大走私卷烟案。涉案卷烟 11 万余条，抓获犯罪嫌疑人 6 名。

年初，宁波烟草部门陆续接到群众举报，反映某市场附近有几家烟店出售来历不明走私卷烟。6 月 14 日，抓获犯罪嫌疑人王某。经查实，从 2009 年 1 月起，王某通过伪造船舶印章及船长签字大肆骗取免税指标烟，共计36种11万余条，然后加价销售给蒋某，蒋某再加价销售给林某、徐某、卓某和姚某等卷烟零售户。该案经上报被公安部列为部督案件。

15日　省委常委、市委书记、市人大常委会主任王辉忠到镇海进村入企调研，市区有关领导陪同。

16日　港埠分公司第二期防风网工程通过宁波港股份有限公司交工验收并交付使用。

工程总长度为884.5米，高度为17米。11月27日，港埠分公司第三期防风网工程基本完工。改造后的防风网对堆场100米附近区域的大气环境质量改善程度在不同风速段平均值达到88.55%，对堆场5千米附近区域的大气环境质量改善程度为56.78%。

18日至24日　区风景旅游管理局与郑氏十七房景区联合举办郑氏十七房第三届端午文化周。

来自宁波大市范围150名京剧、越剧、昆曲、豫剧、评剧、黄梅戏的票友们让广大戏迷过足戏瘾，吸引周边游客亲身参与。

20日至9月30日　按照省部署，区农业局开展以蔬菜保鲜剂、豆芽孵化滥用添加剂、茶叶质量安全、水果保鲜剂安全、鲜笋农药残留、水产品添加孔雀石绿等6个专项整治为内容的食品安全百日严打行动。

行动期间，区农业局加强“普及质量安全常识、强化生产主体责任”宣传，印发农产品质量告知书、禁限用农药通告等宣传资料600余份，与全区13家“三品一标”获证单位签订保证质量和规范使用标志承诺书，加强农产品质量安全长效机制建设，指导飞洪公司建立产品质量追溯系统，使公司自产、订单基地收购、批发市场采购的产品质量安全可以进行追溯管理，立案查处案件7起，收缴罚没款3.42万元。

24日　镇海中学在2012年高考中一批上线率高达95.3%，其中翁凯浩同学以757分的成绩获得全省理科第一名，郁婧婧同学以707分获宁波市文科第一名。蛟川书院一批上线率达78.7%。

同日　美国青年领导者代表团一行8人到镇海区考察，先后参观宁波帮博物馆和后大街社区，区委书记薛维海等会见代表团。

26 日　区召开提升后海塘区域社会管理暨集中整治行动动员大会。

27 日　区庆祝中国共产党成立 91 周年暨创先争优表彰大会召开。

同日　区社会组织促进会成立大会暨第一次会员代表大会召开。

28 日　九龙湖镇获省环保厅与省农办联合发起的“我心目中最美生态乡镇”称号。

同日　镇海电视台新闻综合频道节目播音员孙大彬荣获全国县级广播电视系统十佳电视播音员称号。

这是镇海区广电系统首次获此殊荣。

6 月　区老年大学校舍整体搬迁工程启动。

项目总投资 975 万元（其中教学及办公设备 225.81 万元，工程款 749.19 万元），占地面积 4277.4 平方米，建筑面积 4890.62 平方米，计划 2013 年建成投用。

6 月　宁波市镇海德信兔毛加工厂获评市级农业龙头企业。

企业注册商标“德信”和“佰卡丝”，资产总额 2832 万元，固定资产 1557 万元，年销售额 3772 万元，年利润 2027 万元，出口创汇 222 万美元。是中国兔业协会的常务理事单位。

6 月　物流枢纽港申报 2011 年度宁波市交通大物流基地类扶持项目通过宁波市交通委专项验收，获扶持资金 100 万元，用于宁波大宗生产资料交易中心发展建设，提供行政服务、经济服务、中介服务、信息服务、金融服务等。

7 月

1 日　镇海区煤尘综合整治技术方案评审会召开，通过《镇海区煤尘综合整治技术方案》，区委常委、区物流枢纽港管委会主任俞泉云出席。

1 日至 2 日　招宝山景区入选华东地区学生夏令营活动基地揭牌仪式举行，国家旅游局全国红色旅游工作协调小组办公室副主任为基地揭牌。

4 日　宁波瑞福特气体储运有限公司一期 2 万立方米低温乙烯终端和配套公用工程项目建成并开始卸车进料试生产。

该工程总计划投资 11 亿元，引进世界先进的液态烃低温储运技术，由德国 TGE

气体工程技术有限公司提供低温储运技术和监造。

9日　湖州市长兴县委书记章根明率领长兴县党政代表团到镇海区考察教育工作。

11日　区政府办出台《关于印发镇海区深化住房分配货币化政策的试点工作实施方案的通知》，规定从8月1日起，区级机关、事业单位在编在册职工，按住房公积金缴交基数每月给予不高于10%的新住房公积金补贴，同时取消老职工（指1998年12月底前参加工作）一次性住房补贴，此后老职工发生职级提升不再享受职级面积补差，新参加工作的职工不再实行新职工（指1999年1月1日至2012年7月31日前参加工作）住房公积金补贴，新职工住房公积金补贴额达到5万元标准后即“封顶”，然后按每月不高于10%的比例缴交新住房公积金补贴。

同日　宁波市第一医院报告1例镇海区乙脑疑似病例，患者65岁，黑龙江籍，8月1日确诊，8月2日去世。区疾控中心将疫情报告为突发公共卫生相关事件，7月26日，经过该病最长潜伏期后无新发病例发现，本次疫情结束。

17日　镇海区举行宁波东蓝控股有限公司落户签约仪式，并与住建部签署“镇海区创建国家级智慧城区试点示范”规划纲要编制协议。

24日　省委副书记、政法委书记李强到区新闻中心考察镇海网络问政工作。在实地查看并听取汇报后，李强对镇海网络问政给予充分肯定，希望镇海在网络社会管理创新的道路上坚持下去，积极回应网民关切，不断完善工作方法，增强网络问政合力、扩大覆盖面，打响区域品牌。同日，李强考察镇海区社会管理创新工作，肯定镇海模式，勉励镇海社会管理创新模式要争创全省全国典型。

同日　招宝广场二期、宁波镇海大宗生产资料交易中心工程——交易中心两项工程获2012年度浙江省建设工程“钱江杯”奖。

25日　中国银监会印发《关于筹建宁波镇海农村商业银行股份有限公司的批复》，正式同意筹建镇海农村商业银行股份有限公司。

同日　镇海中学获第三届全国中学生领导力大赛优秀项目第一名、网上竞赛优胜项目第一名、优秀学校一等奖等多个奖项，另有2名镇海中学学子获“中学生领袖奖”。

25 日至 26 日　来自《人民日报》、新华社、中央电视台、中央人民广播电台、《光明日报》《经济日报》等 19 家中央主流媒体的 39 名记者走进中国石化，深入镇海炼化实地采访，增强对中国石化的整体了解。

记者们通过现场提问和实地采访，称镇海炼化走出了一条“发展快、投资省、技术新、效益高”的科学发展之路，是中国石化实践科学发展的一个鲜活的例证。

26 日　区委十三届三次全体（扩大）会议召开。

同日　镇海区首个村（社区）红十字会员小组在招宝山街道总浦桥社区成立，社区 48 名红十字志愿者及热心居民成为首批会员。

27 日　镇海港埠分公司胡耀华工作室获批成为宁波市首家国家级技能大师工作室。

之前，在 4 月 27 日宁波市庆祝“五一”国际劳动节暨先进表彰大会上，胡耀华作为全国劳模入选首批 10 位宁波市职工精神代表。

28 日　新落成的骆驼街道社区卫生服务中心举行开诊仪式。

中心按照国家级标准化社区卫生服务中心建造，医疗综合用房 8018.24 平方米，设置全科诊疗、预防接种门诊、妇儿保健门诊、中医特色门诊，中医馆总面积 681 平方米，包括中医、骨伤、针灸、推拿、康复、中药等服务。

29 日至 30 日　省长夏宝龙等省党政代表团一行 70 余人在新疆阿克苏考察由浙江省对口援建、浙江二建承建的浙江物产南疆物流园一期工程和阿克苏市社会福利中心。

浙江物产南疆物流园一期工程造价 1850 万元，为地上 3 层的框架结构，建筑面积 9474 平方米；阿克苏市社会福利中心工程造价 1222.81 万元，为 5 层框架结构，建筑面积 8201 平方米。夏宝龙对援疆项目高效推进、快速建成的措施和做法给予充分肯定。

7 月　区慈善总会、计生协会共同成立镇海区“生育关怀基金”。

该基金规模 100 万元，分 10 年到位，以独生子女意外死亡、严重伤残、重大疾病、就学困难的镇海区户籍城乡低保标准 200%范围内的低保及低保边缘的计生贫困家庭为救助对象，分别给予 1 万元、0.8 万元、0.5 万元等不同标准的救助金。

7 月　区委、区政府下发《关于促进全区经济发展的若干意见》，围绕积极培育城市经济、加快发展海洋经济、提升发展创意经济、大力发展循环经济、着力推进开放经济、做强做优民营经济等方面，提出促进全区经济转型升级扶持奖励意见。

7月　区财政投资4.54亿元，委托区城市建设投资公司建设古塘丽景四期保障房。

项目计划用地4.27公顷，总建筑面积10万平方米。其中，经济适用住房4.5万平方米、550套，公共租赁房3万平方米、602套。

7月　镇海公积金分中心根据市住房公积金管理委员会办公室有关文件精神，制定《关于做好镇海区2012年住房公积金缴存调整工作的通知》，对住房公积金缴存基数、缴存比例进行调整。

缴存基数仍按职工上年月平均工资确定，基数上限从18115元调整到20735元，下限仍为1310元。正常缴存比例仍为5%—12%，不实行住房分配货币化的单位，经区房委办批准，缴存比例可超过12%，最高不超过18%。调整后，区内有14家单位将缴存比例分别保持或提高到14%—18%；全区月归集额从6700多万元提高到7500多万元，增幅11.9%。

8月

1日　全区实施基本公共卫生妇幼保健免费惠民项目，率先在市内实现儿童常规保健全程免费，包括6个月婴儿区级体弱儿筛查和新生儿听力筛查、疾病筛查。每名符合条件的孕妇和儿童减免金额分别为366.5元和553.2元。

2日　17时，金属园区宁波市镇海百斗再生资源有限公司发生大火，火灾导致1死19伤。

经查，大火起于当日2时30分左右，由公司露天存放的废旧金属含镁粉受潮发热燃烧引起。

4日至9月4日　第六届葡萄品尝周活动在九龙湖镇举行。

活动期间，通过开展“我心中的葡萄王”评比、“葡萄献冠军”“葡萄献模范”“葡萄献爱心”三大活动，以及“葡萄亲子游园会”“葡萄摄影大赛”“醉美葡萄酒酿大赛”“葡萄节微笑天使评选大赛”“葡风捉影”等11项系列活动，让市民共享九龙湖葡萄丰收的喜悦以及镇海都市农业和旅游业发展成果。

6 日至 8 日　受第 11 号台风“海葵”正面影响，全区平均降水量达 150.7 毫米，193 户居民住宅进水，2721 户用户停电。石化开发区内 37 家危化企业停产，25 家降低生产负荷，786 辆危化车辆全部停运。

受台风“海葵”影响，农业灾情较重，1313.33 公顷农田受灾，倒伏树木近 3000 棵，经济损失逾 4200 万元。全区共投入抢险 3112 人次，转移 19718 人，安置 7310 人。

7 日　镇海区首次启动 2012 年防第 11 号台风“海葵”I 级响应。

10 日　区委、区政府出台《关于进一步加强外来务工人员服务管理工作的意见》，主要目标是“十二五”时期，按照“稳定总量、优化增量，提升存量、探索转量，凝聚力量、激发能量”的总体定位，着力构建适应产业结构调整的技能素质培训、创业创新需求的基本公共服务、社会管理创新的权益保障、全域城市化方向的安居保障、精准化要求的治安管理、和谐共处理念的社会融合发展等六大体系。

同日　九龙湖镇红十字会成立，选举产生会长 1 名、秘书长 1 名。

至此，全区基层红十字会实现全覆盖。

11 日　镇海区教育成就奖颁奖典礼在镇海中学举行。区委书记薛维海，区委副书记、区长魏祖民等出席。镇海中学及 45 名镇中学子获区政府奖励。

13 日　财政部部长谢旭人到镇海区考察指导基层财政工作。

14 日　镇海区召开“国家级智慧城区”规划纲要编制工作会议，启动创建“国家级智慧城区”试点示范工作。

15 日　区国税局“营改增”工作推进。第一批 768 户企业纳入试点范围，并完成交接，其中交通运输企业 273 户，部分现代服务业 495 户。

16 日　“镇海杯”第八届国际工业设计大赛初评结束。

大赛以“创意·设计·应用”为主题，分创意设计组和企业产品组 2 个组，共收到多个国家和地区 835 件有效作品，《龙弦》等 27 件获奖作品。

22 日　国务院国资委党委发文表彰中央企业思想政治工作先进单位，镇海炼化榜上有名。

28 日　“迷你”环线公交 802 路在北高教园区试运营。

该线路长3.2千米，途经宁大学生二村、宁大学生一村、宁镇公路、宁波大学、宁波大学科技学院（浙江纺织服装学院）、商帮文化公园6个站。

31日　由区侨办侨联与司法局联合成立的“镇海区侨界法律服务站”在区司法行政法律服务中心挂牌。

该站向侨界群众宣传法律法规，并在起草法律文书、诉讼代理等方面提供规范服务。

同日　浙江二建基地大楼二建大厦结顶。

二建大厦位于镇海新城核心区B5商务地块，总建筑面积36954平方米，总投资16400万元，主体建筑由两栋10层、16层的大楼组成，于2010年下半年开始破土动工。

同日　宁波甬鑫大宗商品电子交易平台上线试运行。

该公司由浙江省物产集团、金银岛（北京）股份有限公司、物流枢纽港开发有限公司及镇海海江投资发展有限公司共同投资组建，注册资本2000万元，上线货种主要涉及钢材、化工、煤炭和木材等四大类。

8月　区委、区政府对“五五”普法先进集体和先进个人进行通报表彰，区老龄办荣获“五五”普法先进集体称号，盛梅芳荣获先进个人称号。

8月　九龙湖镇葡萄协会“九龙凰”商标被宁波市工商行政管理局授予2012年首批“宁波市知名商标”称号。

8月　镇海在全区范围内开展农村集体土地所有权确权登记发证工作。

本次农村集体土地所有权确权登记发证，是全国土地改革以来首次开展农村集体土地所有权确权登记发证。

8月　区佛教第六次代表会议在九龙山庄召开，市民宗局、市佛教协会、区政府、区政协有关领导出席会议。会议审议通过区佛教协会第五届理事关于过去5年工作回顾的工作报告，修改现行区佛教协会章程。选举产生新一届佛教协会理事、会长、副会长及秘书长。

8月　区工会系统2012“金秋助学”活动启动。

活动重点面向全区工会建档的困难职工家庭上学子女及因工伤事故、工资拖欠、突发重病、意外事故等原因造成家庭经济暂时困难的职工和困难外来务工人员家庭上学子女。其间，各级工会组织共计发放“文意助学”“大学生助学”“中小学生助学”等助学金 60 万元，为 1100 名困难职工家庭子女送去温暖。

8 月　庄市繁荣蔬菜瓜果试验示范场的 33.33 公顷大棚西瓜种植标准化示范区、味满园果品专业合作社的 28 公顷大棚葡萄种植标准化示范区，通过市农业标准化示范区验收。

8 月　遭受强台风“海葵”袭击，农作物、农房、家庭财产、企业财产等遭受重大损失，各相关保险公司迅速开展查勘定损和理赔。

人保财险镇海支公司支付赔款 952 万元，太保财险镇海支公司支付赔款 258.1 万元，永安保险镇海支公司支付赔款 630 万元。

8 月　长石幼儿园建成投用。

工程总投资 450 余万元，占地面积 2600 平方米，建筑面积 1359 平方米，于 2011 年 2 月开工，建成教室、活动室、休息室等配套设施，可容纳幼儿 180 名。

长石幼儿园建成

9月

2日　区第二届社区文化艺术节闭幕式暨“社区文化农家乐”城乡文化走亲活动在蛟川街道临江社区广场举行。

此届社区文化艺术节以“弘扬道德文化·打造厚德之城”为主题，以《镇海龙鼓》《祈福莲花》《十里红妆》等优秀特色节目，展示镇海区丰富多彩的社区文化成就。

3日　全市首支残疾人门球队在骆驼街道成立。

6日　2012镇海区人才科技经贸文化月活动在大学科技园区科创大厦广场举行。本届文化月活动以“创新驱动·创业镇海”为主题，分人才、科技、经贸、文化等四大篇章11项主体活动及13项其他活动。区长魏祖民为大学科技园“文化创意产业园”授牌，并与清华校友总会副秘书长张伟共同为“清华校友创业创新基地”揭牌。

2012镇海区人才科技经贸文化月活动

同日　镇海区首家科技专营银行杭州银行镇海支行在大学科技园区开业。

杭州银行镇海支行主要服务于区内高新技术企业、科技创新型中小微企业、科技孵化企业等，对区内高新技术类企业的年度贷款额度将不低于贷款总额的50%；设立总额均为1000万元的“风险池资金”和“科技金融专项资金”，帮助更多的科技型中小微企业获得信贷支持，并对银行利息、担保费等进行补助。

11 日　镇海区青年联合会第五届委员会第一次全体会议召开。区四套班子领导出席大会，区委书记薛维海作讲话。会议审议通过镇海区青年联合会第四届常务委员会所作的题为《汇聚青春力量、勇担时代重任、团结带领全区青年为基本建成现代化生态型港口强区争创新的青春业绩》的工作报告。会议选举产生区第五届青联领导班子，其中主席1名，副主席4名，常委10名。

15 日　在第二届中国海洋经济投资洽谈会上，镇海炼化与宁波石化经济技术开发区签订关于联合成立石化高新技术产业园的合作意向书。省委书记、省人大常委会主任赵洪祝，省长夏宝龙出席签约仪式。

镇海炼化与宁波石化经济技术开发区签订关于联合成立石化高新技术产业园的合作意向书

16 日　宁波镇海农村商业银行股份有限公司（筹）创立大会暨第一次股东大会召开。

该银行注册资本2.22亿元，在镇海农信联社基础上组建，初建有1个营业部、7个支行、28个分理处，是宁波市首家获批筹建的农村商业银行。

17日　为期5天的国家级“能源、新材料及相关技术应用”高级研修班在镇海开班。

这是宁波市首次举办国家级高研班，也是浙江省唯一由地方政府申报获批的国家级高研班项目。

同日　宁波人才金港开港仪式在大学科技园球形报告厅举行。

宁波人才金港是在市委组织部、区委和区政府的支持下，由上海陆家嘴金融城人才发展中心和宁波工程学院合作创办的一家涵盖人才引进、孵化、教育、培训、认证诸要素的政产学研一体化创新人才公共服务平台，是中组部全力推广的“人才金港模式”在宁波的实践运行平台。

同日　龙年海峡两岸及香港、澳门地区中华文化（书画·音乐）联谊活动在宁波帮博物馆开幕。

活动主要包括书画名家邀请展、书画名家笔会以及音乐、戏曲晚会等。邀请展荟萃海峡两岸及香港、澳门地区书画精品127件，依托中华传统文化的积淀，增强中华民族的凝聚力，加深海峡两岸及香港、澳门地区同胞的中国情。

19日　镇海区创业创新基地落成暨大学生创业启动资金发放仪式举行。区委副书记、区长魏祖民为基地落成启动水晶球。

同日　总投资50亿元、镇海区迄今为止引进的最大文化创意产业项目——中国金融数字文化城举行奠基仪式。

20日　宁波绕城高速镇海服务区投入运营。

服务区占地面积8.866万平方米，包括休息区、餐饮区、加油站和停车场。

21日　在2012中国浙江·宁波人才科技周“院士工作站”授牌仪式上，镇海第二医院顾玉东院士工作站获授牌，成为市首家县区级医院院士工作站、全省首家民营医院院士工作站。

顾玉东院士是中国工程院首批院士。院士工作站有助于提高区内手足外科、骨科科学研究和诊疗技术水平。

22日　第七届“镇海杯”国际工业设计大赛颁奖典礼在九龙湖开元华城度假村举行，宁波市副市长马卫光、镇海区领导魏祖民等出席颁奖典礼。

23日 镇海区—龙游县山海协作产业园管委会揭牌。

26日 世纪大道北延（北外环至聚兴路路口）全长1088米绿化工程开工。

该工程对道路中央绿化带、机非隔离带及道路两侧20—80米绿地进行景观提升，绿化面积约8万平方米，投资概算3000万元。

27日 区委出台《关于加快工业强区建设的决定》，加快工业经济转型升级，促进工业大区向工业强区跨越，为建设现代化生态型港口强区奠定更加坚实的工业基础，质量效益进一步显现。

到2016年，全区工业总产值达到4500亿元，工业增加值达到810亿元，人均工业增加值达到16.2万元。规模以上工业全员劳动生产率规划期内提高6%以上，达到50万元/人·年。自主创新进一步增强、工业结构进一步完善、工业化信息化两化融合进一步提升。加快工业强区建设的工作重点包括：科学规划产业布局、重点发展海洋经济和做强做优石化新材料产业、传统装备制造产业竞争力。明确加快工业强区建设的主要措施：发展支撑平台、培育企业梯队、促进循环经济、推进两化融合。并提出加快工业强区建设加大政策、要素和服务的保障力度。

同日 在九龙湖开元度假村举行的2012镇海区人才科技经贸文化月项目签约仪式上，大学科技园与宁波中钰文化传媒发展有限公司、宁波上朝文化发展有限公司、宁波卓一工业设计有限公司、宁波腾龙文化传播有限公司、浙江百代影视有限公司共5个项目签订合作协议，签约总额逾4000万元。

28日 位于蛟川街道的华润万家镇海店开业。

华润万家入驻镇海世贸广场，是首家在镇海区开设的标准型大卖场，经营面积达16000平方米，至年末实现销售额3879万元。

30日至10月7日 全区重点商贸企业实现销售额5396.6万元，同比增长32%。

其中三江超市、加贝超市、华润万家镇海店、欧尚超市镇海店和开开超市农村连锁便利店等五大超市实现销售额2933.8万元，同比增长28.5%；开元华城大酒店、招宝山饭店、九龙山庄、石浦大酒店、曙光丽亭大酒店、海尚大酒店和四季永逸大酒店等7家实现营业额1372万元，同比增长54.2%；苏宁电器镇海店、苏宁电器骆驼店、国美电器、国贸家电和国贸家电骆驼店等5家家电卖场实现销售额747.2万元，同比下降18.5%。

9月　镇海区3个项目首次列入国家星火计划。

宁波飞洪生态农业发展有限公司参与的“浙东地区西瓜等主要瓜菜安全生产关键技术集成与示范”项目入选国家“十二五”农村领域科技计划预备项目库星火计划项目，宁波合一农业科技开发有限公司“优质甜瓜高效栽培技术应用与推广”、浙江青草地园林市政建设发展有限公司“植物塑形产业化研发及推广”两个项目入选国家“十二五”农村领域科技计划预备项目库星火计划项目。

9月　在2012浙江省企业领袖峰会上，镇海炼化荣获“浙江省企业杰出贡献奖”称号。

“浙江省企业杰出贡献奖”是浙江省在“百强企业”基础上，对“长期以来注重实事、稳健发展、卓越管理，为浙江省经济发展作出特别贡献的企业”评定的，此次仅有10家企业获此称号。

9月　以“创意让城市更美好”为主题的首届甬港文化创意产业合作论坛在宁波香格里拉大酒店举行，来自中宣部、文化部及国内文化创意产业领域的120余名专家、学者、企业家参加论坛，活动由区政府承办。

活动期间，全国政协副主席、上海文化创意产业协会会长厉无畏发来贺信，分管副市长出席论坛并致辞，与会嘉宾作“文化与科技融合发展战略”“文化创意与产业升级”“两地动漫文化产业的合作与交流”等主题演讲。

首届甬港文化创意产业合作论坛在宁波举行

10 月

1 日起　镇海区在全市率先上调高龄老人生活津贴执行标准，全区 80 周岁、90 周岁和百岁老人（含虚岁）生活津贴标准，分别由 50 元/月、100 元/月、500 元/月上调至 70 元/月、150 元/月和 1000 元/月，3 项标准居全市各县（市、区）首位。

8 日　骆驼街道办事处搬迁到东开路 222 号新大楼办公。

骆驼街道办事处原址在汶骆路 86 号。

14 日　全省首届村歌大赛决赛在庄市街道光明村举行。

比赛以“赞颂美丽农村、歌唱幸福生活”为宗旨，分初赛、复赛、决赛 3 个阶段。全省各地 11 支代表队 42 个节目入围，以独唱、对唱、组唱、合唱、歌伴舞等形式，展现全省各地新农村新气象新风貌。庄市街道光明村合唱《光明引领奔小康》和九龙湖镇九龙湖村女声表演唱《九龙恋歌》获金奖。

全省首届村歌大赛决赛

16 日至 17 日　市关工委推进校外教育阵地建设现场会在镇海召开。

与会代表参观骆驼街道关工委校外图书室、招宝山街道胜利路社区科技馆和宁波帮博物馆，区关工委作题为《创建校外教育阵地　构筑青少年思想道德教育工作平台》的经验交流，并通过电视短片、宣传画册、宣传图版、文字资料等载体，宣传镇海关心下一代校外教育阵地建设工作。

17 日　为期 1 个月的第三届全民读书节暨 2012 年全民终身学习活动周、社会科学普及月在区人民大会堂广场开幕。

本次读书节主题为“笃行核心价值、共建精神家园”，其间举办读书学习、讲座报告、演讲征文、主题展览、社科知识普及等系列活动。

同日　镇海钦寸水库第一批 104 人 37 户移民建房全部竣工，进入整体搬迁入住过程。

18 日　镇海炼化 100 万吨/年乙烯工程通过竣工验收，创下中国石化大项目从投产到竣工验收时间最短纪录。

100 万吨/年乙烯工程获国家优质工程金质奖及 PMI 大奖

该工程技术上应用中国石化自主知识产权为核心的乙烯生产成套技术、百万吨乙烯成套技术、首套 15 万吨/年裂解炉技术；工程建设上创造业主管理团队人员最少、建设工期最短、百万吨级乙烯工程国产化率最高等纪录和重大安全环保质量事故为零、连续作业 3000 万工时的安全业绩；工程投资上节约 35 亿元，占整个项目总概算的 14.9%。项目自投产至竣工验收，累计实现利润近 70 亿元，接近总投资的 1/3。装置运行不到半年，成为中国石化化工板块的标杆。是年 11 月，该工程获国家优质工程金质奖，公司总经理江正洪获国家优质工程奖先进个人荣誉称号。这是中国石化成立以来获得的首个国优金奖，标志着中国石化大型乙烯项目自主技术水平、工程建设能力、生产运行水平处于国内领先水平并跻身世界一流。9月，在第三届美国PMI（中国）项目管理大会上，该工程荣获年度大型复杂项目奖。这是中国石化系统内首个获此殊荣的项目。

同日　韩国SK综合化学株式会社社长车和烨一行参观考察宁波石化经济技术开发区，市委副书记、市长刘奇会见并与来宾座谈交流。

20日　区第十二届运动会在蛟川书院体育场开幕。

本届运动会共有1500余名运动员参赛。

同日　全国京剧名票折子戏（片段）展演在区人民大会堂举行。

周信芳弟子屠传声、京剧名家叶盛华弟子李晶、京剧名家李名岩弟子袁青、央视《过把瘾》节目状元奖得主金文蔚等京剧名票友上台献艺，演出《徐策跑城》《金龟记·行路》《霸王别姬》《瑶池宴》等10出折子戏。

10月中旬　镇海康源生态农场、镇海科奥农业科技有限公司通过市级菜篮子商品供应基地审核。

截至年末，全区共有繁荣等7家市级菜篮子基地，区内菜市场规范管理水平进一步提升。

21日　镇海区通过国家级生态区建设现场考核验收。

24日　区残联第六次代表大会召开。会议听取并审议区残联第五届主席团工作报告，选举产生区残联第六届主席团、执行理事会及出席市残联第六次代表大会代表，表彰全区“十佳扶残助残爱心家庭”“十佳自强创业明星”和“十佳优秀残疾人工作者”。市残联党组书记、理事长胡望荣应邀出席大会。区委书记薛维海出席会议并讲话，来自全区各条战线的150余名代表参加大会。

25日　因镇海炼化扩建一体化项目引发群体性上访，区委书记薛维海等与广大网民、市民代表面对面进行交流。

同日　在第十届上海软件外包国际峰会“长三角合作专场”中，大学科技园与兆联天下、复旦软件园、徐汇软件园、上海物联网科技园、蚌埠大学科技园、常州创意产业基地联合发起的“华东—长三角软件园区合作联盟”揭牌成立。

26日　宁波石化经济技术开发区与上海化工区、南京化学工业园区召开第二次合作发展会议，共同探讨化工园区转型发展中遇到的安全环保压力增大、能耗指标更严等难题，以推进长三角区域一体化进程发展。

28 日　后海塘煤尘整治中水管工程正式动工建设。

中水管工程全长约 2200 米，投资 440 万元，西起镇海污水处理厂，终达后海塘煤场和镇海港煤场，为煤场抑尘喷淋提供用水。

31 日　由区新闻中心制作的 14 集超长广播连续剧《镇海雄关》获浙江省第十一届“五个一工程”奖。此外，《热血丹枫》《他心中有座高山》获中国广播电视协会广播剧专家奖金奖。

10 月　区委、区政府下发《镇海区实施民生保障改善战略五年规划纲要（2012—2016）》。

《纲要》规定在今后 5 年至更长时期，实施民生保障改善战略，努力实现 8 个方面的具体目标：就业增收机制更加健全、生活保障体系更加完善、优质教育体系更加完善、卫生服务体系更加优质、精神文化生活更加丰富、居民出行更加便捷、生态环境更加优美、社会更加平安和谐。

10 月　2011 年开工建设的镇海东排南线工程试验段Ⅴ标完工，实现箭港湖至新泓口闸段全线贯通，镇海腹地特别是新城区域新形成一条东西走向的骨干排涝通道。

2012 年，工程投入 2.38 亿元，累计完成投资 7.25 亿元。工程试验段起于西大河，止于新泓口闸，全长约 10.7 千米，分 5 个标段建设，于 2010 年启动建设，其中Ⅰ标、Ⅱ标、Ⅳ标于 2011 年底完工。

建设中的镇海东排南线工程试验段Ⅴ标

10月　全区开展以“敬老助老、共建共享”为主题的第三届“敬老月”活动。

活动期间，召开全区老年节庆祝大会，区领导上门慰问高龄和困难老人，开展“金秋敬老，你我同行——助老志愿者行动”，举办书画展、保健知识讲座、老年门球赛、送戏下乡等老年文化体育活动。区、镇（街道）、村（社区）三级老龄部门累计慰问4.7万人次，发放慰问品和慰问金共价值540多万元，组织各类文体活动100多场次，参与老人1.6万人次。

11月

1日　镇海区首个商务园区项目通过设计初审。

该项目位于宁波中心城市北部商贸商务中心北区、镇海大道北侧。项目总用地面积约2.3万平方米，总建筑规模约7.3万平方米。

2日　区新闻中心制作的广播连续剧《镇海雄关》和邹元辉创作的长篇小说《雄镇海战》获宁波市“五个一工程”奖。

6日　物流枢纽港管委会与宁波颐博科技有限公司签约《宁波（镇海）大宗货物海铁联运物流枢纽港物流公共信息平台技术开发合同》，启动物流枢纽港物流公共信息平台开发。

平台开发完成后，将实现与甬鑫电子交易系统、宁波口岸单位业务系统、园区企业业务系统及宁波港EDI等信息交互共享。

12日　镇海区举行创建省森林城市启动仪式暨生态林带提升工程开工典礼。

同日　区国家税务局正式向“营改增”试点企业提供发票。

15日　大学科技园文化创意产业园举行开园仪式。

产业园由大学科技园管委会、庄市街道办事处和天地贸易公司三方合作共建。产业园建筑面积2万平方米，由两栋6层建筑组成，内设饮食、休闲、公共卫生等基础设施。北楼中自控华东公司、恒隆高科、卓一工业设计等公司正式开展办公，西电宁波产业园、纺院艺术产业园等40多个项目签订入驻协议。

大学科技园文化创意产业园开园仪式

16日　大学科技园与宁波大学科学技术学院签订战略合作协议。

根据协议，宁波大学科学技术学院将在大学科技园内建立学生实习实践基地，每年面向园区企业举办一次学生实习实践招聘会；学院将聘请园区内相关企业家、专家担任该院的兼职教授、学生创业导师；双方将共建宁波市国家大学科技园创意产业人才培养基地和大学生创新创业基地，每年合作举办一次“宁波市大学生创意作品大展”活动等。

20日　省科技厅组织有关专家对九龙湖镇长宏村超级稻机插秧高产技术百亩示范方进行田间现场测产验收。

此次验收的3块代表田亩产分别达937.7千克、952.3千克和1057.5千克，百亩示范方亩均产982.5千克，创全市百亩示范方亩均产最高纪录，其中1处亩产1057.5千克，创全市亩产最高纪录。

同日　镇海农商银行举行开业典礼。

11月　在第三届浙江省“百强”外商投资企业峰会上，镇海炼化3家合资合作企业名列“百强”。

这3家企业为宁波镇海炼化利安德化学有限公司、镇海炼化碧辟（宁波）液化气有限公司、宁波镇海炼化利安德化工销售有限公司。2011 年，这 3 家企业的营业收入分别达到 99 亿元、40 亿元和 39 亿元。

11 月　中国石化炼化 100 万吨/年乙烯工程获 2011—2012 年度国家优质工程金奖。工程由中国石油化工股份有限公司镇海炼化分公司出资，浙江省二建建设集团有限公司建造和申报，中石化上海工程有限公司设计，宁波华光建设监理有限公司监理。

11 月　骆驼街道朝阳村、庄市街道万市徐村经市“百千工程”工作协调小组办公室审核，被认定为市级全面小康建设示范村。

至年底，全区有 26 个市级全面小康建设示范村。

11 月　净圆禅寺举行万佛塔落成暨万佛开光法会，参加法会信众 2000 余人。

万佛塔于 2009 年开始修建。

12 月

1 日　区国税局办税服务大厅代开发票窗口为宁波国誉运输有限公司开出第一张货运增值税专用发票。

3 日　装载着海南炼化 C-802 塔器两大段设备筒体的“兴联江”号轮从镇海大件码头出发，开往海南洋浦。该塔器由宁波天翼石化重型设备制造有限公司承造，是截至当前亚洲在建最大吨位的炼油化工装置特大型非标设备，被誉为“亚洲第一塔”。

4 日　区召开《甬上风华——宁波市非物质文化遗产大观（镇海卷）》首发式暨非物质文化遗产保护传承工作推进会。镇海区非物质文化遗产保护中心同时成立。

4 日至 5 日　区创建国家社区中医药工作先进单位接受国家检查组评估。

根据评估规则，专家组成员随机抽取招宝山街道、蛟川街道社区卫生服务中心和十七房、清水浦社区卫生服务站进行现场检查，通过听取汇报、访谈互动和查阅资料了解创建情况。检查组对全区社区中医药工作给予充分肯定。

5 日　19 时，省、市医学专家在市第七医院（镇海区人民医院）手术室内对川籍男孩唐某某进行器官采集手术。

这是迄今为止宁波市年龄最小的器官捐献者。

8 日　镇电公司 5#机脱硝改造完成。

根据年度煤机脱硝改造安排，5 月开始 5#机大修，趁此机会完成机组脱硝和电除尘改造并投入运行。其间，脱硝效率平均值为 82.3%，氮氧化物排放浓度 61.2 毫克/标方，每年将减少氮氧化物排放约 3500 吨，该项目符合国家和地方有关节能减排法律法规和产业政策，实施后达到节约能源、保护环境的良好效果。6#炉、4#炉脱硝改造同时启动。

12 日　区高新技术企业协会成立，百隆东方、达尔轴承等 39 家高新技术企业成为首批会员，宁波新福钛白粉有限公司董事长当选为协会第一届理事会理事长。

同日　大学科技园文化产业建设项目——亚创二期主体工程提前一个月实现结构封顶。

该项目总投资 1.3 亿元，建筑面积 2.5 万平方米，包括 1 幢 14 层主楼及 2 幢 7 层辅楼，8 月被国家发改委列入 2012 年中央预算内投资国家服务业发展引导资金计划，并获财政部预算资金 500 万元。至年末完成投资 2000 万元，预计 2014 年初可投入使用。

15 日　澥浦第三届冬至民俗文化大展演在郑氏十七房景区开幕。

此次大展演为期 1 周，其间景区还举行郑氏十七房冬至大捕鱼、稻草人艺术节、冬至美食节等系列活动。

19 日　区委十三届四次全体（扩大）会议召开，会议深入贯彻落实中共十八大精神和省、市委全会精神，总结 2012 年工作，研究部署 2013 年任务。

同日　镇海电视台创作的长纪录片《晒盐人》荣获第八届中国纪录片国际选片会“年度十大纪录片”大奖。

27 日　镇海炼化 180 万吨/年重油催化烟气脱硫脱硝除尘示范装置投运。

该装置是中国石化“十条龙”科技攻关项目之一，应用中国石化自主知识产权的烟气处理成套技术，填补国内催化装置烟气治理技术的空白，对中国石化今后推广应用具有战略意义。项目于 2011 年 8 月开始现场施工，2012 年 11 月 8 日实现锅炉和脱硝单元投运，12 月 27 日完成脱硫单元中交并投入运行，项目整体进入试运行。装置运行后，催化烟气中的粉尘、硫化物和氮氧化物等污染物排放明显削减，其中二氧化硫排放量同比下降 16%。

180 万吨/年重油催化烟气脱硫脱硝除尘示范装置投运

同日　镇海检验检疫局举行挂牌暨镇海检验检疫技术用房启用仪式举行。镇海区委书记薛维海、区长魏祖民等出席。

28 日　“画影流年——上海月份牌珍藏展”在宁波帮博物馆开幕。

本次展览是第二届宁波“海上丝绸之路”文化节“和韵天下”活动之一，展出时间为 2012 年 12 月 28 日至 2013 年 2 月 28 日。

31 日　区委、区政府印发《镇海区加强和创新社会管理实施意见（2012—2016 年）》。

该意见按照《中共宁波市委关于进一步加强和创新社会管理的决定》，设定总体目标：力争经过 5 年时间，使镇海社会管理格局更加完善、社会管理秩序更加良好、社会管理方法更加科学、社会管理行为更加规范、社会管理法治更加健全、社会管理环境更加文明，为基本建成现代化生态型港口强区奠定坚实的社会基础。并细化社会服务、社会管理、社会参与、社会关系、社会环境五大类别 50 项具体指标。

12月底　招宝山街道南街菜场、庄市街道庄市菜场通过省级文明示范农贸市场考核验收。

至此，全区共有3家菜市场获此殊荣。

12月底　蛟川街道农村截污工程全面完工。

工程总投资约4000万元，共实施约17.9千米，万弓塘河片区以及中大河蛟川段截污工程全面完工，俞范、陈家、后施、南洪、棉丰等村的农村污水纳管也相继完成，区域90%以上村庄实现生活污水截污纳管。

12月　北外环东延二期竣工。

工程西起临江互通，东至雄镇路，长2.5千米。一级公路，路宽44米，投资概算37985万元。工程于2011年4月开工。

12月　蛟川街道中官路村被司法部、民政部联合评选为第五批“全国民主法治示范村”，成为全区首个国家级民主法治示范村。

12月　在第十一届高技能人才表彰大会暨全国百家城市职业培训工作推进会上，镇海炼化被授予“国家技能人才培育突出贡献奖”，成为中国石化唯一获此荣誉的单位。

12月　区委、区政府下发《镇海区加快发展海洋经济五年行动计划》。

《计划》提出以加快海洋经济发展为主线，统筹陆域经济和海洋经济发展，加快港航服务业、临港先进制造业、海洋工程建筑业、海洋新兴产业等发展，进一步完善海洋基础设施，注重海洋生态保护和科学开发，努力将镇海区建设成为海洋经济强区，为宁波海洋经济发展发挥先行示范和辐射带动作用。通过体制机制创新、重点项目建设等一系列举措，力争到2016年，全区海洋生产总值占区属生产总值比重达20%以上，海洋新兴产业占海洋经济比重达12%以上，区内大宗商品交易市场总成交额突破1000亿元，海洋研发投入占海洋经济生产总值比重达到3%左右，海洋科技进步对海洋经济贡献率达70%左右，排入镇海海域的主要污染物化学需氧量（COD）、氨氮分别比2010年削减13%、12%。

2012年　区委组织部根据全市《关于开展两新组织党建全覆盖“百日行动”的通知》要求，全力推进“两新”组织党建全覆盖组织体系、工作体系、保障体系和运行体系建设，对非公有制企业实施“一户一档”的动态排摸覆盖，对新社会组织出台《关于进一步加强新社会组织党建工作的实施意见》，建立

“一委两会两中心”［即“两新”工委，区新社会组织促进会和区“两新”组织党务工作者协会，镇（街道）社会组织服务中心和村（社区）党员服务中心］的新社会组织党建工作体系，创新实施“属业建党、属地覆盖”模式。

全区“两新”组织共单建党组织 402 个，联建党组织 131 个，覆盖“两新”组织 3880 家，覆盖率达 100%。

2012 年　区侨办引进海外捐赠项目 4 个，获捐赠额人民币 589.36 万元。其中省爱乡楷模、市荣誉市民、美国大中集团主席兼董事长应立人夫妇捐资 500 万元助建镇海立人中学。

2012 年　镇海公安分局推行“以房管人、以网管人”模式，“社区警务 E 超市”与流动人口信息管理系统相结合，完善信息系统标准地址、附件信息等栏目。

是年，全区实有人口 522906 人（其中常住人口 227611 人，登记在册流动人口 295295 人），登记在册出租房屋 35403 间。

2012 年　区法院共受理各类案件 7599 件，结案 7025 件，同比分别上升 4.77%、3.01%，结案率 92.45%，解决涉案标的 24.39 亿元，同比增长 66.23%。区法院被最高法院授予“全国优秀法院”荣誉称号，连续第 5 年被评为市先进法院。

2012 年　团区委“双网互动·青春微圈”获 2012 年度浙江省共青团工作、青年工作创新奖。

该项工作以团建网格为基础，以青春微圈为载体和纽带，实现对网格内青年的常态化联系，通过“网上网下”工作平台和“青春百乐汇”组团式服务项目配送，实现对青年多方位的影响和团组织的有效孵化。全国少工委常务副主任、团中央少年部部长，团省委书记对此予以肯定，《人民日报》政治版、《浙江日报》分别进行报道。

2012 年　区科协促成东来化工与中科院大连化物所杨学明院士、镇海第二医院与复旦大学顾玉东院士共建院士工作站。

全区市级院士工作站达 4 家。其他 2 家建有院士工作站的单位是宁波欧迅化学新材料技术有限公司与汪燮卿、舒兴田院士，宁波先安化工有限公司与沈寅初院士共建的院士工作站。

顾玉东院士与镇海第二医院共建院士工作站

2012 年　滨海耕地开垦一期项目开工建设。

该项目位于宁波石化经济技术开发区，总投资 2223 万元，占地面积 77.41 公顷。东起园区规划海天二路，西至园区主干道，南起规划岚山路，北至规划海呈路区。利用原废旧鱼塘开发整理造地，同时建设包括干渠、支渠、斗渠、路网等框架的土地开发基础设施建设。

2012 年　区农业局全面启动河道第二轮清淤工作，计划每年清淤总长度 20 千米以上。

是年，全区共有 23 条河道完成清淤疏浚治理，全长 21.24 千米，清淤总量 12 万立方米以上。其中蛟川街道 5 条，分别为南洪门前河、马家河、董家河、柴家港、甬江塘河，长度 5750 米；骆驼街道 2 条，分别为前江、乌龙港，长度 3882 米；庄市街道 2 条，分别为傅家河、塔前河，长度 1440 米；澥浦镇 10 条，分别为清湖大河、滕刘金港、李家河、曲塘门前河、湾塘村内河 2 条、十七房村内河 4 条，长度 6218 米；九龙湖镇 4 条，分别为庵江河嘴、斗底洪港、民主河穿村段、西经后河，长度 3947 米。

2012 年　镇海区实现区域工业总产值 2316.2 亿元，同比下降 3.7%，其中省部属企业工业总产值 1369.3 亿元，同比下降 5.1%；完成全社会工业投资

75.9 亿元，同比增长 31.7%，其中工业技改投资 33.62 亿元，同比增长 3.8%。

2012 年　区属生产总值 305.25 亿元，按可比价格计算，比上年增长 8.4%。其中，第一产业增加值 6.48 亿元，增长 1.8%；第二产业增加值 165.33 亿元，增长 5.3%；第三产业增加值 133.44 亿元，增长 13.8%。三次产业的比重由 2011 年的 2.3 ∶ 60.3 ∶ 37.4 调整为 2012 年的 2.1 ∶ 54.2 ∶ 43.7。按户籍人口计算，区属人均生产总值为 161710 元（按年平均汇率折算为 25617 美元）。

2012 年　市下达镇海区基本农田保护任务 6080 公顷。

结合基数转换后确定的实有耕地面积，区对各镇、街道按应保耕地数量落实基本农田保护责任：蛟川街道 444.23 公顷，骆驼街道 1950.29 公顷，庄市街道 784.25 公顷，澥浦镇 1208.75 公顷，九龙湖镇 1692.48 公顷。区国土分局牵头设立统一规范的镇级基本农田保护牌 5 个、村级基本农田保护牌 57 个、基本农田保护界桩 1077 个，标志牌标示出基本农田示意图、位置、面积、保护责任人和监督举报电话等信息。

2012 年　区城管局完成招宝山街道港务新村、白龙小区、武宁桥小区等 4 个 5000 余户住宅天然气改造。

老城区天然气改造工程自 2008 年启动，经过 5 年实施，招宝山街道有 29800 户居民家庭开通天然气或具备通气条件，实际开户近 22500 户，完成计划改造任务。

2012 年　区广播连续剧《热血丹枫》获中国广播剧协会专家奖金奖。

《热血丹枫》以朱枫烈士英雄事迹为原型，展示一名女共产党员的坚定信仰和高尚情操。

2012 年　区广播连续剧《镇海雄关》获省、市“五个一工程”奖。

该剧作为向中国共产党成立 90 周年献礼项目，主要讲述 100 多年前，法军入侵中国，清军将士在镇海招宝山英勇抗击、重创法军、大获全胜的历史。这是中国近代史上，在海防抗击外敌入侵战役的首次完全胜利。

2012 年　区档案馆将本地区重大活动、重要人物、地方特色等作为年度口述档案建档的重点，完成陈伟高《镇海与贵州结对扶贫记忆》、葛子和《我亲历的镇海解放》、周方顺《我与海鹰》等口述档案。镇海电视台对这些口述档案进行专业剪辑、编辑，形成专题片。